JERÓNIMO NADAL

DER GEISTLICHE WEG

CHRISTLICHE MEISTER

42

JERÓNIMO NADAL

DER GEISTLICHE WEG

Erfahrung und Lehre
nach seinem Notizbuch
„Orationis observationes“

Übersetzt und gestaltet
von
Josef Stierli SJ

JOHANNES

Druck: Kösel, Kempten
ISBN 3 89411 301 4

INHALT

Zweiter Teil

DER WEG DER ERLEUCHTUNG

1. Kapitel - DER VIELGESTALTIGE WEG DER ERLEUCHTUNG

2. Kapitel - JESUS CHRISTUS - LICHT DER WELT

Dritter Teil

DER WEG DER EINIGUNG

ANHANG

Jerónimo Nadal war der wichtigste Mitarbeiter des Ignatius von Loyola und seiner Nachfolger Diego Laínez und Francisco de Borja in der Leitung und Gestaltung der Gesellschaft Jesu. Es gibt einen einzigen Mann, der wie er durch lange Jahre an zentraler Stelle dem inneren Dienst für den Orden verpflichtet war und darum mit ihm verglichen werden kann: Juan Alonso de Polanco, von 1547 bis 1573 Sekretär der Gesellschaft Jesu und ihrer Generaloberen. Doch waltet zwischen diesen beiden Männern noch ein markanter Unterschied: Polanco verbrachte sechsundzwanzig Jahre in der römischen Schreibstube. Nadal war beinahe die Hälfte seines Lebens im Orden als „Wanderapostel" im Dienst der Gesellschaft Jesu kreuz und quer durch Europa unterwegs. Polanco blieb stets das ausführende Werkzeug von drei Generaloberen, sicher ein selbständig denkendes und handelndes Werkzeug, das seiner Funktion die persönliche Note gab. Nadal dagegen war in seiner Aufgabe als Visitator und Generalkommissar, zweimal auch als Generalvikar, ein Mann von hoher amtlicher Autorität, ausgerüstet mit weitreichenden Vollmachten.

In der Erfüllung seiner Aufträge ist Jerónimo Nadal nach Ignatius und inspiriert von seinem Geist zum Baumeister des jungen Ordens geworden, zielbewußter Organisator und wegweisender Lehrer. Er hat in der rasch wachsenden Gemeinschaft die Einheit der Strukturen gesichert und im drohenden Wildwuchs eigenwilliger aszetischer Tendenzen die geistige und spirituelle Grundrichtung des Ignatius gewahrt.

Persönlichkeit und geschichtliche Leistung Nadals hätten schon längst eine ausführliche Biographie verdient. Daß sie bis heute nicht geschrieben wurde, liegt vor allem an der Fülle und Vielgestalt des Stoffes. Sein Leben und Wirken stand im Kontext der gesamten euro-

päischen Geschichte der Gesellschaft Jesu während ihrer ersten vier Dezennien. Dieses Werden und Wirken des Ordens war wieder eingebunden in die größere Geschichte der katholischen Kirche, in ihre Konfrontation mit der Reformation und in die Auseinandersetzung mit den politischen Mächten. In diesem weiten Horizont müßte eine Geschichte Nadals geschrieben werden.

Als Beitrag zum doppelten Jubiläum der Gesellschaft Jesu 1990/91 (450. Jahrestag ihrer Approbation und 500. Geburtstag des Ignatius von Loyola) übersetzte ich Nadals wichtigstes Werk, sein Geistliches Notizbuch der „Orationis observationes", aus dem lateinischen Original ins Deutsche. Diese Aufzeichnungen sind im Zeitraum von dreißig Jahren entstanden und umspannen Nadals ganzes aktives Leben in der Gesellschaft Jesu. Nach den ignatianischen Schriften (Exerzitienbuch, Bericht des Pilgers, Geistliches Tagebuch, Konstitutionen) ist Nadals Notizbuch das reichste und originalste Dokument aus den Anfängen der Gesellschaft Jesu.

Nach Einsicht in die Vorlage regte der Johannes Verlag an, statt einer vollständigen Ausgabe des umfangreichen Textes eine systematische Darstellung der geistlichen Lehre Nadals anhand der „Orationis observationes" zu erarbeiten. Nach anfänglichem Zögern habe ich den Auftrag übernommen. In der Reihe „Christliche Meister" gibt diese Dokumentation nun Zeugnis von einem großen Geistesmann, der auf seine Weise in Wahrheit ein „christlicher Meister" war.

Bad Schönbrunn (Schweiz)
Ostern 1991 *Josef Stierli SJ*

Nadal hat in seinem „Chronicon", das die Jahre 1535-1546 umgreift und in der ersten römischen Zeit entstanden ist, die Geschichte seiner Berufung geschrieben.[1] Sein Mitbruder Diego Jimenez, der ihn 1560-1562 als Sekretär auf der dritten Visitationsreise nach Spanien, Portugal usw. begleitete, hat 1562 einen kurzen Bericht „Über das Leben und die Tugenden des P. Nadal"[2] verfaßt. Schließlich hat der Historiker Manuel Ruiz Jurado 1979 eine sehr genau dokumentierte „Chronologie des Lebens des Jerónimo Nadal"[3] veröffentlicht. Aus diesen und weiteren Quellen läßt sich die Geschichte Nadals in Umrissen erfassen.

AUF UMWEGEN IN DIE GESELLSCHAFT JESU

Jerónimo Nadal wurde am 11. August 1507 in Palma de Mallorca geboren. Die höheren Studien begann er 1526 an der Universität von Alcalá. Diese Hochschule war zu Beginn des 16. Jahrhunderts vom reformbeflissenen Kardinal Cisneros gegründet worden. Im Gegensatz zu den anderen spanischen Universitäten, die dem freiheitlichen Vorbild von Bologna folgten, hatte er Alcalá „nach dem Vorbild der Schule von Paris" mit ihren streng durchorganisierten Strukturen eingerichtet. Hier machte Nadal also die ersten Erfahrungen mit dem „*Modus parisiensis*", der Methode von Paris. Dieses Vorbild hat ihn später geleitet in seinem Dienst für die europäischen Jesuitenkollegien und bei der Gestaltung der Studien in der Gesellschaft Jesu.

In Alcalá ist Nadal zum ersten Mal Inigo de Loyola begegnet, doch kam es noch zu keinem näheren Kon-

[1] Ep. Nat. I 1-25
[2] ebd. 26-46
[3] Archivum Hist. Soc. Jesu 48 (1979) 248-276

takt. Unter seinen Kommilitonen lernte er Diego Laínez, Alonso Salmerón, Nicolás Bobadilla und andere der späteren Ordensgefährten kennen. Die Studien widmete er vor allem den Sprachen: Latein, Griechisch und Hebräisch. Nach sechs Jahren wechselte er von Alcalá an die Universität von Paris und wurde dort am 16. Dezember 1532 immatrikuliert. Zuerst studierte er Mathematik, dann begann er die Theologie.

In seinem „Chronicon“ erzählt Nadal, wie er damals von Ignatius, dem großen Menschenkenner und Menschenfischer, umworben wurde. „Nach einer schweren Krankheit begegnete ich Ignatius und sprach zu ihm von meiner Angst vor dem Tode, die ich damals durchlitten hatte. ‘Du Ärmster, warum hast du dich geängstigt?’ ‘Was, du fürchtest den Tod nicht, vor dem doch auch Christus Angst ausgestanden hat?’ ‘Nein, seit fünfzehn Jahren fürchte ich den Tod nicht mehr.’“

Nun begann das konzentrierte Bemühen, Nadal für den Freundeskreis Inigos zu gewinnen. „Laínez kam auf mein Zimmer, um mich zur Frömmigkeit zu bewegen. Er sprach mit mir über den mystischen Sinn der Heiligen Schrift, da er sah, daß ich gerade den Theophilactus las. Doch nichts bewegte mich, und ich verstand nichts. Später besuchte mich Faber bei Francisco [Escobar] und sprach mit mir über geistliche Dinge. Aber auch er hatte keinen Erfolg. Dann suchte mich Miona, mein Beichtvater, für Ignatius zu gewinnen. Doch ich pflegte ihm zu antworten: ‘Du selbst bist auch kein Inigist. Warum willst du mich zu einem solchen machen?’“

Nun war wieder Inigo an der Reihe. „Er erzählte mir von den Verfolgungen in Salamanca und über die Verhöre, denen er dort unterworfen wurde usw. Ich glaube, er tat dies, um bei mir ein mögliches Mißtrauen zu überwinden.“

Ein andermal führte er Nadal in die Dominikanerkirche „und beim Taufbrunnen las er mir einen langen

Brief vor, den er an einen Neffen in Spanien geschrieben hatte, um ihn aus der Welt auf den Weg der Vollkommenheit zu rufen". Doch wieder hatte Inigo keinen Erfolg. Vor der Kirchentüre gab ihm Nadal die entscheidende Absage: „Ich will diesem Buch Gefolgschaft leisten (ich hatte das Neue Testament in der Hand). Wohin euer Weg führt, weiß ich nicht. Sprich mir nicht mehr von diesen Dingen und laß mich fortan in Ruhe!"

Im Jahr 1536, also ungefähr zur gleichen Zeit wie die Gefährten Inigos, schloß Nadal seine Pariser Studien ab und ging nach Avignon. Dort vertiefte er vor allem seine Kenntnisse der hebräischen Sprache. Am 6. März 1537 empfing er die Subdiakonats- und am 6. April die Diakonatsweihe. Am 20. April des gleichen Jahres wurde er zum Priester geweiht und vollendete am 11. Mai 1538 seine Studien mit dem Doktorat der Theologie.

Noch im gleichen Monat kehrte er nach Mallorca zurück. Dort wurde er zu biblischen Vorlesungen verpflichtet und arbeitete in der Seelsorge. Er hatte wenig Erfolg. Auch seine Gesundheit bereitete ihm viel Mühe. Lange Zeit ging er durch eine schmerzliche Depression. Mit rhetorischer Steigerung notierte er im „Chronicon" über diese Jahre 1538-1545: „In den sieben Jahren, die ich in der Heimat verbrachte, erlebte ich keinen Tag, keine Stunde - was sage ich Tag und Stunde? -, ja keinen Augenblick ohne große Ängste und bittere Verwirrung: ständiges Kopfweh und Magenschmerzen, verbunden mit unaufhörlicher Melancholie, immer in den Händen von Ärzten mit ihren Medikamenten."

In seinen Nöten empfahl er sich dem Gebet der Mystikerin Elisabet Cifra und suchte Hilfe bei einem Einsiedler. Doch umsonst. „Ich suchte Ruhe, aber sie floh mich, weil ich selbst vor dem Ruf Gottes geflohen war."

Da kam ihm im Sommer 1545 auf verschlungenen Wegen ein Brief des ehemaligen Pariser Mitstudenten Francisco de Xavier aus Indien in die Hände. Ignatius, der Adressat, hatte eine Abschrift an Juan de Vega, den Vizekönig von Sizilien, gesandt; dieser gab eine Kopie an Philipp de Cervello, den Vizekönig von Mallorca, weiter; und dieser vertraute das Schreiben schließlich seinem Freund Nadal an. Nach den Angaben des „Chronicon" muß es der große Brief Franciscos vom 15. Januar 1544 „an die Väter der Gesellschaft Jesu in Rom" gewesen sein. Mitten in seinem ausführlichen Bericht über die fruchtbare Missionsarbeit in Indien brach das Feuer des Apostels durch. „Es packt mich, wie oft, das Verlangen, in die Universitäten Europas zu stürmen, schreiend mit lauter Stimme, wie einer, der nicht mehr bei Sinnen ist; vor allem in Paris wollte ich es alle hören lassen, deren Wissen größer ist als der Wunsch, davon guten Gebrauch zu machen; vor versammelter Sorbonne wollte ich ihnen zurufen, wieviele Seelen verlorengehen durch ihre Gleichgültigkeit! Wenn sie mit dem gleichen Eifer, den sie den Studien zuwenden, auch jene Rechenschaft überdenken würden, die Gott unser Herr dereinst von ihnen fordern wird; wenn sie mit der nämlichen Wachsamkeit die ihnen vom Herrn verliehenen Talente prüfen wollten - wie viele müßten erschüttert sein! Sie würden die Mittel zu ihrem Heil ergreifen, sie würden die Geistlichen Übungen machen, diese Übungen, die ausersehen sind, im Innersten ihrer Seele den heiligen Willen Gottes erkennen zu lassen und ihn zu begreifen in seiner Tiefe."

Nach diesem stürmischen Ausbruch setzte Francisco seinen Bericht in sachlicher Ruhe fort. Gegen Schluß des Briefes gestand er: „Unter den vielen Gnaden, die Gott unser Herr mir in meinem Leben erwiesen hat und alle Tage immer noch erweist, ist eine, die mir über alles geht. Noch lebend habe ich erfahren dürfen, wonach ich so sehnsüchtig verlangte: Es ist die Bestätigung unserer Regel und unserer Art zu leben durch den Heiligen Vater. Ewiglich sei Gott unserem Herrn dafür Dank gesagt, denn es hat ihm gefallen, vor aller Augen offenbar werden zu lassen, was er einst in der Stille Ignatius allein zu verstehen gegeben hat, ihm, seinem Diener und unserem Vater.“

Diese beiden Abschnitte trafen Nadal mitten ins wunde Herz. „Ich erwachte wie aus einem langen Schlaf und in heftiger Erschütterung erinnerte ich mich an Ignatius und an die Begegnungen mit ihm. Klar erkannte ich Gottes Gnade und faßte den Entschluß, nach Rom zu gehen. Dort könnte ich neben juristischen Studien den Kontakt mit Ignatius und seinen Gefährten pflegen.“

Am 2. Juli 1545 brach Nadal von Mallorca auf und kam am 10. Oktober in Rom an. Sein Landsmann Jerónimo Doménech führte ihn bei Ignatius ein, der eigens zu seiner Begrüßung vom Marthahaus nach La Strada gekommen war. Die folgenden Wochen, in denen er die Stadt durchstreifte und Ablenkung suchte, wurden noch einmal zu einer Zeit der Krise. Im Kampf der Geister, der in seinem Herzen tobte, fühlte er sich gleichzeitig zu Ignatius hingezogen und suchte sich wieder seinem Einfluß zu entziehen. Laínez und Doménech wollten ihn für die Exerzitien gewinnen, so daß er sich über deren Hartnäckigkeit bei Ignatius beschwerte.

Endlich gab er seinen Widerstand auf. Am 5. November 1545 begann er unter der Leitung von Doménech die Geistlichen Übungen, „guten Mutes, aber noch voll Melancholie“. Über den Verlauf der Exerzitien notierte er im „Chronicon“: „Die Erste Woche war fruchtbar. Bei Ignatius habe ich eine Generalbeichte abgelegt. Noch größere Frucht erfuhr ich in der Zweiten Woche, ganz besonders bei den Betrachtungen ‘Vom König’ und in den ‘Bannern’, aber auch in den Mysterien des Lebens Christi.“ Eine letzte Krise brachte der Wahlprozeß, in dem er fünf Tage nicht vom Fleck kam. Dann brach das Licht endgültig durch. Am 23. November entschied er sich zum Eintritt in die Gesellschaft Jesu. Am 27. November wurde er von Doménech geprüft und erhielt zwei Tage später die Aufnahme in den Orden.

IM DIENST DES ORDENS

Mit 38 Jahren begann Nadal seine Prüfungszeit in der strengen Schule des Ignatius. Im Januar 1546 besiegelte er in einem Privatgelübde den Willen zur Nachfolge Christi in der Gesellschaft Jesu und versprach Gehorsam, Keuschheit und Armut. Vier Monate nach dem Eintritt wurde er von Ignatius zum Minister von La Strada ernannt, also zu seinem nächsten Mitarbeiter in der Leitung des Hauses. Im Mai 1546 leistete er den rechtsgültigen Verzicht auf seine drei kirchlichen Pfründen und auf allen Besitz. Neben den vielfältigen Diensten im Haus widmete er sich der Predigt in der Stadt und erteilte Katechismusunterricht.

In den zwei Jahren und vier Monaten, die Nadal in La Strada verbrachte, wuchs er tief in den Geist des Ignatius hinein und wurde zu dessen bestem Interpreten. Polanco, ein erfahrener und glaubwürdiger Zeuge, schrieb dazu in seiner Geschichte der Gesellschaft Jesu: „P. Nadal besaß eine große Kenntnis unseres Vaters Ignatius, weil er viel mit ihm verkehrt und offensichtlich seinen Geist verstanden hat; er ist wie kein anderer von denen, die ich in der Gesellschaft kenne, in ihr Institut eingedrungen, und zudem zählt er, was Demut und vollkommenen Gehorsam angeht (nicht nur in der Ausführung, sondern auch im Willen und Verstand), zu denen, die sich am beharrlichsten als wahre Söhne der Gesellschaft erwiesen haben." Bei anderer Gelegenheit spricht Polanco von der „wundervollen Sorge dieses Paters, auch in den kleinsten Dingen den Willen des Vaters Ignatius zu erkennen und auszuführen".

Zu Beginn 1548 erhielt Nadal die erste große Aufgabe. Auf eine Bitte des Vizekönigs von Sizilien, Juan de Vega, die Paul III. zum formellen Auftrag an die Gesellschaft Jesu gemacht hatte, übernahm Ignatius die Gründung eines Kollegs in Messina. Er wählte dafür eine besonders geeignete Gruppe von zehn Gefährten aus, fünf Priester, darunter Petrus Canisius und Nadal, und fünf Scholastiker. Die Wahl ihres Oberen überließ er der Gruppe, und diese einigte sich auf Nadal, dessen eigene Stimme ausgenommen. Am 18. März 1548 reisten sie von Rom ab und trafen am 8. April nach einer stürmischen Überfahrt von Neapel aus in Messina ein.

In überraschend kurzer Zeit schuf Nadal hier mit seinen Gefährten nach der Schulform des *Modus parisiensis* den Prototyp eines Jesuitenkollegs. Zwar gab es schon vorher ein Kolleg in Gandía, das der Herzog Francisco de Borja gegründet und der Gesellschaft Jesu übergeben hatte. Aber es konnte keineswegs den Anspruch eines nachahmenswerten Modells für die Schularbeit des Ordens erheben, denn seine Führung zeigte zu viele eigenwillige Besonderheiten. Dagegen wurde die Gründung von Messina zum wegleitenden Vorbild zunächst für das 1551 gegründete Römische Kolleg und in der Folge, da Ignatius den in Rom realisierten Schultyp zur Norm für alle weiteren Jesuitenkollegien erklärte, für die ganze Schultätigkeit der Gesellschaft Jesu. Daß diese Entscheidung des Ignatius nicht toter Buchstabe blieb, sondern schrittweise in die Tat umgesetzt wurde, bleibt eine der großen Leistungen Nadals auf seinen späteren Visitationsreisen durch ganz Europa.

Neben der Arbeit für das Kolleg widmete er sich der Predigt in der Stadt und gründete verschiedene Werke der Caritas. 1550 eröffnete er ein Noviziat und bereitete die Übernahme der Universität durch den Orden vor. 1551 ging er für ein halbes Jahr als Seelsorger mit der

Flotte, die Juan de Vega zur Abwehr der Türkengefahr ausgerüstet hatte, nach Tunis.

Anfangs 1552 waren die Werke in Messina gefestigt und eine weitere Kollegsgründung in Palermo vorbereitet. Schon wartete ein neuer Auftrag auf Nadal. So kehrte er im Februar auf Weisung des Ignatius nach Rom zurück.

Mit der Wahl zum Generaloberen hatte Ignatius auch die Aufgabe übernommen, für den Orden, zusammen mit den ersten Gefährten, Satzungen zu verfassen. Erste Ansätze dazu entstanden im Schlußteil der Beratungen vom Frangipanihof 1539 und wiederum als Frucht gemeinsamer Beratungen im Vorfeld der Generalswahl vom Frühjahr 1541. Nachher waren die Gefährten der ersten Stunde in alle Welt zerstreut und Ignatius blieb allein mit der schwierigen Aufgabe. Mit welcher Sorgfalt er sich ihr hingab, zeigt zum Beispiel die Frage nach der Armut, mit der er sich zu Beginn des Jahres 1544 befaßte und die ihren Niederschlag im „Geistlichen Tagebuch“ gefunden hat. Richtig in Fahrt kam die Arbeit aber erst 1547, als ihm der neuernannte Sekretär Polanco seine fleißige Hilfe lieh. Ein erster Entwurf zu vollständigen Satzungen war 1550 vollendet. Dann rief Ignatius die ersten Gefährten nach Rom, um die Vorlage von ihnen prüfen zu lassen. Auf ihre kritischen Bemerkungen hin wurde der Entwurf noch einmal überarbeitet. Bevor die Satzungen aber durch eine Generalkongregation endgültige Rechtskraft erhielten, sollten sie in den Provinzen des Ordens bekanntgemacht und erprobt werden. Für diese verantwortungsvolle Aufgabe hatte Ignatius seinen Vertrauensmann Nadal auserlesen. Das Frühjahr 1552 diente in langen Gesprächen zwischen den beiden Männern und im eingehenden Studium der Satzungen durch Nadal der Vorbereitung auf diese Sendung.

Daß Ignatius mit Nadal eine gute Wahl getroffen hatte, bestätigt im Rückblick F. Sacchini, der nach dem

„Chronicon" des Polanco die erste Geschichte der Gesellschaft Jesu geschrieben hat: „Er war nicht nur ein Mann von sehr rascher Auffassungsgabe in den göttlichen und menschlichen Wissenschaften, sondern auch von außerordentlicher Klugheit und Tatkraft in praktischen Dingen. ... Und es war allgemeine Ansicht nicht nur der anderen Patres der Gesellschaft und der Weltleute, die ihn kannten, sondern auch des Ignatius - was das Urteil aller anderen aufzuwiegen vermöchte -, daß dort, wo es eine verwickelte und schwierige Sache zu erledigen galt, sich nicht leicht ein Mann fand, der so geeignet gewesen wäre wie Nadal, sie zu entwirren und zu einem guten Ende zu führen."

DIE SECHS VISITATIONSREISEN NADALS

Den größten Dienst hat Nadal der Gesellschaft Jesu durch seine Visitationen erwiesen. Viermal wurde er von Ignatius zu dieser Aufgabe ausgesandt, einmal von dessen Nachfolger Diego Laínez und noch einmal vom dritten Generaloberen Francisco de Borja.

Je nach der Größe des Auftrags verwendete Nadal für die einzelne Visitation unterschiedlich viel Zeit. So vollendete er die erste Reise nach Deutschland und Österreich (1555) in acht Monaten. Sie fiel noch in die Zeit des ersten Aufbaus des Ordens im Norden, vor Errichtung eigenständiger Provinzen; die Zahl der Niederlassungen und der Mitglieder war dementsprechend klein. Seine fünfte Visitation, die er im Auftrag von Laínez machte, nahm ihn dagegen drei volle Jahre in Anspruch. Im ganzen war er von 1552, der Abreise zur ersten Visitation, bis 1568, dem Abschluß der sechsten, über zehn Jahre in diesen Sendungen unterwegs.

Unterwegs: Das bedeutete zu einem großen Teil Fußmärsche von Rom in die einzelnen Bestimmungsländer und hier von Niederlassung zu Niederlassung. Gelegentlich stand ihm ein Reittier oder eine Kutsche zur Verfügung oder er konnte ein Schiff benützen, zum Beispiel für die Überfahrten von Genua nach Barcelona oder auf der Donau nach Wien.

Unterwegs: Das bedeutete in jeder Niederlassung des Ordens, die er ausnahmslos besuchte, eine je nach der Zahl der Ordensmitglieder und der Schwierigkeit der anstehenden Probleme unterschiedlich große Fülle von Arbeit. So verwendete er 1561 für das große Kolleg von Coimbra volle zehn Wochen.

Zur Visitation der einzelnen Niederlassungen gehörten eingehende Gespräche mit jedem einzelnen Mitbruder in der Form der von Ignatius angeordneten „Gewissensrechenschaft". Nadal berichtete darüber an seinen römischen Oberen: „Ich spreche mit jedem und erkundige mich über alle und nach allen Angelegenheiten, soweit es mir notwendig erscheint, und soweit ich helfen kann, helfe ich allen." In diesen Gesprächen fragte er unter anderem nach den Exerzitien, ob und wie die einzelnen Mitbrüder sie gemacht hätten, und unterstrich deren fundamentale Bedeutung für das geistliche Leben.

Zu jeder Visitation gehörten lange Gespräche mit den Oberen der einzelnen Niederlassungen und der Provinzen. Fragen der Organisation und der Ordensdisziplin, der Spiritualität und der Gebetspraxis mußten geklärt werden. Besondere Probleme in den einzelnen Regionen, wie die Rodrigues-Krise in Portugal oder später die Araoz-Krise in Spanien, forderten vom Visitator viel Zeit und kluges Vorgehen.

In der Mitte seiner Arbeit stand der Hauptauftrag des Ignatius: die Bekanntmachung der Satzungen und die Einführung in ihren Geist. Darüber schrieb er einmal an Ignatius: „In einigen - sechs oder sieben - praktischen Unterweisungen erläutere ich das Wesen unserer Gesellschaft und unseres Institutes anhand des *Examen*

[Vorspann zu den Zehn Teilen] und der Satzungen. Soweit mir das möglich ist, gebe ich eine Einführung in den Geist des Gehorsams und erkläre einiges über das Gebet, wobei ich herausgreife, was für alle paßt, und besonders auf die Bedeutung der täglichen Gewissenserforschung hinweise." Die Zahl dieser geistlichen Konferenzen war nicht selten wesentlich größer, zum Beispiel einmal zwanzig in Coimbra und vierzehn in Alcalá. Es findet sich dazu im Nachlaß Nadals eine Fülle von Material, die zeigt, wie ernst er diese Unterweisungen nahm. Zum Teil sind es nur kurze Notizen, die ihm als Gedächtnisstützen dienten, zum Teil vollständig ausgearbeitete Vorträge wie die *Instructio sexta* „Über die apostolischen Aufgaben der Gesellschaft Jesu nach der Formula Instituti".

Miguel Torres, ein erfahrener Mann mit einem klugen Kopf, bezeugte in einem Brief an Ignatius den Wert dieser Konferenzen: „Wir alle haben großen Trost empfangen bei dem, was wir über die Satzungen gehört haben, besonders aus dem Munde des Pater Nadal. Eure Paternität dürfen glauben, daß damit einer wirklichen Not gesteuert wurde, denn jeder einzelne lebte seinen eigenen Stil und suchte sich einen Weg nach seinem Kopf, und nur wenige von uns, scheint mir, kamen ans Ziel. Und da Spanien und Portugal nicht die geringsten Provinzen der Gesellschaft sind, auch nicht die unfruchtbarsten für den Dienst Gottes und das Wachstum unseres Ordens, war es gut, dafür zu sorgen, daß der echte Geist der Gesellschaft hier eingewurzelt wird, denn es genügt nicht, ihn zu verkünden, wenn er nicht verankert wird durch einen Mann, der Autorität und Erfahrung besitzt."

Besonders in Spanien und Portugal hatte sich Nadal mit den Tendenzen nach langen Gebetszeiten, die im Widerspruch zur geistlichen Lehre des Ignatius standen, auseinanderzusetzen. Immer wieder verwies er dabei auf das der Gesellschaft eigentümliche Gebet des „Gott suchen in allen Dingen“ und auf den Kreislauf von Gebet und Arbeit: Das Gebet drängt zur apostolischen Arbeit und befruchtet sie; die Arbeit drängt zum Gebet und bereichert es.

Neben dieser Hauptsorge um die Einführung und später um die treue Beobachtung der Satzungen hatte Ignatius dem Visitator auch den Auftrag mitgegeben, „die Studien zu ordnen“. Diese Aufgabe beanspruchte Nadal im Laufe der Jahre, da immer mehr Kollegien entstanden, in wachsendem Maß. Der erfahrene Fachmann des *Modus parisiensis* forderte und förderte einheitliche Studienpläne sowohl für die Kollegien, die der Ausbildung des eigenen Nachwuchses dienten, als auch für jene, die auswärtigen Schülern offenstanden. Viel Mühe und Sorge bereitete ihm an vielen Orten die fehlende oder ungenügende Dotation der Kollegien. Die Lösung dieses Problems erforderte von ihm oft langwierige Verhandlungen mit kirchlichen und weltlichen Behörden. Nicht selten hatte er auch bei Neugründungen von Kollegien mitzuwirken, wobei er einerseits eine befriedigende Regelung der Dotation anstrebte und andererseits sich in Rom um die Bereitstellung der notwendigen Lehrer, Erzieher und Oberen bemühte.

Mit all diesen Aufgaben waren für Nadal mehrmals auch diplomatische Aufträge der Päpste verbunden, besonders in Deutschland; oder er hatte in schwebenden Konflikten zu vermitteln, vor allem in Spanien und Portugal, was von ihm viel Zeit, Geduld und Taktgefühl verlangte.

Alle diese Aufgaben waren einem Mann gestellt, der über keine starke Gesundheit verfügte und öfters von Krankheiten heimgesucht wurde. So war es nicht zu verwundern, daß seine Kräfte am Ende der Visitationen erschöpft waren.

Erste Visitationsreise

Die erste Visitationsreise Nadals war die leichteste und diente gleichsam der Einübung in diesen Auftrag. Sie führte ihn zurück in das ihm vertraute Sizilien. Mitte Mai 1552 reiste er von Rom ab und prüfte in Neapel die Frage einer Kollegsgründung. In Messina und Palermo führte er die Mitbrüder in die Satzungen ein und förderte den Ausbau der begonnenen Werke. Da Jerónimo Doménech, der zum neuen Oberen für Sizilien ernannt war, noch in Spanien zurückgehalten wurde, vertrat ihn Nadal einige Monate in Messina. Er hielt Vorlesungen im Kolleg und predigte häufig in der Stadt.

Am 3. April 1553 war er nach Erfüllung dieses Auftrags wieder in Rom. Dort war ihm nur eine kurze Pause vergönnt. Sie diente der Rechenschaft über die Situation in Sizilien und der Vorbereitung auf die nächste Sendung. Bereits am 10. April, also eine Woche nach der Rückkehr aus Sizilien, bestellte ihn Ignatius zum Generalkommissar für Spanien und Portugal und betraute ihn mit der Visitation in diesen Ländern. Im Ernennungsdekret schrieb er: „Weil wir der lang und oft von uns erprobten und erkannten Lauterkeit Deines Lebens, Deiner Gelehrsamkeit und praktischen Klugheit in Christus ein sehr großes Vertrauen entgegenbringen, und da in den spanischen Königreichen viele Angelegenheiten betreffs Personen, Niederlassungen, häuslicher Regeln, der Satzungen der Gesellschaft und anderer Dinge anstehen, die unserer Anwesenheit bedürfen oder der eines Mannes, der gänzlich mit unserer Gesinnung vertraut ist, haben wir Dir diese Bürde zur Ehre Gottes und zum geistlichen Nutzen unserer Gesellschaft übertragen."

Zweite Visitationsreise

Am folgenden Tag, dem 11. April 1553, brach Nadal zur zweiten Visitationsreise auf. Sie führte ihn durch die ganze iberische Halbinsel. In Portugal waren die Schwerpunkte seiner Arbeit Lissabon, Coimbra und Evora. Für Spanien hat Jurado in seiner „Chronologie" fünfzehn verschiedene Stationen ausgemacht. Neben der Einführung in die Satzungen und der Konsolidierung der Kollegsgründungen trug er in Portugal zur endgültigen Überwindung der Rodrigues-Krise bei. Diese Visitation nahm Nadal während anderthalb Jahren in Anspruch.

Am 18. Oktober 1554 kehrte er von seinem Auftrag nach Rom zurück, wo ihm bis zur nächsten Ausreise eine Pause von vier Monaten vergönnt war, zugleich aber auch eine zusätzliche Aufgabe zufiel. Die römischen Gefährten hatten nämlich Ignatius gedrängt, er solle angesichts seiner geschwächten Gesundheit zur Entlastung einen Generalvikar ernennen. Er gab diesem Verlangen nach, überließ die Wahl aber den Mitbrüdern. Am 1. November 1554 wurde Nadal mit 31 von 34 Stimmen zu diesem Amt erkoren - auch ein Zeichen des großen Vertrauens, das sie ihm entgegenbrachten.

Dritte Visitationsreise

Sie dauerte vom 19. Februar bis zum 6. Oktober 1555 und führte Nadal ein erstes Mal nach Deutschland und Österreich. Den unmittelbaren Anlaß gab ein päpstlicher Auftrag: Nadal und Laínez sollten als theologische Berater den päpstlichen Legaten Kardinal Morone zum Reichstag nach Augsburg begleiten und ihm dort ihre Dienste leihen. Doch kaum in Augsburg angekommen, erhielt Morone die Nachricht vom Tod Julius' III.; so mußte er zum Konklave nach Rom zurückkehren, Nadal aber konnte gleich mit der Visitation beginnen.

Die Werke der Gesellschaft Jesu in Deutschland befanden sich noch im ersten Stadium des Aufbaus. Faber und Bobadilla hatten zwar schon seit 1541 zeitweise hier apostolisch gearbeitet. Doch definitiv war die Tätigkeit der Gesellschaft Jesu erst 1549 durch die Sendung von Canisius, Jay und Salmerón nach Ingolstadt geworden. Aber der Anfang hatte sich als schwierig erwiesen und Canisius war deswegen nach Wien gegangen.

Schwerpunkte für Nadals Aufenthalt im Norden wurden Augsburg, Dillingen und dann vor allem Wien. Der Bischof von Augsburg, Kardinal Truchseß von Waldburg, hatte ihn gebeten, die ihm unterstehende Universität von Dillingen ebenfalls zu visitieren. Dieser Dienst Nadals leitete die spätere Übernahme der Hochschule durch die Jesuiten ein. Am längsten dauerte Nadals Aufenthalt in Wien, da er hier die Rückkehr des Kaisers abwarten wollte. Die Zeit, die er nicht im Sinn seines Auftrags für die Mitbrüder benötigte, stellte er in den Dienst der apostolischen Arbeit, um im Verein mit Canisius Wege zur katholischen Reform zu planen und vorzubereiten. Eine Frucht dieser Visitation war die Errichtung von zwei deutschen Ordensprovinzen, die Ignatius 1556 vollzog und damit die Strukturen für die wachsende Arbeit des Ordens schuf.

Diese Visitation brachte Nadal den ersten direkten Kontakt mit der Reformation und mit der trostlosen kirchlichen Situation in Deutschland. Hier erwachte in ihm die große Liebe zu diesem Land und zu seiner bedrängten Kirche, so daß er am liebsten hiergeblieben wäre und sein Leben für die Reform der Kirche eingesetzt hätte. Während er in den „Orationis observationes" - wohl vor dieser Reise - noch sehr harte Worte gegen die Protestanten und ihre Anführer geschrieben hatte, klangen in seinen Briefen jetzt irenische Töne an: „Wo wir öffentlich oder privat etwas gegen sie [die Protestanten] unternehmen müssen..., da soll es geschehen in wahrhaft christlichem Geist, das heißt bescheiden, demütig, in Liebe und glühendem Eifer, im Licht der Wahrheit, mit Ausdauer und Tapferkeit, mit Geduld, in der Fülle des Glaubens und der Hoffnung in Christus Jesus. Kein Wort sollen sie von uns hören, das jemand als Beleidigung, Schmähung oder Beschimpfung auslegen könnte; nur die rechtgläubigen Wahrheiten müssen wir mit Eifer und Beharrlichkeit vertreten und verteidigen in ihrer ganzen Reinheit und Wahrheit, mit der größten Freiheit des Geistes im Herrn."

Vierte Visitationsreise

Am 6. Oktober 1555 war Nadal aus Deutschland und von der Visitation der oberitalienischen Niederlassungen nach Rom zurückgekehrt. Am 23. Oktober mußte er sich schon wieder auf den Weg machen. Die vierte Visitationsreise führte ihn ein weiteres Mal nach Spanien. Ignatius hatte ihm dafür drei Aufträge mitgegeben. An erster Stelle sollte er die Kenntnis der Ordenssatzungen vertiefen und ihre Beobachtung überprüfen. Schmerzlich mußte Nadal feststellen, daß viele der von ihm anläßlich der früheren Visitation getroffenen Anordnungen nicht eingehalten wurden. Die eigenwillige Regierungsweise des Provinzials von Aragón, Antonio de Araoz, hatte dieser Entwicklung Vorschub geleistet. Zweitens sollte er Francisco de Borja, der als Generalkommissar in Spanien weilte, in seiner Arbeit unterstützen. Dieser Auftrag führte zu Spannungen zwischen den beiden Männern. Neben der Empfindlichkeit Borjas trug dazu auch eine von Ignatius nicht klar geregelte Scheidung der Kompetenzen bei. Drittens sollte er eine Geldsammlung für das Römische Kolleg, das in finanziellen Nöten steckte, durchführen. Auch in diesem Auftrag erlebte er Schwierigkeiten und aus nationalistischen Gründen untersagte ihm der Kronrat schließlich die Sammlung. So war diese zweite spanische Visitation, für die Jurado achtzehn Stationen errechnet hat, reich an Widrigkeiten.

Mitte September 1556 erhielt Nadal in Valladolid über Ribadeneira die erste Nachricht vom Tod des Ignatius (31. Juli 1556), die durch einen Brief Polancos aus Rom bestätigt wurde. In dieser Stunde war sich Nadal seiner nie widerrufenen Wahl zum Generalvikar bewußt und begann mit den ersten Vorbereitungen zur Generalkongregation, die den Nachfolger zu wählen hatte. Doch da erfuhr er durch einen weiteren Brief Polancos, daß die römischen Gefährten im Sinn der Satzungen Diego Laínez zum Generalvikar gewählt hatten. Statt einen Rechtsstreit heraufzubeschwören um die Frage, ob sein Mandat vom 1. November 1554 über den Tod des Ignatius hinaus Geltung habe, unterstellte er sich in voller Loyalität dem römischen Generalvikar. Am 2. Dezember 1556 kehrte er nach Rom zurück und blieb dort während der nächsten vier Jahre.

Die Gesellschaft Jesu ging nach dem Tod des Ignatius durch die erste große Krise ihrer Geschichte.[4] Von außen war der Orden vor allem bedroht durch die feindliche Gesinnung Pauls IV. und dessen Krieg mit Philipp II. Von innen wurde sie erschüttert durch die Intrigen Bobadillas, der sich mit dem Papst gegen das Triumvirat Laínez-Nadal-Polanco verband. Erst zwei Jahre nach dem Tod des Ignatius konnte die 1. Generalkongregation durchgeführt werden. Sie wählte am 2. Juli 1558 Diego Laínez zum Generaloberen und gab den Ordenssatzungen die notwendige Gesetzeskraft. Nadal wurde von der Generalkongregation zu einem der vier Generalassistenten bestellt und Laínez betraute den erfahrenen Schulmann zugleich als Superintendenten mit der Leitung des Römischen Kollegs. So waren auch diese vier stabilen Jahre für ihn voll Arbeit und Sorgen.

[4] Vgl. dazu: André Ravier, Ignatius von Loyola gründet die Gesellschaft Jesu. Die Krise von 1556 bis 1558, S.300-349

Laínez trug sich 1560 mit dem Plan, selbst die Provinzen des Ordens zu visitieren. Doch der Papst wünschte seine weitere Mitarbeit für das Konzil, das in die entscheidende Schlußphase getreten war. So betraute auch er Nadal, der die besten Kenntnisse von der Situation des Ordens im gesamten Europa besaß, mit dieser Aufgabe. Sie wurde zu seiner fünften Visitationsreise, der längsten von allen.

Die Gesellschaft Jesu war seit Nadals erster Aussendung durch Ignatius stark gewachsen an Mitgliedern und Niederlassungen. Wieder bildeten darum die spirituelle Formung aus dem Geist der Exerzitien und der Konstitutionen, die Konsolidierung der Strukturen und die Gestaltung des Schulwesens, das inzwischen zum Schwerpunkt der apostolischen Arbeiten geworden war, die vorrangigen Aufgaben dieser Visitation.

Am 18. November 1560 reiste Nadal von Rom ab. Sein erstes Ziel war die iberische Halbinsel. Er begann die Visitationen im östlichen Teil Spaniens, ging dann nach Portugal und vollendete anschließend den Besuch der anderen spanischen Niederlassungen. Im ganzen hat Jurado für diese Visitation in Spanien achtundzwanzig Stationen nachgewiesen.

In Portugal fand Nadal diesmal eine von neuem blühende Provinz, die nach den Erschütterungen der Rodrigues-Krise ihr inneres Gleichgewicht wieder gefunden hatte und Jahr für Jahr zahlreiche Missionare nach Südamerika und Indien aussandte. Zweieinhalb Monate verwendete er allein für die Visitation des großen Kollegs von Coimbra, das über 170 Mitglieder zählte, zur Hauptsache Scholastiker in der Ausbildung. In zwanzig Konferenzen legte er ihnen die Grundgedanken einer Theologie des geistlichen Lebens vor, seine Lehre von der allgemeinen Gnade des Ordensberufes und der besonderen Berufung zur Gesellschaft Jesu und betonte die exemplarische Bedeutung, die das Leben des Ordensstifters für seine Söhne hat. Er sprach über das wichtige Thema der Einheit von Gebet und Arbeit, von den drei göttlichen Tugenden und den besonderen Tugenden eines jeden Standes innerhalb der Gesellschaft usw.

Großen Problemen begegnete Nadal diesmal in Spanien. Hier war Borja in Schwierigkeiten mit der Inquisition geraten und deshalb nach Portugal geflohen, was man dem Visitator als Schuld anrechnete. Dornenreicher war der Konflikt um den Provinzial Araoz, der, wie einst Rodrigues in Portugal, stark in die Angelegenheiten des Königshofes verstrickt war und darob sein Amt vernachlässigte. Da er sowohl vom Hof als auch von einem großen Teil der Jesuiten in Schutz genommen wurde, hatte Nadal eine sehr schwierige Situation zu entwirren. Schließlich einigte man sich auf einen Kompromiß: Die große Provinz von Aragón wurde in zwei Provinzen aufgeteilt; sie erhielten neue, von Nadal ernannte Obere; Araoz wurde an Stelle Borjas zum Kommissar für Spanien bestellt - sehr zum Unbehagen Nadals, der aber dieser Ernennung, um größeres Unheil zu vermeiden, zustimmen mußte. Doch auch mit diesem Kompromiß konnte er die feindselige Stimmung des Hofes ihm gegenüber nicht beschwichtigen und wurde durch den Kronrat aus Spanien ausgewiesen.

Im April 1562 kam Nadal über die Pyrenäen nach Toulouse, visitierte die noch wenig zahlreichen Niederlassungen in Frankreich, traf sich in Paris mit Laínez und Polanco, die an den Religionsgesprächen von Poissy teilgenommen hatten, und besuchte die Niederlassungen in Flandern. Von Löwen her kam er nach Köln und begann die Visitation der beiden deutschen Provinzen, der er sich während anderthalb Jahren widmete. Neben den gewohnten Pflichten des Visitators, die immer Gespräche mit jedem Mitbruder einschlossen, war zu besprechen. Über Wien und Tyrnau führte ihn der Weg deshalb nach Olmütz und weiter nach Prag. Von hier aus legte er dem General einen ausführlichen Plan zur Teilung der Oberdeutschen Provinz durch Errichtung einer Österreichischen Provinz vor. Laínez setzte den Vorschlag noch 1562 in die Tat um. Mit Canisius vermittelte Nadal auch in den Spannungen zwischen Kaiser und Papst, die wegen des Konzils, besonders wegen der Frage einer Reform des „Hauptes", das heißt des Papstes und der römischen Kurie, entstanden waren. Auf der Rückreise visitierte er noch einige oberitalienische Niederlassungen. Am 7. Dezember 1563 traf er, nach mehr als drei Jahren, wieder in Rom ein.

Hier verbrachte Nadal die nächsten zwei Jahre. Als Generalassistent war er an den wichtigen Fragen der Ordensleitung beteiligt, zudem mußte er wieder das Amt des Superintendenten am Römischen Kolleg übernehmen. Am 13. Januar 1565 starb der Generalobere Diego Laínez. In der Folge nahm Nadal an der 2. Generalkongregation (21. Juni bis 3. September 1565) teil. Sie wählte am 2. Juli Francisco de Borja zum Generaloberen und bestätigte Nadal als Generalassistenten.

Sechste Visitationsreise

Auch der neue Obere der Gesellschaft Jesu nahm Nadals reiche Kenntnisse der europäischen Ordensprovinzen in Anspruch und betraute ihn mit einer sechsten Visitation. Den unmittelbaren Anlaß gab der Auftrag Papst Pius' V., dem Nuntius Commendone für den bevorstehenden Reichstag von Augsburg die Patres Nadal und Ledesma als theologische Berater zur Verfügung zu stellen. Am 7. Februar 1566 brachen sie von Rom nach Augsburg auf. Wieder galt es zunächst, in den Spannungen zwischen dem neuen Kaiser Maximilian II., der zu weitgehenden

Konzessionen an die Protestanten bereit war, und dem neuen Papst Pius V., der entschieden die Rechte und Privilegien der Kirche verteidigte, zu vermitteln.

Im Mai 1566 konnte Nadal nach dem glücklichen Abschluß des Reichstages die ihm aufgetragene Visitation der Oberdeutschen, der Österreichischen und der Rheinischen Provinz beginnen. Im Osten führte ihn der Weg wieder nach Wien, Tyrnau, Olmütz und Prag, dann durch die süddeutschen Gebiete an den Rhein. Anschließend visitierte er die Niederlassungen in Flandern und Frankreich, mußte die Reise aber nach dem Besuch der Kollegien von Paris, Verdun, Chambéry und Lyon wegen der Kriegswirren in Südfrankreich, die ihn an der Weiterreise nach Spanien hinderten, abbrechen und kam am 22. September 1568, also nach zweieinhalb Jahren, wieder nach Rom zurück.

DIE LETZTEN JAHRE

Die nächsten fünf Jahre (1568-1573) nahm Nadal wieder als Generalassistent an der Ordensleitung teil. Am 9. Oktober 1568 wurde er im Zuge einer Umstrukturierung der Provinzverbände mit der besonderen Sorge um Spanien und Portugal betraut. Im Auftrag des Generaloberen führte er 1570 eine Visitation des Römischen Kollegs und des Germanicums durch. Am 26. Juni 1571 bestellte ihn Borja für die Dauer seiner Reise nach Spanien - der Papst hatte den Generaloberen als Begleiter seines Gesandten gewünscht - zum Generalvikar. In diese Zeit fiel der Tod Pius' V. Als Nadal bei dessen Nachfolger Gregor XIII. die Antrittsaudienz machte, bat er um den Widerruf der Eingriffe Pius' V. in das Institut der Gesellschaft Jesu, die den Orden zum gemeinsamen Chorgebet verpflichtete und die Profeß vor der Priesterweihe verlangte. Gütig gewährte ihm der Papst die beiden Bitten. Erst gegen Ende September 1572 kehrte Borja krank aus Spanien nach Rom zurück und starb bereits am 30.

neralkongregation vor; sie tagte vom 12. April bis zum 16. Juni 1573.

Die Wahl des Generaloberen erfuhr wider alle Erwartungen, die in Polanco den Nachfolger Borjas sahen, eine dramatische Wende. Eine spanienfeindliche Opposition, die von Portugal ausgegangen war und sich mit Italienern verbündet hatte, fand Gehör beim Papst, der im Umgang mit derartigen Intrigen noch unerfahren war. Am Morgen des vorgesehenen Wahltages erteilte Gregor XIII. durch einen Kardinal den versammelten Patres die strikte Weisung, diesmal keinen Spanier zu wählen. Die Generalkongregation war konsterniert und sandte nach Beratung eine Delegation unter Führung des Petrus Canisius zum Papst. Sie erreichte aber nur, daß dieser seinen Befehl zu einem Wunsch milderte; zugleich wies er auf seinen Favoriten hin. Die Generalkongregation fügte sich und wählte, wie es dem Hinweis des Papstes entsprach, den Belgier Eberhard Mercurian zum vierten Generaloberen. Im gleichen Sinn fielen auch die anderen Wahlen aus. Polanco und Nadal verloren ihre bisherigen Ämter und Mercurian entfernte sie bald aus Rom. Polanco schickte er als Visitator in das krisengeschüttelte Sizilien, wo sich dieser in selbstloser Treue seinem letzten Auftrag hingab. Nadal begab sich auf Weisung des Generals nach Hall im Tirol. Trotz freundlichen Zeichen, die diese Maßnahmen begleiteten, liegt auf ihnen der Anschein von Verbannung für die beiden treuen Diener des Ordens.

Frei von allen amtlichen Verpflichtungen widmete sich Nadal schriftstellerischen Arbeiten. Er verfaßte die „Adnotationes et meditationes in evangelia“ zu den Sonn- und Festtagen des Kirchenjahres. Er erlebte aber den Druck des Werkes nicht mehr; es erschien erst 1594 in einer Prachtausgabe mit Kupferstichen zu jedem Abschnitt in Antwerpen. Als Frucht der vielen Konferenzen über die Satzungen schrieb er die „Scholia in Constitutiones et Declarationes“. Daneben ordnete und ergänzte er seine vielen Schriften. Schon in Tivoli, wo er nach dem Weggang aus Rom kurz weilte, hatte er einen Katalog dazu verfaßt und an Mercurian gesandt.

Diese Jahre in Hall waren sowohl für Nadal als auch für seine Umgebung eine recht mühsame Zeit. Seine Gesundheit war erschüttert; öfters litt er unter Krankheiten. Schwächen seines Charakters brachen wieder durch. Mit dem Rektor Matthias Lackner lebte er mehr oder weniger in dauernder Spannung. Dieser muß ein schwieriger Mann gewesen sein; 1577 verließ er heimlich den Orden und fiel vom Glauben ab. Nicht nur Hoffäus, selbst der grundgütige Canisius beschwerten sich bei Mercurian über Nadal. Die Depression, die ihn in den Jahren 1538-1545 niedergedrückt hatte, scheint ihn jetzt wieder geplagt zu haben.

Rasch schwanden seine letzten Kräfte. Er erbat sich von Mercurian die Rückkehr aus dem frostigen Norden nach Italien. Dieser antwortete ihm: „Wir erwarten Ihre Rückkehr mit solcher Freude, wie es Ihren Verdiensten und der Liebe, die wir im Herzen für Sie empfinden, entspricht.“ In einer Sänfte mußte er nach Venedig getragen werden, so schwach war er geworden. In der Lagunenstadt verbrachte er den Winter 1577/78 und kam dann nach Rom zurück. Im Noviziat von S. Andrea in Quirinale lebte er still und verborgen die letzten Jahre. Am Osterfest 1580, dem 3. April, starb er eines friedlichen Todes.

DAS GEISTLICHE NOTIZBUCH

Jerónimo Nadal hat der Nachwelt ein reiches Schrifttum hinterlassen. Was sich in drei Jahrzehnten an Manuskripten aus seiner Arbeit angesammelt hatte, ordnete er ein erstes Mal, als er 1573 nach seiner Absetzung in Tivoli weilte, und sandte ein Verzeichnis seiner Schriften an den Generaloberen. Eingehender befaßte er sich mit dem schriftlichen Ertrag seiner Arbeit in den Jahren 1574-1577, als er sich auf Weisung Mercurians nach Hall im Tirol zurückgezogen hatte. Er ordnete seine Schriften nicht nur genauer, sondern korrigierte und überarbeitete manche Texte. Diese reiche Sammlung kam dann - wohl gleichzeitig mit Nadal 1578 - nach Rom und liegt seither im Archiv des Generalates.

ZUR GESCHICHTE DES TEXTES

Das größte und wichtigste Dokument in Nadals Nachlaß sind die „Orationis observationes" (Beobachtungen beim Gebet), ein Manuskript von 561 Seiten. Er hat beim Ordenseintritt Ende 1545 begonnen, persönliche geistliche Erfahrungen, Erkenntnisse und Reflexionen schriftlich festzuhalten, und er hat diese Aufzeichnungen während rund dreißig Jahren fortgesetzt. In Hall gab er der ganzen Sammlung, nachdem er sie durchgesehen, korrigiert und teilweise neu geordnet hatte, den Titel „Orationis observationes". Damit kennzeichnete er diese Aufzeichnungen selbst als „Geistliches Notizbuch". Die Ergänzungen von 1574-1577 entnahm er vor allem der Fülle seiner Materialien zu geistlichen Konferenzen auf den sechs Visitationsreisen.

Zeit und Ort der Niederschrift der einzelnen Abschnitte lassen sich nur in verhältnismäßig wenigen Fällen eindeutig festlegen, da er die Aufzeichnungen nicht im Stil eines wirklichen Tagebuchs datiert und nur in seltenen Fällen eine Ortsangabe notiert hat. Doch darf mit guten Gründen angenommen werden, daß er die

Notizen in der chronologischen Reihenfolge ihrer Niederschrift hat stehen lassen. Wie sein Lebenslauf zeigte, hat er rund die Hälfte seines aktiven Jesuitenlebens außerhalb Roms zugebracht, zuerst vier Jahre in Messina (1548-1552), dann über zehn Jahre in den sechs Reisen als Visitator und Generalkommissar, die ihn kreuz und quer durch Europa führten. Viermal weilte er für längere Zeit in Rom: Ende 1545 bis März 1548, als er durch Ignatius in den Geist des Ordens eingeführt wurde und ihn als Minister in der Leitung des Hauses La Strada unterstützte; dann nach dem Tod des Ignatius von Dezember 1556 bis November 1560, da er den Generalvikar Laínez in der Krisenzeit bis zur 1. Generalkongregation begleitete und ihm, als dieser Generaloberer geworden war, in der Stellung eines Generalassistenten beistand; wieder vom Dezember 1563 bis zum Februar 1566, ebenfalls als Generalassistent bei Laínez und beim neuen Generaloberen Francisco de Borja; schließlich nach der sechsten Visitationsreise bis zum Abschluß der 3. Generalkongregation, also vom September 1568 bis zum Juni 1573. In diesen römischen Jahren dürfte ein unbestimmt großer Teil seiner Notizen entstanden sein, da ihm die örtliche Stabilität dazu besser Gelegenheit bot als das unstete Wanderleben des Visitators. Sicher gehört aber ein nicht unbeträchtlicher Teil der Aufzeichnungen in die Jahre der Visitationsreisen. Hier sind auch die Texte zu Konferenzen für die Mitbrüder anzusiedeln.

DIE EIGENART DES WERKES

In Nadals Aufzeichnungen, wie sie in seiner eigenen endgültigen Redaktion von Hall vorliegen, lassen sich drei Kategorien von Texten unterscheiden.

Zur ersten Kategorie gehören Notizen rein sachlicher Art wie die „Worte der Väter“, die reiche Stoffsammlung zum Thema „Demut“ aus der Heiligen Schrift und den

Kirchenvätern, allgemeine Lehren *(Loci communes)* über Tod, Sünde, Versuchungen usw. Dazu zählen auch jene Abschnitte, die er in seinen Konferenzen verwendet und in die „Orationis observationes“ übernommen hat.

Die zweite Kategorie bilden Nadals persönliche Überlegungen und Anregungen. Sie beziehen sich auf theologische, spirituelle und pastorale Fragen und lassen sein eigenes Denken in vollem Licht aufleuchten.

Die dritte Kategorie - die größte dem Umfang nach - ist ganz persönlicher Art. Hier notiert Nadal eigene geistliche Erfahrungen, die er im Gebet und in dessen Umfeld empfangen hat. In diesen Aufzeichnungen liegt der reichste Wert der „Orationis observationes“. Hier kommen Nadals Glaube, seine Liebe, sein Beten bis zu mystischen Erfahrungen und seine apostolische Sorge zum vollen Ausdruck.

DER STIL

In ihrem Stil tragen Nadals Aufzeichnungen ganz den Charakter eines Notizbuches. Zur Hauptsache sind es spontan notierte Gedanken, kurze Reflexionen und dankbare Erinnerungen an empfangene Gnaden. Manchmal begnügt er sich mit unvollständigen Sätzen und einzelnen Stichworten. Nicht selten klingen seine Aufzeichnungen wie wegweisende Aphorismen.

Auch als er die vielen Seiten in Hall überarbeitete, einzelne Korrekturen anbrachte und Texte aus den Konferenzen beifügte, hat er seine spontanen Notizen der vergangenen dreißig Jahre stehen lassen, wie er sie seinerzeit aufgezeichnet hatte. Auch jetzt bemühte er sich nicht um die Glättung des Stils und verzichtete vor allem auf jede Systematisierung. Wahrscheinlich bei dieser Überarbeitung stellte er manchen Aufzeichnungen eine Überschrift voran, die den Inhalt anzeigte. Nicolau hat diese Titel in seiner Ausgabe mit großen Buchstaben wiedergegeben und so stehen sie auch in der vorliegenden Übersetzung.

Auf einen für Nadal typischen Begriff sei zum richtigen Verständnis eigens hingewiesen. Er verwendet in seinen Notizen häufig das Verb *sentire* und das ihm entsprechende Substantiv *sensus*. Hinter diesen Ausdrücken steht seine Auffassung von den „geistlichen Sinnen" (von denen im Dritten Teil die Rede ist). Sie bezeichnen sowohl erkenntnismäßige als auch affektive Erfahrungen. Mit dem Nadal-Interpreten Adolf Haas SJ werden sie hier durchgängig mit „verspüren" und „Gespür/Verspüren" wiedergegeben.

Bei allen Unterschieden darf Nadals Notizbuch in eine Reihe gestellt werden mit dem „Geistlichen Tagebuch" des Ignatius von 1544/45 und mit dem „Memoriale" Pierre Favres. Alle drei haben ihre Aufzeichnungen einzig für sich selbst geschrieben, keiner wollte damit ein literarisches Werk schaffen. Darin gründet die spontane Unmittelbarkeit und Ehrlichkeit ihrer Aufzeichnungen. Nadals Notizbuch offenbart sein Innerstes, offen vor sich und seinem Gott.

NADALS LEHRE IM GEISTLICHEN NOTIZBUCH

Von seiner Eigenart her darf im „Geistlichen Notizbuch" keine vollständige Lehre des geistlichen Lebens erwartet werden, weil dies nicht seiner Absicht entspricht. Trotzdem kommen im Laufe von dreißig Jahren die meisten Fragen des „Geistlichen Weges" mit unterschiedlichen Akzenten zur Sprache.

Wenn nun hier die von ihm angesprochenen Themen, die kreuz und quer durch die „Orationis observationes" zerstreut sind, in einer gewissen Systematik zusammengetragen werden, widerspricht solche thematische Darstellung nicht dem ordnenden Geist Nadals. Sie läßt vielmehr die Schwerpunkte seines geistlichen Lebens als der wesentlichen Quelle seiner Lehre klarer und mit stärkeren Konturen aufleuchten. Auf diese Weise wird noch besser sichtbar, woraus er lebte und welche Anliegen im eigenen Leben und in der Erfüllung seiner apostolischen Aufträge ihn vor allem erfüllten und bewegten. Sicher würden seine Konferenzen noch wichtige Ergänzungen dazu beitragen, vor allem zu Fragen der spezifischen Gnade der Berufung zur Gesellschaft Jesu, zu ihrem Gebetsleben und zur apostolischen Verpflichtung.

VERÖFFENTLICHUNG

Aus dem schriftlichen Nachlaß Nadals veröffentlichten die Herausgeber der „Monumenta Historica Societatis Jesu" um die Jahrhundertwende vier große Bände „Epistolae et monumenta P. Hieronymi Nadal", denen P. Miguel Nicolau, der beste Nadalforscher unserer Zeit und sein kongenialer Interpret, 1962 einen fünften Band mit wertvollen Ergänzungen folgen ließ. In diesen Bänden finden sich auch vereinzelte ausgewählte Texte aus den „Orationis observationes". In ihrem vollen Wortlaut gab sie P. Nicolau erstmals 1964 in einer Ergänzung zum 5. Nadal-Band heraus.[5] Er stellte dem Text eine längere Einführung voran: über den Autor und sein Werk, über die geistliche Theologie des Dokumentes und über die Zeit seiner Abfassung. Das ungegliederte Manuskript Nadals teilte er in siebzehn *Sectiones* (Kapitel) auf, zu deren Abgrenzung er sich vom Inhalt bestimmen ließ. Jede einzelne *Sectio* begann er mit einem *Summarium* in der Form einer stichwortartigen Inhaltsangabe. Im Stil anderer Textausgaben (z.B. Exerzitienbuch [=EB], Konstitutionen) versah er den Text mit einer fortlaufenden Numerierung (1-1010). Zudem rüstete er ihn mit einer großen Zahl von Anmerkungen aus, in denen vor allem für die vielen

[5] Michael Nicolau, P.Hieronymi Nadal Orationis observationes, Institutum Hist. Soc. Jesu, Rom 1964, 335 Seiten, Band 90a der MHSI

Zitate aus der Heiligen Schrift die entsprechenden Stellen exakt angegeben wurden. Abgeschlossen wurde der Band mit einem Personen- und Sachregister von elf Seiten.

ÜBERSETZUNG

Nach dieser äußerst zuverlässigen Vorlage übersetzte der Autor der vorliegenden Arbeit zur geistlichen Lehre Nadals das vollständige lateinische Original ins Deutsche. Seine neue Einführung ging vor allem der Biographie Nadals nach. An Stelle der *Summaria* stellte er den einzelnen Kapiteln jeweils eine „Vorbemerkung" voran, die den hauptsächlichen Inhalt anzeigt, soweit möglich auf Ort und Zeit der Abfassung verweist und das ganze Kapitel kurz charakterisiert. Neben der Numerierung der einzelnen Abschnitte wurden auch die meisten Anmerkungen übernommen. (Leider konnte diese vollständige Übersetzung der „Orationis observationes" aus verlegerischen Gründen bisher noch nicht veröffentlicht werden.) Sämtliche Zitate aus dem „Geistlichen Notizbuch", die im folgenden wiedergegeben werden, sind dieser Übersetzung entnommen.

HINWEISE

1. Nadal zitiert die Heilige Schrift stets nach der zu seiner Zeit verwendeten Ausgabe der *Vulgata.* Die Übersetzung wahrt diese Tradition, da Nadals Reflexionen oft vom Wortlaut der erwähnten Verse ausgehen, verwendet aber die neue Psalmenzählung bis auf wenige in heutigen Schriftausgaben nicht mehr auffindbare Stellen, die als LXX-Texte bezeichnet sind.

2. Zwei oft wiederkehrende Ausdrücke:
Unter „Gesellschaft" versteht Nadal in abkürzender Weise stets den eigenen Orden der Gesellschaft Jesu.

„Institut“ bezeichnet sowohl den Orden als Institution als auch dessen spezifische Lebensform, gelegentlich auch die Konstitutionen, in denen diese Lebensform festgeschrieben ist. Der jeweilige Sinn ergibt sich aus dem Zusammenhang.

3. Für die Zitate aus den „Orationis observationes“ wird jeweils am Ende des einzelnen Textes die entsprechende Nummer in Nicolaus Ausgabe des lateinischen Originals beigefügt und damit der Standort im ganzen Werk angezeigt.

DER MEISTER - IGNATIUS VON LOYOLA

Seine reiche wissenschaftliche Ausbildung hat Jerónimo Nadal auf den Hohen Schulen von Alcalá, Paris und Avignon erworben. Sein geistliches Leben aber und das davon getragene apostolische Wirken sind ganz geprägt durch Ignatius, der zu seinem großen Lehrmeister geworden ist. Es hat zwar wegen Nadals Widerstand in Paris lang gedauert, bis die beiden Männer sich auch innerlich begegnet sind. Dann aber hat sich der fast vierzigjährige Nadal als gelehriger Jünger erwiesen und ist zum treuen Gefolgsmann gereift. Er hat nicht nur das eigene Leben voll vom Geist der Exerzitien durchformen lassen, sondern ist in der Folge auch zum größten Lehrer der ignatianischen Spiritualität in der jungen Gesellschaft Jesu geworden.

Es gibt zwei ungleich lange Perioden, in denen Nadal durch die Schule des Ignatius gegangen ist. Da war zuerst die Zeit seiner Exerzitien vom November 1545, in denen er sich unter der Leitung von Jerónimo Doménech zum Eintritt in die Gesellschaft Jesu entschloß, und der anschließenden zwei Jahre und vier Monate, die er in La Strada in unmittelbarem Kontakt mit Ignatius gelebt hat, erst als Novize, dann als nächster Mitarbeiter in der Leitung des Hauses. Es ist bekannt, daß Ignatius gerade jene Männer, deren hohen Wert er erkannt hatte und denen er sein volles Vertrauen schenkte, in eine besonders harte Schule genommen hat. Neben Laínez und Polanco hat dies auch Nadal erfahren - eins mit der verhaltenen Liebe, die er ebenfalls verspüren durfte und die er mit seiner verehrenden Liebe beantwortet hat.

Die zweite Periode intensiver Schulung bei Ignatius waren die Monate zwischen der Rückkehr aus Messina (Anfang 1552) und seiner Aussendung als Visitator. Jetzt standen die eben endgültig redigierten Konstitutionen im Mittelpunkt der Gespräche, die durch Nadals persönliches Studium der Satzungen ergänzt wurden. Höhepunkt dieser zweiten Lehrzeit bei Ignatius wurde Nadals Profeß, die er am 25. März in die Hände des verehrten Vaters ablegte.

In dieser Zeit wiederholte Nadal die schon im Jahr zuvor geäußerte Bitte, Ignatius „möchte darlegen, auf welche Weise Gott ihn vom Anfang seiner Bekehrung an geführt habe, damit dann dieser Bericht uns als Vermächtnis und väterliche Unterweisung von Nutzen sein könnte". Damals hatte Ignatius nach langem Zögern der drängenden Bitte endlich eine Zusage gegeben. Da in der Zwischenzeit aber nichts geschehen war, drängte Nadal jetzt von neuem. „Als ich im folgenden Jahr [1553] aus Sizilien zurückkam und unmittelbar vor der Sendung nach Spanien stand, fragte ich den Vater, ob er schon etwas getan habe. 'Nichts', antwortete er mir." Doch das unermüdliche Drängen Nadals zeitigte Frucht: Im August 1553 begann Ignatius dem P. Gonçalves da Câmara „sein Leben zu erzählen", kam aber nicht weit mit seinem Bericht. „Nach der Rückkehr aus Spanien im Jahr 1554 stellte ich wiederum die gleiche Frage." Von neuem drängte Nadal „nicht bloß in meinem eigenen Namen, sondern im Namen aller anderen" auf die Erfüllung der Bitte. Im Sommer 1555 setzte Ignatius das auch durch Krankheit behinderte Werk fort und schloß es am 22. Oktober ab. Den hartnäckigen Bitten Nadals vor allem verdankt die Nachwelt den unsterblichen „Bericht des Pilgers". Er besorgte sich eine eigene Kopie, führte sie auf allen kommenden Visitationsreisen mit sich und las den Mitbrüdern daraus vor.

Noch einmal, zwischen der zweiten und dritten Visitation, war Nadal für vier Monate bei Ignatius in Rom. Jetzt galten ihre Gespräche aber vor allem den Erfahrungen und Fragen, die die ersten zwei Visitationen gezeitigt hatten. Zu einer ganz kurzen Begegnung kam es noch in den paar Tagen zwischen der dritten und vierten Visitation.

Wenn Nadal in seinen vielen Konferenzen die Mitbrüder in das Verständnis und den Geist der Konstitutionen einführte, kam er ganz selbstverständlich immer wieder auf Ignatius als dem lebendigen Urbild dieses Geistgesetzes zu sprechen.

Von diesem Geist des Ignatius, der Nadal ganz geformt hat, zeugt auch das „Geistliche Notizbuch". An manchen Stellen spricht es ausdrücklich vom „verehrten Vater seiner Seele". In ganz schlichter Weise beginnt Nadal seine Notizen mit ein paar Worten, die Ignatius ihm bei der Exerzitienbeichte im November 1545 mitgegeben oder die er in anschließenden Gesprächen geäußert hat.

IGNATIUS. Wie du deine Anstrengung, deinen Eifer und deine Fähigkeiten einmal zur Sünde und zur Aneignung sündiger Gewohnheiten eingesetzt hast, so will Gott nun von dir, daß du durch die gleichen Mittel, nach wahrer Reue, Bekenntnis und sakramentaler Lossprechung, den Sünden Widerstand leistest, dich in den Tugenden übst, dir deren Haltung erwirbst und die ihnen entgegenstehenden Einstellungen ausrottest. Das ist die beste Form der Buße, das ist die vollendete Wiedergutmachung; nicht anders will Gott die Gewohnheiten tilgen, die du durch die Sünde erworben hast. [2]

IGNATIUS. Oft will Gott dich durch andere in der Demut unterweisen; ein anderer soll dich lehren, was du selbst durch Eifer, Einsicht, Anstrengung und Studium nicht erreichen kannst; durch solche Erfahrung wirst du lernen, daß du vieles durchaus nicht weißt. [1]

IGNATIUS. Gott verfährt mit uns anders als die Menschen dieser Welt. Denn wenn sich in unserem Tun etwas Schlechtes und Unvollkommenes findet, richten die Menschen ihre Aufmerksamkeit darauf, sie stellen es fest und behalten es. Gott dagegen schaut auf das Gute, das wir tun; mit unseren Unvollkommenheiten hat er Nachsicht. [6]

IGNATIUS. Wenn sich bei guten Entscheidungen einige Tröstung einstellt und darauf Trostlosigkeit folgt, so wird diese Erfahrung zur Bestätigung des vorangegangenen Entschlusses. [3]

IGNATIUS. Er erzählte sein Leben: die Verfolgungen, Kerkerhaft und Krankheiten. Dadurch rührte und bewegte er uns auf außerordentliche Weise. Nach meiner Deutung folgte er darin dem Beispiel des hl. Paulus. Ignatius rührte uns sowohl dadurch, daß an ihm so viele Wirkungen der Gnade Gottes offenbar wurden, als auch dadurch, daß er stets um tiefere Beschauung bemüht war, was von größter Bedeutung ist für die Wirksamkeit des Wortes. All das wirkt der Geist des Herrn, dem Ehre sei in Ewigkeit. [4]

MAGISTER LAÍNEZ sagte von Ignatius:
Er ist ganz innig und auf einzigartige Weise mit Gott vertraut. Denn er ist über alle Visionen, sowohl die gegenständlichen wie das Schauen der Gegenwart Christi, der Jungfrau usw. als auch über solche, die sich in bildhafter Vorstellung abspielen, hinausgewachsen. Er lebt in einem rein geistigen Zustand, in der Gottvereinigung.

Später habe ich von Ignatius selbst erfahren, daß er mit den drei göttlichen Personen verkehre und bei ihnen Gnaden finde, die sich unterscheiden je nach den Unterscheidungen der Personen, als wenn der Vater durch den Sohn wie durch einen Kanal seine Gnaden mitteile. Aber bei dieser Beschauung fand er größere Gnaden bei der Person des Heiligen Geistes. Ebenso habe ich von Ignatius selbst erfahren, daß er das höchste Sein und Gott finde, sooft er sich ins Gebet begebe; und man soll nicht eine starre Regel oder Ordnung einhalten, sondern das Gebet auf verschiedene Weise üben und in unterschiedlichen

Betrachtungen Gott suchen. Aber er verurteilt es nicht, wenn jemand bei der vorhergegangenen Gnade, die er im Gebet erfahren hat, anknüpft; doch sei dies ein Weg der Anfänger, sagte er. [8]

Am Anfang seiner Bekehrung war Ignatius darauf bedacht, das, was ihm geistlich bedeutsam erschien, mit geistlichen Personen zu besprechen. Später schwand dieses Verlangen, und er betrat einen anderen Weg, um sich allein dem alleinen Gott hinzugeben. [9]

Als ich am Fest der allerheiligsten Dreifaltigkeit betete und dabei gar nicht an den Vater Ignatius dachte, kam mir dessen Beschauung über die Dreifaltigkeit [in Manresa] in den Sinn; ich wünschte, es möchte mir von ihr durch das Gebet des Ignatius Hilfe kommen. Darauf erfaßte mich sogleich eine außerordentliche Verehrung des Ignatius und die Bitte, ich selbst und die Gesellschaft möchten durch ihn geleitet werden; darauf verschwand alles, was gelegentlich diese Verehrung angefochten hatte, und es blieb ein großer Friede in der Andacht zu Ignatius, auch zu allen seinen Worten und Taten. Daher konnte mir nichts begegnen, was ich nicht gut aufnahm im Verspüren des Geistes. Aus dem geistlichen Verkosten der allerheiligsten Dreifaltigkeit Verbundenheit, Frieden und Andacht zu Ignatius. [488]

GEBET. Gib mir Herr, daß ich den Geist des Ignatius erhalte, seinen Sieg über das Fleisch, die Welt und den Teufel, die Höhe seiner Beschauung, seinen Gehorsam, seine Armut und Keuschheit, die anderen sittlichen Tugenden. Die Anrufung der heiligen Petrus und Paulus wird gleichzeitig zu großer Hilfe. [129]

GEBET. Ich gewann Einsicht in das Wort des Ignatius, man dürfe im Gebet nicht mit Hast vorangehen, sondern soll in der gleichen Sache weitermachen und daraus Nutzen ziehen, und wir sollen die Fähigkeit gewinnen, in jeder beliebigen Sache Andacht zu finden und nicht hängen zu bleiben beim vorangegangenen Gebet und Verspüren. Ich sah ein, daß dies möglich ist, wenn ich mich mit Eifer auf die Reinigung und auf die Aufgaben der Gesellschaft verlege und mich dem Gebet freudig, demütig und treu widme. [139]

GEBET. Jene Erhebung und Einigung der Seele mit der höchsten Macht und dem höchsten Licht, die dem Vater Ignatius so vertraut waren, sollst du dir in schlichter Weise zu eigen machen, damit du gleichsam ständig Einsichten und Anregungen zum Handeln aus der Verbindung mit der höchsten Kraft empfängst; andere Weisen der Erkenntnis scheinen für ihn geringere Bedeutung zu haben. Wenn diese Weise aber nicht möglich ist, sollst du zu einer natürlichen Methode Zuflucht nehmen; ja selbst dann, wenn jene höhere Weise in überreichem Maß gegeben wird, muß sie doch in Einklang stehen mit der Heiligen Schrift, den Tugenden, der gesunden Vernunft, kurz: mit der Kirche. [259]

IGNATIUS. Der Geist des Ignatius ist ganz lauter, vereint mit der Erhebung zu Gott; davon wird die Gesellschaft getragen und erfährt ihre Bestärkung; deshalb steht es gut um alles. [178]

Wirken in Gott. Gib dir Mühe, daß du aus wahrem und demütigem Verspüren des Wirkens Gottes in dir handelst. Das meint der Vater Ignatius, wenn er sagt: „in unserem Herrn“. Damit verbinde das Verspüren des Verdienstes Christi. Und füge hinzu: „mit Christus“. Und wenn man dieses Verspüren des Geistes nicht erreicht, so soll wenigstens jene Einstellung bleiben. [843]

Du sollst jene lieben und fördern, von denen wir wissen, daß der Vater Ignatius sie geliebt hat. [441]

Die Gebetsweise des Vaters Ignatius ersehnen und von Gott in ganz inniger Weise erbitten. [948]

Die erste Nachricht vom Tod des Vaters Ignatius erhielt Nadal während der vierten Visitation, der zweiten in Spanien, durch Ribadeneira aus den Niederlanden. Sie wurde bestätigt durch ein Schreiben Polancos an die ganze Gesellschaft. Im Anschluß an diese Mitteilungen hielt er die eigene Reaktion im Notizbuch fest und fügte ihr eine interessante Überlegung bei. Eine spätere Notiz bezieht sich auf einen Jahrestag des Todes von Ignatius.

Der Vater Ignatius starb im Herrn am Freitag, den 31. Juli, bei Sonnenaufgang, im Alter von 64 Jahren, im 16. Jahr nach der Gründung der Gesellschaft. Ich war damals in Salamanca in Spanien. Als ich die erste Nachricht davon erhielt, was in Valladolid im September geschah, war ich zunächst von Traurigkeit erfüllt, die aber rasch einer Festigkeit und Freude des Geistes wich. Am Tod des Vaters Ignatius war die Demut in der Weise seines Sterbens auffallend, wie wenn er sich selbst vollständig hintangesetzt hätte und von allen hintangesetzt worden wäre. Dadurch zeigte uns Christus, wen wir zum Führer gehabt haben und wen wir für immer haben werden, nämlich Christus in unserem General. [310]

Daß der Vater Ignatius ohne die Sakramente gestorben ist, war eine Fügung Gottes. Denn er hätte diese nicht empfangen können, ohne an der Fülle der Andacht zu sterben, besonders angesichts seiner körperlichen Schwäche. In der Tat wurde er allein schon bei der Feier der Messe oder bei der Kommunion - selbst in guten Tagen - in Liebe oder in Tränen aufgelöst und heftig erregt und dadurch geschwächt, ja er fiel dabei sogar in Fieber, was der Grund war, daß er die Messe nicht so häufig feierte. Dazu bedenke, daß er ein Leben führte, das sich über das gewöhnliche Begreifen hinaus durch eine auserlesene Gnade und ein Privileg auszeichnete. Deshalb empfing er die gewöhnliche Gnade, auch jene der Sakramente, ohne den sinnenhaften Empfang der Sakramente, aus der Andacht zu ihnen und aus dem Verlangen. Schließlich kann man die ganze Sache auf die Demut zurückführen, da in seinem Sterben alle unsere Zuneigung von ihm weg auf Christus hingelenkt werden sollte, der für immer unser Generaloberer ist, Gott hochgelobt in Ewigkeit; darum sollen wir die Demut des Vaters Ignatius unseren Herzen einprägen. [331]

AM LETZTEN TAG DES JULI. Ich machte eine Geisteserneuerung, wie wenn ich zum ersten Mal in die Gesellschaft aufgenommen würde, und ich erfuhr ein starkes Verspüren der Berufung und des Institutes und des Lebens des Vaters Ignatius in allen Taten seines Lebens, und ich fand nichts, aus dem wir nicht ein großes Vorbild zu heiliger Nachahmung gewinnen könnten. [428]

WEG ist ein menschheitliches Urwort. Das Streben von einem Anfang auf ein Ende als Ziel hin, alle Entwicklung und Veränderung, die ein Wesen in seiner Geschichte erfährt, kann unter dem Urbild des Weges erscheinen.

Weg ist auch ein religiöses Urwort, das auf unterschiedliche Weise in den Weltreligionen einen zentralen Stellenwert hat. Im besonderen wird alles Suchen und Finden Gottes durch den Menschen im Symbol des Weges versinnbildet.

Weg ist darum auch ein christliches Urwort. Es gründet in der fundamentalen Aussage Jesu: „Ich bin der Weg" (Joh 14, 6) und kennzeichnet die Botschaft des Evangeliums als „Weg des Heiles" (Apg 16, 17).

Im 4. Jahrhundert haben die Kirchenväter begonnen, an diesem einen christlichen Weg drei hauptsächliche Weisen des Fortschreitens zu unterscheiden, und diese Rede von den „drei Wegen" ist bis heute in der geistlichen Literatur lebendig geblieben. Es ist da stets die Rede vom

Weg der Reinigung,
Weg der Erleuchtung,
Weg der Einigung.

Bei solchem Sprechen waren sich die geistlichen Lehrer aber stets bewußt und sie haben es immer wieder betont: Die „drei Wege" bezeichnen keine sauber gegeneinander abgegrenzten Etappen, sondern nur Schwerpunkte des Bemühens , die sich gegenseitig bedingen, fördern und durchdringen auf dem einen christlichen Weg.

Jerónimo Nadal ordnet seine geistliche Lehre in diese Deutung des christlichen Lebens ein. Bereits im frühesten Teil des „Geistlichen Notizbuches" stellt er darüber seine Reflexionen an.

DER WEG DER REINIGUNG. Einen dreifachen Weg muß der Ordensmann wie überhaupt jeder Christ gehen; das gilt auch, wenn er schon durch die Sakramente und die

Reue gereinigt ist. Er muß nämlich in der Kraft der Gnade weiter kämpfen gegen die begangenen Sünden und die ihm widerfahrenden Versuchungen; er muß ihre Wurzeln ausrotten und darf aus freiem Willen keine Unvollkommenheiten zulassen. Er muß alle Schwächen und Widrigkeiten, mögen sie von innen oder von außen kommen, nicht nur in Geduld, sondern freudig auf sich nehmen und sie auf die Reinigung der Seele hinordnen. Und dabei mußt du dich durch Gebet bemühen, auch in Bedrängnissen den inneren Frieden zu bewahren; in diesem Frieden wirst du fähig sein, in aller Ruhe zu unterscheiden, was an der Versuchung von der Natur herrührt und was daran aus dem freien Willen kommt, was bedingt ist durch Neigungen, die aus früheren Sünden stammen, was in augenblicklicher Unvollkommenheit begründet, was gut, was schlecht, was indifferent ist. So wird es dir gelingen, im Lichte zu wandeln und den Teufel samt seinen finsteren Anschlägen mit Füßen zu treten. Auf diesem Weg erwirbst du dir die Gesinnung der Demut, ohne die du nichts vermagst. [56]

EINE WEISE DES FORTSCHREITENS IN DER BETRACHTUNG. Willst du zur Erleuchtung und zur Beschauung voranschreiten? Dann reinige dein Herz. Nimm dir dies zum Grundsatz: Willige niemals aus freier Entscheidung auf irgendeine Weise weder ausdrücklich noch einschlußweise in eine läßliche Sünde ein und erlaube dir auch keine Unvollkommenheit in deinem Beruf. Das neue Leben mußt du auf übernatürliche Weise führen, wobei du von einem hohen und geistlichen Standpunkt aus die minderen Dinge geringschätzest und sie in der Kraft des Geistes und der Gnade beurteilst. [47]

Du mußt dein Herz durch die Gnade Christi reinigen, von daher kommt alles Gute.

Verspüren der Auferstehung in der Kreuzigung und im Tod der Sünden. Die Sünden werden gekreuzigt durch die Reue und das Bekenntnis, in der Lossprechung sterben sie, in der Genugtuung werden sie begraben. Daraus wächst das Mitwirken der Gnade mit dem freien Willen zum Verdienst des ewigen Lebens und zu den Übungen des geistlichen Lebens. [478]

DER WEG DER ERLEUCHTUNG. Zugleich mußt du dich täglich auf dem Weg der Erleuchtung üben. Beginne damit, daß du für die letzte Gnadenerleuchtung Dank sagst. Als ich diesen Gedanken vor Ignatius äußerte, erwiderte er, dies sei eine Methode für Anfänger, andere müßten andere und verschiedenartige Grundsätze anwenden. Ich hoffe, daß alle vom Heiligen Geist in aller Wahrheit unterwiesen werden, wenn nur jeder sich und der göttlichen Gnade treu bleibt. [57]

DER WEG DER EINIGUNG. Man übt sich auf dem Weg der Einigung meist gleichzeitig mit dem Erleuchtungsweg. Denn ob dir zur Erleuchtung ein Gegenstand vorgestellt wird oder ob es sich um eine reine Erleuchtung im Lichte handelt, immer wird der Wille angerührt, angezogen und vereinigt durch die Liebe. Das heißt, etwas „mystisch verstehen“, da die Seelenkraft, von der Liebe ergriffen, sich in Liebe emporhebt. Stehe fest in der Demut und verlange nicht hohe Dinge zu kosten (Röm 11,20), sondern verharre in der Furcht Gottes. [58]

WEG ZUR ERLANGUNG DER VOLLKOMMENHEIT. Der Fortschritt ist in allen Dingen an eine entsprechende Ordnung gebunden. Das kannst du bei den Malern sehen, die zunächst nur die ersten Farben auftragen und mit den ersten Strichen noch unvollkommen die Umrisse festlegen; dann beginnen sie wieder von vorn und versuchen, das Werk zur Vollendung zu führen, wobei sie so oft bei der Grundvorstellung neu ansetzen, als das Werk seine Vollendung noch nicht gefunden hat. So mußt auch du im geistlichen Leben vorangehen. Wenn du auf dem Weg der

Reinigung und der Erleuchtung zur vollkommenen Einigung und zum Verkosten der wahren Beschauung aufgestiegen bist, dann höre nicht auf, wiederum von vorne anzusetzen und von einem je höheren Ausgangspunkt aus zu einer größeren Vollkommenheit in Gott durch Christus zu gelangen. So wird es geschehen, daß du, solange du lebst, auf dem Weg des Geistes zur Beschauung der ewigen Güter stets Fortschritte machst. [82]

DIE TÄGLICHE ÜBUNG. Durch die tägliche Übung sollst du dich auf den drei Wegen üben. Der Anfang des Gebetes komme vom Reinigungsweg her, gleichsam als Vorspiel; an zweiter Stelle sollst du in Demut etwas aus der Heiligen Schrift betrachten und allgemein aus den Geschöpfen oder dem vorangegangenen Gebet, nach Orten, Worten, Taten. Von hier aus sollst du den Geist zum Unsichtbaren erheben, durch Erleuchtung und Einigung. [94]

ERSTER TEIL

DER WEG DER REINIGUNG

Die Botschaft des Neuen Testamentes beginnt bei Johannes dem Täufer und wieder bei Jesus mit dem Ruf zur Metanoia, zur totalen Herzensumkehr. Nadal nimmt diesen Ruf auf und gibt ihm eine starke Resonanz.

TUT BUSSE (Mt 4,17). Das Evangelium hat zwei Themen: die Predigt von der Buße und vom Himmelreich; es gibt in dieser Welt das eine nicht ohne das andere. [710]

BUSSE

Nadal wird nicht müde, sich selbst und die Hörer seiner Unterweisungen mit dem Ruf zur Buße auf die ständig notwendige Reinigung hinzuweisen. Die folgenden Texte sind von ihrem Standort im „Geistlichen Notizbuch" her spätestens 1557 entstanden. In dieser frühen Zeit seines Lebens in der Gesellschaft Jesu spielten Buße und Reinigung eine wichtige Rolle in seinem eigenen geistlichen Leben.

Zu Beginn der Bekehrung muß man sich mit Sorgfalt auf Werke und Früchte der Buße verlegen, und zwar so lange, als noch ein Stachel in uns steckt und das Gewissen uns bedrängt und das Verspüren von Sünde und Strafe, auch dann, wenn wir gültig gebeichtet haben; und anderen Meditationen oder Kontemplationen sollen wir keinen Raum geben, ausgenommen solchen, die zu dieser Frucht beitragen. Deshalb mußt du den Mut haben, dein Leben ständig in Übungen der Buße zu verbringen. Du sollst überzeugt sein, Gott habe dir die Sünden vergeben unter der Bedingung, daß du angemessene Buße tust, und er werde dich nicht völlig versöhnen, ehe du sie voll verrichtet hast. Wenn dir aber durch Gottes Güte ein Zeichen dieser Versöhnung gegeben wird, mag es aus dem Rat des Beichtvaters oder sonst eines geistlichen Lehrers stammen, dann kannst du zu weiteren Übungen übergehen, aber so, daß jener wahre Sinn für Buße und Abtötung bewahrt bleibt. Wenn sich eine Erschlaffung einstellt, die durch die gewohnten Übungen und den Empfang des Bußsakraments nicht überwunden wird, dann mußt du dich von neuem ernsthaft und mit ganzem Eifer der Buße widmen, bis dem Geist Genüge getan ist. [293]

Das vergangene Leben ist ohne die Buße leerer Schein. Mit ihr muß man also immer wieder beginnen. Denn sie ist der Weg, auf den wir zurückkehren müssen, wenn wir nicht in rechter Weise vorangegangen sind. Wenn nicht eine wahre Zerknirschung des Herzens vorausgeht, ist das Fundament des geistlichen Lebens nicht allseitig gefestigt. [313]

BUSSE. Eine große Kraft liegt in der Buße, vor allem, wenn einer mit der besonderen Sorgfalt, wie sie in den Exerzitien der Gesellschaft angewendet wird, eine Generalbeichte ablegt (EB n. 44). Ich kenne jemand[1], der sich nach der Generalbeichte so gestärkt fand, daß er glaubte, nicht mehr schwer sündigen zu können; seiner Überzeugung nach würde das sehr häufig vorkommen, wenn nicht die Trägheit und die fehlende Bereitschaft es verhindern würden. So dachten die Heiligen über die Buße, wenn sie erklärten, Buße heiße, die vergangenen Sünden beweinen und keine weiteren mehr begehen; und der heilige Johannes sagte dies von dem, der durch die Gnade der Taufe aus Gott geboren ist (vgl. Joh 1,13). Das geistliche Verspüren der Gnade und der Tugenden zeigen dies tatsächlich, wenn wir unsererseits nicht versagen. [40]

Wer nicht Buße tut für seine Sünden, über den herrscht die Sünde, auch wenn er gültig gebeichtet hat; denn es wird weder die Begierlichkeit gedämpft noch werden die Wurzeln der vergangenen Sünden ausgerottet. Wer aber

[1] Selbstzeugnis Nadals; kommt öfters vor.

wird uns befreien vom Leib dieses Todes? Es ist zwar die Gnade Gottes, aber sie wird uns zuteil durch Jesus Christus, unseren Herrn, durch die Buße nämlich, die Gott in Christus als zweite Planke nach dem Schiffbruch den Sündern darbietet.[2] Und wenn wir nicht mit ihm leiden, werden wir nicht mit ihm verherrlicht werden (vgl. Röm 8,17); und wenn wir keine würdigen Früchte der Buße zustande bringen (vgl. Mt 3, 8), nützt es uns auch nicht zu sagen: Christus hat unsere Sünden auf sich genommen; glauben wir darum an die Vergebung der Sünden. [300]

Stets mußt du die Buße wählen.
Stets mußt du das Kreuz wählen.
Darin sollst du deine Ruhe finden und in der Beobachtung der Gebote Gottes, der Kirche, des eigenen Institutes und in der Befolgung der Räte; aber du sollst nicht in Tröstungen die Ruhe suchen, sondern in Gott und in den erwähnten Dingen, lauter und stark. Und wenn uns darüber hinaus etwas an Gnade geschenkt wird aus Gottes Güte und Nachsicht, dann sollen wir das so aufnehmen, als vernähmen wir das Wort: Freund, rücke weiter hinauf (Lk 14,10). Das heißt, wir sollen auf unserer Unwürdigkeit beharren und uns auf den letzten Platz setzen, indem wir die Güte des Herrn mit einem dankbaren und demütigen Herzen annehmen und vor dem Herrn einen reinen und schlichten Gebrauch machen von seinen Tröstungen und seiner spürbaren Gnade. [299]

DIE STÄNDIGE BUSSE - NOTWENDIGER WEG ZUR BESCHAUUNG. Um den wahren Weg zur Beschauung zu finden, ist es notwendig, die Buße auch innerlich zu verspüren und daran wenigstens im allgemeinen festzuhalten, nicht nur im Blick auf die vergangenen, sondern auch auf die gegenwärtigen und die vergessenen Sünden. Dadurch wird Zerknirschung vor Gott und Demut erworben,

[2] vgl. Konzil von Trient s.6 c.14

ebenso ein unerschütterliches Gottvertrauen; das sind die wichtigsten Voraussetzungen für die Beschauung. Andererseits ist es Hochmut, das Gebet ohne die Übung der Reinigung zu beginnen, wenigstens am Anfang. [80]

Aus den Tränen der Reue werden Tränen der Tröstung. Meinte Christus wohl dies, als er sagte: Selig die Trauernden, denn sie werden getröstet werden (Mt 5,4)? [325]

Du darfst nur über die Buße zu höheren Stufen emporsteigen; sonst wird das Gebet pharisäisch, wenn wir glauben, Gott damit zu gefallen. Wir finden sein Wohlgefallen nur, wenn wir Buße getan haben. Ständiges Verspüren der Buße, da wir von uns aus immer in Schuld stehen und Strafe verdienen (Ps 38 und 51).

Es gibt keine wahre Demut ohne wahre Erkenntnis der Sünde und ohne wahre Buße. Alles bleibt oberflächlich ohne wahre Buße.

Die Hoffnung auf Gott kommt durch die Buße, weil darin das Verdienst und die Person Christi wirksam werden, wie die Hoffnung auf Herrlichkeit durch das Wirken in Christus.

Man muß die Buße wählen, um in Wahrheit die Sünden zu tilgen und Gott Genugtuung zu leisten; also nicht allein dazu, um für größere Erkenntnis fähiger zu werden .

Der gute Geist, der die wahre Erkenntnis einer sublimen Faulheit und Trägheit schenkt, verleiht überdies die Kraft, die Sünden zu erkennen und zu verspüren in einer sanften, festen und wahren Liebe zu Christus. [295]

Später hat Nadal die zwei folgenden Texte aus seinen geistlichen Konferenzen in das Notizbuch übernommen.

Nicht nur wahr, sondern für den Geist auch sehr erfreulich ist jene Lehre der Theologen, die besagt, daß sich der Sünder durch die Buße zwar stets zu größerer Glorie erhebt, aber nicht immer zu größerer Gnade, sondern dies nur nach dem Maß der Tiefe seiner Reue.[3] Wer sich aus der Sünde wieder erhebt, erhält immer neue Gnade und bekommt dazu stets auch einen Teil der früheren Gnade wieder zurück. Indessen scheinen die Stellen bei Ez 18, 21f und Ez 33,12 sowie bei Joh 2 eindeutig zu lehren, daß dem Sünder immer eine größere Gnade gegeben wird, nämlich jene, die er neu empfängt, und alle, die er verloren hatte. Doch gehen wir in aller Schlichtheit voran, Brüder, und halten wir in der Freude des Herzens und mit Danksagung in Christus die Lehre fest: Wir sind von unseren Sünden auferstanden; freuen wir uns darob und lobsingen wir dem Herrn, denn er hat sich als herrlich erwiesen in seiner Hochherzigkeit; er hat die Sünde und ihren Urheber, den Teufel, in das Meer seines Blutes geworfen (Ex 15,1). [780]

Wir wollen uns mehr als über alles andere freuen und im Herrn frohlocken, daß uns das ungeschmälerte Erbe des himmlischen Reiches wiedergegeben wurde, die ganze Herrlichkeit, die für uns im Himmel hinterlegt war, sei es als Frucht der Sakramente, sei es durch unsere Verdienste in Christus.

Freuen wir uns von neuem im Herrn und an seiner mächtigen Kraft, daß er uns die Gottesfreundschaft und die Gnade wiedergegeben hat, daß er uns das göttliche Sein, die göttliche Kraft und Befähigung geschenkt hat, durch die wir in Wahrheit Söhne Gottes, Brüder und Miterben Christi (Röm 8,17) sind; daß wir in dieser Gnade auch seine Gebote erfüllen und die Räte befolgen und mit ihr das Heil und die Vollkommenheit wirken und verdienen können, nicht nur für dieses irdische, sondern auch für das himmlische und ewige Leben. Möge sich in uns die Vollkommenheit des Glaubens, der Hoffnung und der Liebe mehren und mögen daraus alle Tugenden und alle unsere Verdienste wirksamer und fruchtbarer

[3] Konstante Lehre der Theologen; vgl. S.th. 3 q 89 a 5 ad 3

werden. Doch wenn wir das getan haben, wollen wir dabei nicht stehen bleiben, sondern von Tag zu Tag in freudigerem und reicherem Maß die uns erwiesene Güte und Barmherzigkeit Gottes und Christi lobpreisen. [781]

FURCHT GOTTES

In Übereinstimmung mit der allgemeinen Lehre der Kirche spricht Nadal im „Geistlichen Notizbuch" oft von der Notwendigkeit der Furcht Gottes und von ihren Früchten. In ihr sieht er einerseits ein Motiv, das zur Buße anregt, andererseits zeigt er, wie sie den Menschen bereitet zum Gebet und für den Aufstieg zu höheren Stufen des geistlichen Weges. Die Mahnungen zur Furcht durchziehen das ganze Notizbuch.

Zur Buße treibt uns Gott an durch die Furcht, durch Qualen des Gewissens, kurz: durch das, was in den sieben Bußpsalmen und an anderen Stellen öfters in den Heiligen Schriften dargelegt wird. [317]

Ich hatte nie ein ausgeprägtes Verspüren der Furcht Gottes erfahren. Einmal geschah es, daß ich beim Gedanken an meine Fehler, selbst da, wo es mir gut zu gehen schien, mich zugleich an Origenes, Tertullian und Apollinaris erinnerte, die gefallen sind, obwohl sie sich durch Frömmigkeit und Wissenschaft auszeichneten. Da überkam mich ein sehr schmerzliches Verspüren der Furcht Gottes und ich erkannte, daß ich mein Leben vom Anfang her neu beginnen und ständig durch diese Furcht sichern müsse.

Am folgenden Tag steigerte sich in der Messe dieses Verspüren der Furcht noch stärker. Christus sei Lob.

An erster Stelle die Liebe, die Furcht damit verbinden.

Sich nicht in der Furcht Gottes üben, ist Hochmut; als ob du keine Sünden hättest, derentwegen du seine Gerechtigkeit fürchten müßtest. [472]

Unterlasse es nicht, die Furcht vor Strafe zu pflegen, auch jene, die man knechtische Furcht nennt, selbst wenn du dir keiner Todsünde bewußt bist; verhalte dich dennoch so vor Gott, als ob du jeder Todsünde schuldig wärest. Du weißt nämlich nicht, ob du des Hasses oder der Liebe würdig bist (Koh 9,1). Die Vernachlässigung oder die geringe Anwendung dieser Übung führt uns zumindest dahin, daß wir vom Eifer des Geistes ablassen und vieles allzusehr vernachlässigen, von dem wir verspüren, daß wir es hätten bessern sollen. [737]

Die Furcht, auch die knechtische, öffnet die Augen des Geistes zum Verspüren der Fehler, die uns sonst verborgen bleiben. Wir sollen Bedrängnisse und Zurechtweisungen, die ohne unsere Schuld von den Oberen verfügt werden, erwünschen. Sie öffnen uns nämlich durch Gottes Güte die Augen des Geistes zur Erkenntnis der eigenen Fehler und erschließen den Weg zum Erwerben reinerer Demut des Geistes. [577]

Wer keine Furcht empfindet vor Gott und vor den Beleidigungen Gottes und auch nicht vor den Strafen wegen seiner Sünden, selbst wenn er sich keiner Schuld bewußt ist, der sei auf der Hut, daß ihm Gott nicht mit einer Krankheit zeigt, wie allzu töricht und anmaßend er sich verhalten hat zur Zeit, da er vor Gott keine Furcht empfand. [740]

Wahrhaft groß ist die Frucht des Geistes, die aus der Furcht erwächst, denn es ist wahr: Der Anfang der Weisheit ist die Furcht des Herrn (Koh 1,16; Ps 111,10). Diese beiden Wahrheiten werden schon bewiesen durch jene Furcht, die wir durch eigenes Bemühen gewinnen. Wenn uns aber Gott in seiner Güte zu uns eine lebendige Furcht einflößt, erwächst eine starke und wirksame Furcht; dies ist besonders der Fall, wenn dir eine Furcht eingeprägt wird, die dich verspüren läßt, daß du von Gott verlassen wärest, wenn nicht Christus dich in einzigartiger Weise behüten, nicht die jungfräuliche Gottesmutter, die Engel und die Heiligen für dich Fürsprache einlegen würden. [687]

Die Furcht ist die Würze aller Gaben des Geistes und auch aller anderen Gnaden und Handlungen und gewissermaßen eine notwendige Wache, damit uns diese nicht entschwinden und durch unseren Mißbrauch verloren gehen. [468]

WIE ÜBER DEN TOD BETRACHTEN? Wenn auch die Betrachtung des Todes dem Geist in heilsamer Weise Furcht einflößt, soll man doch nicht bei dieser Furcht stehen bleiben, sondern wir sollen uns mit Mut auf jenen Punkt hin bemühen, der viel eher das Verlangen nach dem Tod aufkommen läßt durch die Betrachtung und das Verkosten des ewigen Lebens. Denn Seligkeit erfüllt den Tod jener, die dem Herrn sterben (vgl. Offb 14,13). [691]

Immer mußt du in der Furcht verharren. Denn wenn auch die spürbaren Gnaden, die helfen, die Haltungen der Tugenden zu erwerben und mit Leichtigkeit auszuüben, in reichem Maß vorhanden sind, so bleibt es doch immer unser Tun und unsere Ausübung der Tugenden und der Gnaden; darum müssen wir ständig fürchten, von unserer Seite Gott und sein Wirken zu verfehlen; darum soll man stets Christus in Furcht und Glauben anrufen. [418]

Wenn die Glut der Liebe schwächer wird, ist die Übung der Furcht, auch der Furcht vor Strafe, von Nutzen; wie sie zur Liebe hinführt, so läßt sie diese auch wachsen, wenn sie abgenommen hat. [819]

Ganz stark hilft zum Gebet die Gabe der Furcht, indem wir uns fürchten, Gott zu beleidigen und unsere stets gegenwärtige Gefährdung erkennen und unsere Schwachheit verspüren; dies schenkt uns zugleich die Armut des Geistes. [856]

Hüte dich, die Betrachtung und Beschauung göttlicher Geheimnisse zu beginnen ohne eine ganz tiefe Ehrerbietung und Furcht und ohne die Demut und Schlichtheit deines Herzens; sonst verfällst du der Herzenshärte und verderblicher Gefühllosigkeit. Ich kenne jemand,[4] dem dies zuerst schlecht gelungen ist, der später aber so gestimmt war, daß er es gar nicht mehr wagte, diese Übung des Geistes zu beginnen, ohne sich vorher zu rüsten durch einen Akt der Furcht; und er hat dann aus diesem Geist der Demut und der Einfachheit eine beglückende Erkenntnis gewonnen, die ihm wertvoller war und offensichtlich die früheren Erleuchtungen übertraf. [920]

ERKENNTNIS DER SÜNDE UND REUE

Verbunden mit der Forderung zur Buße und getragen von der Furcht Gottes weist Nadal oft darauf hin, wie notwendig die Erkenntnis der Sünde und die daraus wachsende Reue als Elemente des Reinigungsweges sind. Auch hier verbinden sich sachliche Reflexionen mit persönlichen Erfahrungen.

WIE SCHWIERIG DIE ERKENNTNIS DER SÜNDEN. Wer erkennt seine Vergehen (Ps 19,13)? Keiner ganz. So geschieht es, daß einer, je weiter er auf dem geistlichen Weg voranschreitet, eine desto tiefere Einsicht in seine teilweise schon erkannten Sünden gewinnt und zugleich noch manche erkennt, die ihm bisher verborgen waren. Zugleich erwirbt er sich die Erkenntnis der Wurzeln der Sünde, der Umstände und des Ausmaßes der Übel, die durch die Sünde dem Menschen erwachsen sind. So muß man sich immer von neuem um die Erkenntnis bemühen. Um es zusammenfassend zu sagen: Je mehr ein Mensch sich selbst und Gott erkennt, die Bedeutung des göttlichen

[4] Selbstzeugnis Nadals

Gebotes, seine Verpflichtung und den Schaden der Sünde, desto klarer wird er aus der Zahl der Sünden seine Schuld einsehen, und die Erkenntnis der Sünden hat in diesem Leben keine Grenze und nicht einmal im kommenden. Denn je erhabener die Herrlichkeit sein wird, desto vollkommener wird man die vergangenen Sünden erkennen. Darum wird die jungfräuliche Gottesmutter unsere Sünden tiefer erkennen als alle anderen Geschöpfe; nur Christus überragt sie darin; aber nicht einmal die Seele Christi erreicht die letzte Höhe. Denn Gott allein erkennt in ganz vollkommener Weise das Gewicht der Sünde, die sich gegen ihn richtet. Von daher kannst du sowohl die Liebeswerke der Heiligen uns gegenüber in ihren Gebeten, Fürsprachen und Opfern ermessen, wie auch die eigene Stumpfheit und Blindheit erkennen. Gott, stehe uns bei um deines heiligen Namens willen (vgl. Ps 43, 26 LXX).

Du mußt von Gott eine innerliche Erkenntnis der Sünde und die Reue erbitten; dann wirst du sehen, welche Erkenntnis der Sünden du bisher gehabt hast und welchen Schmerz, und du wirst derartig überwältigt werden, als würdest du hier ein neues Antlitz sehen und ein tieferes Verspüren der Buße erfahren usw. [680]

MEIDEN DER LÄSSLICHEN SÜNDEN. Alle Mühe aufwenden, um auch nicht läßlich zu sündigen, wenigstens nicht aus freier Wahl; alle Sorgfalt einsetzen und kämpfen, um auch kleine Versager zu meiden und den Frieden mit Christus zu bewahren. Diese Sorgfalt müssen wir von uns fordern zuerst bei den Geboten, dann auch bei den Räten; und darüber ist konsequenterweise auch die Gewissensprüfung zu machen, sodaß allmählich die Haltung einer ständigen Selbstkontrolle erreicht wird. [123]

Bemühe dich mit besonderer Sorgfalt, deine geheimen Sünden zu erkennen und gutzumachen; ebenso die fremden Sünden, das heißt jene, die du gegen die Nächsten begangen hast, sei es durch Beleidigung und Ärgernis, sei es, weil du ihnen nicht geholfen und sie nicht von der Sünde abgehalten hast. [734]

Wenn du in Bedrängnis bist, ist es besonders nützlich, in aller Demut und mit Ausdauer im Gebet zu bitten, von den unbekannten Sünden befreit zu werden.

Reiche Frucht des Geistes aus dem Gedanken an die Letzten Dinge. [525]

Wer dich zurechtweist, den liebe von Herzen, weil er dir Anlaß gibt, deine Fehler zu erkennen und dich um deren Besserung zu bemühen; das sollst du immer auch tun, falls du selbst zurechtweisest, wenn du die Demut erlangen willst und die Reinheit des Herzens; du sollst dafür besorgt sein, daß immer jemand da ist, der dich offen und freundschaftlich zurechtweist. [869]

Wenn du den Entschluß fassest, irgendwelche Sünden zu meiden, dann sieh zu, daß ihm das Vertrauen auf Gott und Christus vorausgeht und ein Akt der Demut ihn begleitet. [871]

Durch Erfahrung wirst du zur Einsicht kommen, daß, wenn du von Gott etwas erbittest, was die Gesundheit des Leibes betrifft, selbst wenn du Reliquien der Heiligen zu Hilfe nimmst, Gott dir dies nicht gewährt, sondern etwas anderes, das sich auf die Gesundheit der Seele bezieht; so ist es mir ergangen, als ich das innere Verspüren der Reue erhielt, die verschiedene Gedanken heilte usw. [970]

Als ich einmal niedergeschlagen war, verfiel ich einer Verwirrung des Geistes. Es wurde mir aber das Verspüren der Reue geschenkt, verbunden mit Tränen, und zudem das Gespür, daß ich keine Tröstungen ersehnen solle, sondern bei gleichem Dienst Gottes eher Trübsal und Trostlosigkeit statt des Gegenteils, um Christus mehr nachzufolgen. So wird es geschehen, daß der Geist innerlich erstarkt und niemals mehr in Verwirrung gerät und in allen Dingen Gott findet. [242]

Es ist eine unerträgliche Anmaßung, wenn man sich, statt sich wegen seiner Sünden gegen Gott Gedanken zu machen, ständig neue Gaben von Gott erbittet. Hüte dich entschieden vor diesem Gedankengang und verlege dich aus einer neuen Einsicht ganz darauf, die volle Vergebung der Sünden zu erbitten. Ist es nicht deine Schuld, wenn so viele Gedanken an die vergangenen Sünden die Seele niederdrücken, so viele Überreste der Sünden und schlechten Gewohnheiten die Seele beunruhigen, wenn Gott es zuläßt?

Aus der gleichen Überlegung entspringt jenes nutzbringende Verspüren des Geistes, in dem ganz innerlich und tief die eigene Unwürdigkeit verspürt wird, wenn wir eine Gabe von Gott empfangen, nicht nur eine außerordentliche, sondern auch eine gewöhnliche wie die des Lebens, seiner Erhaltung usw. Hüte dich, daß schlechte Gedanken und Versuchungen dir mehr deinetwegen mißfallen als um Gottes willen. Du sollst weniger verspüren, daß sie dir lästig fallen, als vielmehr, daß sie Gott mißfallen. [943]

Man findet eine starke Hilfe zur Erkenntnis und Ausrottung der verborgenen Fehler, wenn Gott es zuläßt, daß wir in Fehler fallen, die wir entweder nicht beachtet haben oder die wir überwunden glaubten. Daraus leuchtet nämlich die einzigartige Gnade Gottes auf, die unsere Schande durch diese selbst, ja ich sage: durch diese selbst ermahnt und aufschreckt und gleichsam zum Besseren antreibt. [912]

Wenn wir das, was zum Sakrament der Buße notwendig erfordert ist, nicht auch wirklich geleistet haben, nämlich Reue, Bekenntnis und Genugtuung, dann gibt es entweder überhaupt keine Vergebung oder sie bleibt ungewiß oder zweifelhaft wegen der Ungewißheit jener Teile. Oder falls die Schuld nachgelassen wird, ohne daß man eine angemessene Genugtuung leistet, bedrängen uns die Überreste der Sünden, die in unserem Willen zurückbleiben, weil wir sie uns durch unsere Schuld zugezogen haben, und es bleibt von daher der Zorn Gottes über uns und die Macht des Teufels. Aus diesem Grund können echte und gefestigte Tugenden nicht leicht wachsen, und die Seele, der Hilfe beraubt, fällt leicht in Sünde, wenn sie nicht von anderswoher die Gnade einer besonderen Berufung oder der Fürbitte oder des Gebetes erfährt. [298]

Den bösen Geist zu vertreiben vermag auch jenes Bemühen, in dem du dich auf die Gnade, die du im Bußsakrament empfängst, verläßt; sie gibt göttliche Kraft zum Meiden der Sünden. Der böse Geist, dieser alte Fuchs, handelt oft gegen uns aus dem Hinterhalt. Da ist es neben anderen Mitteln auch nützlich, sich tatkräftig und entschieden abzuwenden von jener Sünde, zu der der böse Geist anstachelt. Tue das auch bei Versuchungen durch andere Feinde wie das Fleisch, die Welt usw. Gott wird dir durch diese Übungen Frucht gewähren, wenn du dich als unerschrockener Streiter Christi erweist, indem du dich stützt auf die Kraft seines Kreuzes. [939]

DEMUT

Besonders in der ersten Hälfte seines Lebens in der Gesellschaft Jesu befaßt sich Nadal beharrlich mit der Demut, die ihm anscheinend für sein ganzes Leben viel zu schaffen macht. Er tut dies im „Geistlichen Notizbuch" sowohl in sachlichen Überlegungen als auch in persönlichen Anforderungen an sich selbst.

Wahrscheinlich aus der ersten römischen Zeit (1545-1548) stammt eine reiche Sammlung von Texten, die unter dem von Nadal selbst vorangestellten und in der

Mitte wiederholten Titel „Demut“ stehen. Sie sind den Heiligen Schriften des Alten und Neuen Testamentes, den Kirchenvätern und der geistlichen Literatur des frühen und hohen Mittelalters entnommen. Diese Zitatensammlung - sie umfaßt in der Ausgabe Nicolaus 22, im Original Nadals 35 Seiten - diente ihm in gleicher Weise zur eigenen Besinnung und bei der Verkündigung in Predigt und geistlichen Konferenzen.

Auffallend viele Texte zur Demut finden sich im 8. und 9. Kapitel des „Geistlichen Notizbuches“. Diese Aufzeichnungen gehören in die Jahre 1556-1560, als Nadal nach dem Tod des Ignatius bis über die 1. Generalkongregation hinaus als Mitarbeiter von Laínez (zuerst Generalvikar, ab 1558 Generaloberer) und Polanco eine äußerst schwierige Phase des Ordens unter den Eingriffen Pauls IV. miterlebte. Die Machenschaften Bobadillas und seiner Parteigänger bereiteten ihm auch persönlich viel Mühe, was sich in einem sehr scharfen Brief an Bobadilla kundgab. Im „Geistlichen Notizbuch“ berichtet er dagegen ruhig und sachlich über die Schwierigkeiten und Anfechtungen, die der Orden damals erfuhr. Diese Ruhe und Sachlichkeit ist vielleicht auch eine Frucht seines ständigen Bemühens um Demut, das gerade in diesen Jahren einen starken Niederschlag im Notizbuch findet, sich aber bis in dessen Schlußteil kundgibt.

Demut ist die Tugend, durch die der Mensch sich aus einer ganz wahrhaftigen Selbsterkenntnis gering und verächtlich wird und sich für ein Nichts hält und erachtet, keinen eitlen Ruhm kennt, keine Prahlerei, keine Anmaßung, keinen Streit und Zank. [185]

Wer nichts Gutes sich selbst, sondern alles Gott zuschreibt, dagegen anerkennt, daß alles Böse aus der eigenen Schuld stammt und nicht von Gott oder irgendeinem anderen Menschen, der ist demütig. [848]

HOCHMUT. Der Hochmut schleicht und drängt sich fast in jede Handlung ein; deshalb muß man ganz innig um Demut beten. Du wirst erkennen, daß vom Hochmut alle anderen Sünden ausgehen und von der Demut alles Gute. [67]

Bete zu Gott, daß, wenn er dich große Werke in seinem Dienst vollbringen läßt, es bei gleichem Dienst vor ihm geschehen möge in Verdemütigung, auch äußerer, und in Verachtung zur größeren Nachfolge Christi Jesu. Dabei starkes Verspüren, Tröstung usw. [446]

DEMUT. Du wirst niemals demütig sein, solange du noch etwas von Eigenwillen in dir entdeckst. Da du aus dir selbst nichts anderes hast als deine Schuld, so ist ohne Zweifel in dir nichts von dir, das du nicht mit Ablehnung verfolgen müßtest. Was jedoch in dir von Gott stammt, damit darfst du dich nicht brüsten. So wirst du in dir immer Gott finden und niemals dich selbst. [103]

Erwecke ein ständiges Verlangen nach Verdemütigung, Buße und Abtötung. Es ist eine ganz große Unvollkommenheit des Gebetes, wenn wir darin nicht den Glauben betätigen; dies gilt nicht nur für das Bittgebet, sondern auch für die Betrachtung und für die ganze Weise der Kontemplation. [931]

WER BIST DU? Wenn du etwas hörst, das dich zum Hochmut verlockt, maße dir nichts an, sondern reagiere auf negative Weise. Wenn dein Denken sich etwas anmaßt, antworte: Ich bin es nicht (vgl. Joh 1, 21). Dennoch kannst du, wenn du auf dich schaust, wie Johannes und Paulus sagen: Ich bin ein Geschöpf Gottes. Was ich bin, bin ich durch die Gnade Gottes (vgl. 1 Kor 15,10). Erhebe aber deinen Geist und erkenne, wie Jesus Christus, der Vater und der Heilige Geist antworten können: Ich allein bin der Ich bin (Ex 3,14); und trotzdem sagt Christus zugleich: Ich bin ein Wurm und kein Mensch (Ps 22, 7). So sollst auch du es von Herzen sagen in Christus. [900]

ICH BIN DIE STIMME EINES RUFENDEN usw. (Joh 1,23). So vermag die Seele zu verspüren, daß sie nicht aus sich selbst ist, sondern nur in Gott, aus Gott, im Licht und Verspüren der Gaben Gottes. Dann versteht man, was der neue Mensch ist, der Herzensmensch, der geistliche Mensch. [900]

Gott will, daß alle Werke der erlösten Schöpfung in Demut geschehen. Die Demut ist ein Licht, aus dem die Herrlichkeit Gottes aufleuchtet, ihr gleichsam folgt und mit ihr verbunden ist. Darin liegt ein tiefes Verspüren: vom Ausgangspunkt der Demut zum Zielpunkt der göttlichen Herrlichkeit. [900]

Als ich am Fest der hl. Katharina [25. November] in der Messe gebetet hatte, daß ich doch nicht vom Weg des Geistes abirren möchte, da erkannte ich nach der Messe, daß der Weg des Geistes um so reiner ist, je demütiger er ist. Denn je mehr Demut vorhanden ist, um so mehr auch Licht und Wahrheit; das Gegenteil aber trifft ein, wenn sich der Hochmut einmischt. [442]

Wie ein Akt der Demut leicht fällt in der Tröstung und im Erfolg bei den Unternehmen, derentwegen man gelobt wird oder doch gelobt werden könnte, desto schwerer und wahrhaftiger ist er, wenn man sich in der entgegengesetzten Verfassung befindet. Das erste ergibt kein sicheres Zeichen für die Tugend, wohl aber das zweite. [412]

DEMUT. In der Demut findet man die Theologischen Tugenden, die Freiheit des Geistes und die Freude; es erwacht das Verlangen, mit Christus zu sterben durch die vollkommene Abtötung; und man erfährt mit Christus Bedrängnis, bis diese Gaben geschenkt werden. [125]

Die Demut bewirkt in Jesus Christus, daß das, was in uns das göttliche Wirken hindert, in Glaube, Hoffnung und Liebe beseitigt wird, und so das Wirken oder das Mitwirken Gottes in uns zum Durchbruch kommt. [565]

Umfasse die Demut und Schlichtheit in Christus; bleibe nicht an den Schwierigkeiten hängen, sondern gehe zu Gott, zu Christus; dort übe dich, von dort ziehe aus zum Kampf; dann werden Schild, Schwert und Kampf deine Feinde zunichte machen. [709]

Eine starke und tiefe Demut hilft zur Überwindung des bösen Geistes in Christus. Denn wenn du etwas Eigenes zurückhältst, wird gerade darin der böse Geist etwas gegen dich vermögen, wenigstens um dich zu quälen, auch wenn er dich sonst in keiner Weise verwirrt. [944]

DEMUT. Liebe den, der dich zu verachten scheint; und siehe es gern, höre es gern, wenn er dich einmal wirklich verachtet. [452]

WER BIST DU? Sage dir: Wer bist du? Sage es zu Gott. Daraus wirst du einerseits lernen, daß du aus dir nichts bist; andererseits, daß Gott auf höchst überragende Weise alles vermag und du in ihm ebenfalls alles kannst, und daß du seiner Natur teilhaft wirst in Christus. Eine wahre und tatkräftige Erkenntnis deines Elends, deines Unvermögens und deines Nichts führt zur wahren und wirksamen Bitte in der Demut des Herzens. [841]

Über den dritten Grad der Demut hinaus, wie er uns in den Exerzitien gelehrt wird [EB n. 164-168], betete ich, ich möge, damit der Dienst vor Gott größer sei, in Demut, Geringschätzung, ja auch Verachtung leben können. Dann aber kam ich zur Erkenntnis, es sei ein besserer Akt der Demut, wenn ich nicht darüber entscheide, in keinem anderen als in einem niedrigen und verachteten Zustand zu sein. [476]

Eine liebevolle und sichere Zuflucht zum Verspüren der Demut liegt in der Demut Christi. [490]

STREBE NICHT NACH HÖHEREM, DAS DICH ÜBERSTEIGT (Sir 3, 22). Hüte dich davor, in der Betrachtung nach höheren Dingen zu streben, sondern sei zufrieden mit den niedrigeren und trachte nach dem letzten Platz (vgl. Lk 14,10); hoffe zuversichtlich auf Gott und er selbst wird dich nähren (Ps 55, 23). [981]

KAMPF GEGEN DIE VERSUCHUNGEN

Zum Themenkreis des Reinigungsweges gehört auch der ständige Kampf gegen Versuchungen, die den Menschen anfechten. Recht zahlreich sind durch das ganze „Geistliche Notizbuch" hindurch die Texte, in denen Nadal um dieses Thema kreist. Sie zeigen, daß er nicht nur theoretische Überlegungen dazu anstellt, sondern sich zeitlebens selbst als einen versuchten Menschen erfahren hat.

Nadals Texte zum Thema Versuchung lassen sich in drei Gruppen gliedern:

Erstens spricht er allgemein vom richtigen Verhalten in der Versuchung.

Zweitens zeigt er, daß die wichtigste und hilfreichste Hilfe gegen die Versuchung in der lebendigen Verbundenheit mit Jesus Christus zu finden ist.

Drittens belegen ein paar Abschnitte aus geistlichen Konferenzen, die er ins Notizbuch aufgenommen hat, wie er das eigene Bemühen mit der Hilfe für die Mitbrüder verbindet.

Das persönliche Verhalten in der Versuchung

Wenn in dir beunruhigende und schlechte Gedanken aufsteigen, dann kämpfe nicht unmittelbar dagegen, sondern kämpfe in der Demut deines Herzens in Christus zuerst mit dem Teufel als ihrem Urheber und schlage ihn hochgemut zurück. Gott wird mit dir sein, und du wirst die Wirkung dieser Hilfe und die Verherrlichung Gottes verspüren. [933]

DANN SOLLEN DIE, DIE IN JUDÄA WEILEN, IN DIE BERGE FLIEHEN (Mt 24,16). Wenn die Versuchung allzu heftig wird und dich zu beherrschen beginnt, sollst du nicht mit ihr kämpfen, sondern Zuflucht nehmen zu den Hilfsmitteln des Geistes und der Buße. [925]

Wenn eine Versuchung kommt, muß ich zu jener Gebets- oder Tugendhaltung, die mich stärker bewegt oder mit Freude erfüllt, Zuflucht nehmen in Demut und Hingabe. [570]

DIE UNTERSCHEIDUNG VERSCHAFFT LICHT IN DER VERSUCHUNG. Unterscheide bei der Versuchung, wozu im allgemeinen die gefallene Natur hindrängt, was von einer verkehrten und verhärteten Gewohnheit herrührt, was in körperlicher Schwäche und fehlender Bereitschaft begründet ist; dann bleibt übrig, was Sache des freien Willens ist. Wenn du zu unterscheiden vermagst, auf welche Weise die Welt und der Teufel zur Versuchung antreiben, dann wirst du größere Klarheit gewinnen und weniger freiwillige Verwirrung spüren. [92]

Wenn in deinem Herzen Gedanken an vergangene Sünden aufkommen, verweigere erstens innerlich im Herzen in Christus jede Zustimmung, selbst zu den ersten Regungen; dann beachte sie nicht mehr und schenke ihnen nicht in freiwilliger Zuwendung des Geistes deine Aufmerksamkeit; drittens erwecke in dir in allgemeiner Weise einen starken Akt der Reue über alle vergangenen und gegenwärtigen Sünden. Wenn jene lästigen Gedanken nicht nachlassen, lege sie deinem Schutzengel vor, dann auch dem Vater Ignatius, indem du ihre Hilfe erbittest; wenn sie weiter andauern, lege sie auch dem Oberen vor. Dem Beichtvater gegenüber sollst du es ja immer tun, wenigstens im allgemeinen. [870]

Um lästige Gedanken zu vertreiben, bediene dich auch der anderen Hilfsmittel, die wir schon erwähnt haben, und mache deine Erfahrungen damit; erwecke eifrig Akte der Tugenden; unter Führung der Liebe wirst du den bösen Geist in die Flucht schlagen können. Besonders erwecke einen Akt der Reue im allgemeinen und ausdrücklich über jene Sünden, von der die Gedanken herrühren. Tue das wahrhaft, und es wird dir sicher helfen. - Ich betete zur Abwehr von Gedanken und Versuchungen. Ich erkannte: „Kämpfe in mir und du wirst siegen." [922]

Man soll eine Versuchung nicht dermaßen fürchten, daß man darob den Mut verliert oder völlig verwirrt wird; noch soll man die Gelegenheiten fliehen, aus denen Versuchungen entstehen können, wenn sie sich ergeben aus notwendigen Werken oder aus anderen Dingen, die außerhalb unseres Willens liegen, nur soll man eine solche Gelegenheit nicht selber suchen; in anderen Versuchungen muß man mit Ausdauer kämpfen, dann werden sie in Christus überwunden. [368]

In der Anfechtung, mag sie von außen oder von innen kommen, mußt du mit Starkmut handeln und nichts von dem unterlassen, was Beruf und Gehorsam vorschreiben; in diesem Starkmut kannst du die Schwierigkeiten in Christus überwinden. [521]

Wenn eine Versuchung deinen Geist beunruhigt und verwirrt, so nimm mit einem demütigen und hingegebenen Herzen die Zuflucht zur Anrufung Gottes, der jungfräulichen Gottesmutter, deines Schutzengels; dann besinne dich auf die geordnete Vernunft, die besonders von Glaube, Hoffnung und Liebe geleitet wird, folge ihr voll Vertrauen in Christus. Du wirst zweifellos siegen, wie die Erfahrung dich lehrt, mag es auch einem Ungeübten am Anfang schwer vorkommen. [806]

Um die Anfechtungen des Geistes zu vermeiden, ist es nützlich, sich täglich ernsthaft einen Abschnitt des Evangeliums vorzunehmen, entweder aus den Evangelien selbst oder aus einer Evangelienkonkordanz, woraus du täglich einen Abschnitt zur Betrachtung nimmst; und zwar ist es nützlicher, wenn du dabei jeweils von vorn beginnst;

doch sollst du stets ausgewählte Betrachtungen außerhalb dieser Ordnung zur Hand haben, deren du dich zu gegebener Zeit bedienen kannst. So hast du stets eine Zuflucht bereit, auf die du dein Denken richten kannst, wenn lästige Gedanken auftauchen.

Zum gleichen Ziel trägt es bei, wenn du beharrlich die innere Sammlung bewahrst und dein Herz nicht an äußere Dinge verlierst. [627]

HERR, RETTE UNS, WIR GEHEN ZUGRUNDE (Mt 8, 25). Das soll ganz tief in unserem Herzen haften bleiben, daß wir besonders in den Versuchungen auf Wogen treiben und unser Gewissen von Fluten überschwemmt wird, das heißt wenigstens von läßlichen Sünden. Aber wenn wir einen tatkräftigen und keineswegs ängstlichen Glauben erwecken und damit eine reine und andächtige Anrufung verbinden, werden wir ohne Zweifel befreit. [858]

Zur Überwindung der Versuchung erwecke einen Akt des Glaubens, der Hoffnung, der Liebe sowie der Gabe des Starkmuts in Christus, dann einen Akt jener Tugend, die dem Laster, zu dem die Versuchung verlockt, entgegengesetzt ist, und du wirst siegen, das heißt, Christus siegt in dir. Wenn du dies in rechter Weise tust und die Versuchung noch weiter andauert, so wisse, daß dies eine Zulassung Gottes ist zu seiner größeren Verherrlichung und zu deinem Fortschritt, daß du daraus aber die Seligkeit gewinnst, weil du die Bedrängnis nach dem Willen Gottes erduldest, und daß du die Früchte des Geistes erhalten wirst, Geduld, Langmut usw. (vgl. Gal 5,16ff). [547]

NICHT WAS IN DEN MUND HINEINGEHT (Mt 15,11). Es ist ein Schutz gegen die Versuchungen, wenn das Herz standhaft ist. Denn wenn man die entsprechenden Mittel zur Überwindung der Versuchung angewandt hat, darf man schließlich mit unerschrockenem Geist und Sinn sagen: Nicht was hineingeht usw., und so die Furcht vertreiben in Christus. Man kann noch anfügen, was Paulus sagt: Der geistliche Mensch urteilt über alles und wird von niemandem beurteilt (1 Kor 2,15). Jene Versuchungen sind nämlich zu beurteilen im Geiste, in Christus. [990]

Der Dämon, der lästige Gedanken einflößt, wird überwunden, wenn man in der Kraft des Geistes aus der Schlichtheit des Herzens und in Demut voll Vertrauen sagt: Nicht was durch den Mund eingeht, verunreinigt den Menschen (Mt 15,11). Lästige Gedanken werden durch die Kraft einer vertrauensvollen Anrufung der Jungfrau von Loreto mit reichem Verkosten im Geiste vertrieben, wie wenn man gewissermaßen dem Dämon droht und ihm die Jungfrau Maria, die Gottesmutter von Loreto, entgegenstellt. [622]

Kampfgemeinschaft mit Jesus Christus

IN JEDER ANFECHTUNG ZU CHRISTUS FLÜCHTEN. Du erfährst dich voller Anfechtungen. Eile zu Christus, der am Kreuz ausruft: Eli, Eli... (Mt 27,46). Du fürchtest dich, bist voll Angst, du bist traurig; halte dich an Christus, der in seiner Todesangst und im Blutschweiß noch inniger betete (vgl. Lk 22,44). Denn durch das, was er selbst gelitten hat und worin er versucht worden ist, kann er auch denen helfen, die versucht werden (Hebr 2,18). Verweile immer zu Füßen des gekreuzigten Jesus, über dich ströme sein Blut herab; bitte ihn mit glühendem Herzen, damit du nichts anderes vermagst, als in dieser Betrachtung dein ganzes Verlangen auf ihn zu richten. Wenn dich der Geist nicht offenbar anders führt, sei dies der Anfang deiner geistlichen Übung. Ich ließ mich nieder im Schatten dessen, nach dem mein Verlangen ging (Hld 2, 3). [28]

Der Schutz steht schon bereit, wenn man gegen die Anfechtungen der bösen Geister oder auch gegen die Welt und die Belästigungen des Fleisches den Schutzengel anruft, der gleichsam mit dem Blut Christi besprengt ist.

Es wird für die Wirksamkeit des Gebetes und des Kampfes gegen den bösen Geist oder gegen die Leidenschaften von Nutzen sein, daß man in Christus jenes Vertrauen in der Demut des Herzens erweckt und verspürt, das uns bewußt macht, daß der böse Geist besiegt ist und die Leidenschaften ihre Kraft verloren haben durch Christi Kreuz und Verdienst. Lasset uns also kämpfen gegen die Feinde, die bereits besiegt und in die Flucht geschlagen sind; mit uns kämpft Gott; er selbst ist es, der diese Feinde überwunden hat und sie rasch unter seinen Füßen zertreten wird. [885]

DAS HEILMITTEL DER VERSUCHUNG. Ich nahm in der Versuchung zum Gebet Zuflucht; ich verspürte Hilfe bei der Betrachtung der Versuchung Christi, wo Christus antwortet: Nicht vom Brot allein lebt der Mensch, sondern von jedem Wort, das aus dem Munde Gottes hervorgeht (Mt 4,4). Ich verspürte nämlich innerlich die Kraft aus dem Wort, das aus dem Munde Gottes hervorgeht, und erkannte, daß das geistliche Leben nicht in der Tröstung besteht, sondern im Wort Gottes, auch wenn ich in einer großen, alles umgreifenden Trostlosigkeit stehe. [171]

Wie die Bauleute beim Wiederaufbau der Mauern Jerusalems mit der einen Hand ihre Arbeit verrichteten, in der anderen Hand das Schwert gegen die Feinde hielten (2 Esra 4,17), so müssen wir es machen beim Gebet und in den anderen Verrichtungen, wenn wir Feinde verspüren, und wir wollen die Kraft bereithalten, um den bösen Geist zu vertreiben.

Unser Schwert gegen die Versuchungen sei das Kreuz Christi und seiner besonderen Geheimnisse wie die Kreuzigung selbst und die Erhöhung des Kreuzes; nehmen wir in Christus zum Widerstand auch den Schutzengel und den hl. Antonius zu Hilfe. Du wirst die Anfechtungen der Gedanken und des bösen Geistes vertreiben, wenn du andächtig den Glauben erweckst und das Apostolische Glaubensbekenntnis betest; mit seiner Hilfe wirst du jene vertreiben und besiegen, wenn du dich nach andächtigem Beten des Glaubensbekenntnisses darum bemühst. [953]

Die bösen Geister braucht man nicht zu fürchten, denn sie vermögen nichts; es ist ihnen aber willkommen, wenn man sie fürchtet; und sie gewinnen daraus Stärke, wenn Gott es zuläßt wegen unserer Unvollkommenheit. Man muß ihnen also beharrlich und tapfer Widerstand leisten in Christus, und wenn sie besiegt werden, hören sie auf, uns zu belästigen. Dazu mahnt uns der heilige Jakobus: Widerstehet dem Teufel, und er wird vor euch fliehen (Jak 4, 7). Aber auf welche Weise man widerstehen soll, mahnt wieder Jakobus, wenn er sagt: Seid Gott untertan (ebd.) und dann fortfährt: Widerstehet dem Teufel usw. Dies erklärt der heilige Cyprian im Brief an Fortunatus: Wenn einer die göttlichen Gebote beobachtet und tapfer Christus anhängt, hält er dem Teufel stand und wird siegen; denn Christus, zu dem wir uns bekennen, ist unbesiegbar.[5] Das gleiche schreibt uns der Vater Ignatius vor in der 12. Regel [zur Unterscheidung der Geister der Ersten Woche].[6]

Wie Leo der Große sein ganzes Werk mit höchster Weisheit geschrieben hat, so auch diese Sätze: Christus hat nicht in seiner Majestät mit dem bösen Geist gekämpft, sondern in unserer Schwachheit; und er hat ihn durch das Fleisch, das jener in Adam besiegt hatte, überwältigt.[7] Daher müssen wir unseren Eifer anspornen und unser Bemühen einsetzen, um in Christus den bösen

[5] CSEL 3, 1, 318; ML 4, 678B
[6] Exerzitien n. 385
[7] Sermo 631 ML 54, 363 B

Geist zu besiegen; wir dürfen uns nicht mit dem Gebet allein begnügen und nicht mit der Überzeugung von der göttlichen Gnade und Kraft, die in uns wohnen. Denn Christus will uns nur helfen, wenn wir alles tun in unserem in Christus erneuerten und göttlich gewordenen Fleisch; dabei sollen wir aber immer sagen: Wir sind unnütze Knechte; wir haben getan, was wir tun konnten (vgl. Lk 17,10); gib darum deinem Namen die Ehre, Herr (Dan 3,43). [825]

Wer könnte Gott beleidigen, wenn er Anteil erhalten hat an seiner Herrlichkeit und seiner mystischen Erkenntnis? Gib uns, Christus Jesus, die wahre, frohe und fruchtbare Erkenntnis deiner selbst und des Vaters, durch die wir alles zurückweisen, was nicht dein Wohlgefallen findet, und deinem guten, wohlgefälligen und vollkommenen Willen folgen und ihn erfüllen (vgl. Röm 12, 2). [811]

Man muß mit den Kräften der Seele und des Geistes ernsthaft, hochgemut und freudig, in der Schlichtheit und Demut des Herzens kämpfen gegen Gedanken und Versuchungen und gegen alle Widrigkeiten des Lebens. Aber auch dies dürfen wir niemals vernachlässigen, daß wir uns nämlich nicht nur habituell und virtuell auf die Gnade Gottes durch Christus verlassen, sondern daß wir es auch in der Tat leisten und gewissermaßen alles in Gott tun durch Christus, und zwar mutig und tapfer, aber auch gelassen und ruhig, da wir ja in der unendlichen Kraft Gottes handeln. Handle so und du wirst siegen in Christus. [911]

Du kannst nicht im neuen Dasein der Auferstehung auf dem Weg des Geistes wandeln außer durch das Mitsterben im Kreuz und Tod Christi (vgl. Röm 6, 3-11). [357]

Zeugnisse aus geistlichen Unterweisungen

Bereits in einem sehr frühen Teil des Geistlichen Notizbuches stehen die folgenden Unterweisungen für Mitbrüder.

ALLGEMEINE GRUNDSÄTZE IM KAMPF GEGEN DIE VERSUCHUNGEN.

Höret Brüder, was denen, die schwer versucht werden, zur Hilfe dient. Alle Versuchungen gleichen sich darin, daß sich in ihnen als solchen nichts Hilfreiches findet. Deshalb mußt du dich anderswohin wenden, nämlich zu Christus, zur Erwägung der Gegenwart Gottes und in ihm zu allen Heiligen, die alle deine Befreiung wollen, die deinem Zweikampf zusehen und dazu helfen, daß du nicht besiegt wirst. Überlege, was du in der Todesstunde, beim Endgericht in dieser Sache getan zu haben wünschtest. Bedenke, wie du zwischen Hölle und Himmel hängst, zum Himmel erhoben, wenn du siegst, in der ewigen Hölle begraben, wenn du unterliegst. Schaue, wie leicht es ist zu siegen; du hast schon gesiegt, wenn du siegen willst; und du siegst sogar bereits, wenn du nicht besiegt werden willst; du wirst siegen, wenn du dir nur helfen lassen willst von dem, der so groß ist und der dir mit einem so starken, das heißt unendlichen Willen helfen will. Erwäge außerdem die Kraft der ganzen Kirche, der triumphierenden und der streitenden; blicke auf das Blut Christi, das vom Kreuz herab auf deine Versuchung strömt; du darfst nur all das nicht zurückweisen in höchstem Hochmut, aus Niedertracht und Pflichtvergessenheit. Siehe den Teufel: Er ist von Christus besiegt, jedem Geschöpf unterworfen, denn in jedem Geschöpf wird er gequält; wo immer er auch ist, er ist in der Hölle. Was vermag schon diese abscheuliche Bestie? Sag ihr: Gott befehle dir! Mit Michael wirf ihm seine Verdammung vor; mit der Kirche sage ihm: Du Verdammter und Verdammenswerter. [51]

Nimm Zuflucht zur allerseligsten Jungfrau Maria und wirf dich ihr zu Füßen. Wenn dich die Versuchung noch weiter bedrängt, dann mache nichts anderes, als in ihrem Anblick zu schweigen und durch das Schweigen zeige der Jungfrau und Mutter der Barmherzigkeit deine Versuchung, daß sie sie ansehe und überwinde; gib dich in ihre Hände. Das gleiche tue unter ihrem Schutz vor Christus, der in der Wüste versucht wurde, als er hungerte (Mt 4,1ff) und im Garten Blut schwitzte (Lk 22,44). Durch ihn nimm deine Zuflucht zu den entgegengesetzten Tugenden, zu den Gaben und Seligpreisungen, die diesen Tugenden entsprechen, zum Glauben, zur Hoffnung und zur Liebe Gottes. Schaue auf das, was du einst durch geistliches Verkosten und Verspüren erfahren hast. Überall suche und forsche, was dir zur Stärkung deines Mutes dienen kann, und unterscheide vor allem den höheren Willen, durch den allein du sündigst; auch wenn er durch die verschiedenen Versuchungen bedrängt wird, kann er doch nicht gezwungen werden. [52]

Stehe fest in dir und in Christus; von daher schaue voll Verachtung auf die Unbeständigkeit der Gefühle und die Schwäche und das Schwanken von Verstand und Willen, möge es von ihrem Wesen herrühren oder aus der Verbindung mit den Sinnen. Halte beharrlich aus in der Abwehr durch einen schlichten Willensakt, und Gott wird dir den guten Ausgang verschaffen in der Versuchung (1 Kor 10,13). Denn je heftiger du versucht wirst und je stärker du in Christus feststehst, um so mehr Verdienste erwirbst du dir. Schließlich halte die Versuchung aus, nimm dich zusammen, laß dir helfen und trage Sorge, daß man für dich betet und das Meßopfer darbringt. Und wenn ein anderer derart versucht wird, während du in der Tröstung bist, versprich ihm, daß du für ihn beten wirst. Stärke dich selbst mit der Fülle der Liebe, sei guter Hoffnung und aufrechten Mutes; keiner wird gekrönt, wenn er nicht beharrlich gekämpft hat (2 Tim 2, 5). Die Versuchung ist das göttliche Feuer, das uns prüft und auf die Probe stellt. Wenn du hier nicht versucht werden willst, übersiehst du nicht, daß die Sünde durch ein viel schlimmeres Feuer ausgetilgt werden muß? Denn wenn du unvollkommen bist und hier nicht gereinigt wirst, mußt du, da nichts Unreines in das himmlische Vaterland Eingang findet (vgl. Weish 7, 25), im Fegfeuer gereinigt werden, wenn du nicht gar in die Hölle kommst. [53]

Im 14. Kapitel, also in den letzten Jahren seiner Arbeit als Visitator, hat Nadal einen weiteren, kürzeren Text zum Thema der Versuchung ins Notizbuch aufgenommen.

Schließlich steht im „Geistlichen Notizbuch" noch eine stichwortartige Liste von „Hilfsmitteln gegen die Versuchungen", die in der 10. Unterweisung von Coimbra enthalten ist. (Ep. Nat. V,111-116)

Lasset uns beten, Brüder, daß alle unsere Fähigkeiten beschützt werden vor den schädlichen Angriffen sowohl der bösen Geister als auch unserer Verderbnis sowie unserer schlechten Neigungen und vor allem, was von außen kommen kann und für gewöhnlich auch kommt. Wir sehen, daß dies alles ständig mit uns Krieg führt; von neuem durch den Geist Gottes in Christus gestärkt und gerüstet, wollen wir mit Furcht und Zittern (vgl. Phil 2,12) feststehen in der Kampffront. Wir wollen den Feind Gottes, der auch unser Feind ist, überwinden und mit Füßen treten. Christus hat zwar den Sieg errungen, aber er verlangt unseren Kriegsdienst und unsere Mitarbeit, wenn wir mit ihm zur Herrschaft gelangen wollen. Denn wir sind nicht nur gestorben, sondern wir leben auch; wir sind zwar Opfergabe, aber eine lebendige (vgl. Röm 12,1), lebendige Steine (1 Petr 2, 5). Wer sich also nicht abmüht, muß ohne Zweifel zu den Toten gerechnet werden, nicht zu den Lebenden; offenkundig wird er sein Leben verlieren. Angesichts dieser Tatsachen sehet, Brüder, wie notwendig es ist, daß wir von Gott in aller Demut jene Hilfe, jene kostbare Gabe erbitten, damit wir die Waffen des Geistes benützen können; obwohl uns Christus darin in genügender Weise unterwiesen hat, geschieht es doch durch unsere Verkehrtheit und unsere Sorglosigkeit, daß wir uns ihrer nicht bedienen oder es nur zaghaft und nachlässig tun; so wird es möglich, daß wir von unseren Feinden zu unserer höchsten Schande überwunden werden. Bemühen wir uns also um diese besondere Hilfe Gottes, die die Waffen des Geistes in uns wirksam macht und uns durch sie stärkt und zum Erfolg führt. [785]

Lasset uns zu Gott beten gegen die Listen und das üble Spiel der bösen Geister; und wir wollen auch nicht aufhören zu bitten, daß er ihnen nicht gestatte, ihre Kräfte mit anderen Feinden zu verbinden oder uns mit Trugbildern zu täuschen und mit ihren Blendwerken zu verfolgen oder allzusehr in unser Inneres einzudringen. Wenn ihnen dies nicht gelingt, verwenden sie die ausgesuchtesten Versuchungen, um es doch noch zu erreichen. Schließlich möge Gott ihnen nicht gestatten, mit allzu großer Gewalt auf uns einzustürmen, falls er sieht, daß wir nicht imstande sind durchzuhalten. [786]

HILFSMITTEL GEGEN DIE VERSUCHUNGEN

1. Die Gnade Gottes
2. Gebet und eifrige Anrufung der göttlichen Hilfe
3. Demut
4. Raschheit des Widerstandes
5. Lesung und Betrachtung der Heiligen Schriften
6. Häufige und andächtige Betrachtung der Passion Christi
7. Geduldiges Ertragen der Versuchungen
8. Anrufung der jungfräulichen Mutter, der Engel und Heiligen, besonders auch des Schutzengels
9. Betrachtungen über die Letzten Dinge

10. Meiden des Müßigganges
11. Das Geheimnis des Herzens und der Versuchung einem erfahrenen und klugen geistlichem Mann, besonders dem Oberen, in aller Ehrlichkeit eröffnen
12. Keinesfalls auf die eigenen Kräfte vertrauen, sondern die Hoffnung einzig auf Gott setzen
13. Die Gelegenheiten meiden
14. Häufige und andächtige Kommunion. [947]

STÄNDIGES BEMÜHEN UM REINIGUNG

Hand in Hand mit dem Kampf gegen die Versuchungen läuft ein Prozeß der ständigen Reinigung, der im „Geistlichen Notizbuch" einen starken Widerhall gefunden hat.

Im 14. Kapitel [787-793] hat Nadal einen größeren Abschnitt aus einer geistlichen Konferenz zu diesem Anliegen des ständigen Mühens um die Reinigung der Sinne, des Geistes und des Herzens in sein Notizbuch aufgenommen.

Siehe zu, daß du den Eifer des Geistes, den du in deiner Berufung erhalten hast, nicht mißbrauchst und es deswegen unterläßt, deine vielen Fehler zu überwinden. Wenn du dich nicht rechtzeitig darauf verlegst, werden diese dir schließlich lästiger werden, als du es zu glauben vermagst. Heißt es denn nicht: Lasset euch nicht verwirren durch die Glut des Geistes (1 Petr 4,12), und daß, wenn nur der Verstand betet, das Herz ohne Frucht bleibt (vgl. 1 Kor 14,14)? Bemühe dich deshalb um diesen Geist, um diesen Eifer, zuerst zur Ausrottung deiner Fehler, gleichzeitig aber auch zum Gehorsam gegen die Gesellschaft und zur Übernahme ihrer Aufgaben. Denn was nützt es dem Menschen, wenn er die ganze Welt gewinnt, aber an seiner Seele Schaden leidet (Mt 16, 26)? [736]

Unser geistliches Leben und unser Fortschritt sind noch nicht echt, solange wir nicht einen vollen Sieg errungen haben über den Fehler, in den wir täglich fallen, verbunden mit dem inständigen Gebet, Gott möge uns offenbaren, welche Heilmittel des Geistes wir anwenden können. [615]

Erbitte von Gott, er möge dir täglich wenigstens eine Stunde der Trübsal und wahrer Bedrängnis geben zum Nachlaß deiner Sünden und damit du wenigstens teilweise seine Leiden nachahmen kannst. [893]

WIE DIE FEHLER AUSROTTEN? Man muß Gewalt anwenden, um die Wurzeln der Fehler auszurotten; wenn man dafür nach dem Urteil eines geistlichen Menschen genügend Sorgfalt aufgewendet hat, darf man in der Bekämpfung der Fehler nachlassen und sie somit eher durch Betrachtung und Gebet als durch Kampf zu überwinden suchen. [690]

Du mußt beten, daß nicht die sinnlichen Dinge mit ihren Verderbnissen, die du dir durch die Sünden zugezogen hast und die selbstverständlich im Feuer gereinigt werden müssen beim allgemeinen Gericht, in die äußeren Sinne eindringen. Aus dieser Reinheit der Sinnesbilder und aus dem lauteren Genuß der Sinne ergibt sich, daß nur reine Empfindungen und Freuden in die inneren körperlichen Sinne Eingang finden und in gleicher Weise auch geistliche Empfindungen und Freuden. Von hier aus mögen vollkommene Einsichten und Willensakte und Freuden in den Verstand und in den Willen gelangen, zugleich möge Gott durch seine Gaben auch höhere Einsichten und Willensakte sowie Freuden schenken - er sei über alles gepriesen in Ewigkeit. Zugleich sollst du darum beten, daß die Sinne selbst gereinigt werden von der Ansteckung und der Fäulnis dieser Verderbnisse, die sie erworben haben und bewahren. [283]

Vertreibe aus deiner Seele in der Kraft des Geistes alle Phantasiebilder, die die reine Betrachtung und die Vereinigung mit der göttlichen Liebe stören können. Dazu helfen dir die Tugend und eifrige Akte der Armut, der vollkommenen Keuschheit und des Gehorsams; dadurch entfernst du unter der Leitung Christi alle Phantasiebilder schlechthin und trittst ein in das Dunkel, und im Dunkel wird dich ein unaussprechliches und ganz göttliches Licht in Christus erfassen. [810]

Bitte im Gebet nicht nur darum, daß die Sinne keine Eitelkeiten aufnehmen, sondern daß jene, die sie schon aufgenommen haben, ausgetilgt und unterdrückt werden. [580]

DIE ABTÖTUNG DES FLEISCHES. Wenn ihr durch den Geist die Werke des Fleisches abtötet, werdet ihr leben (Röm 8,13). Dieser Geist ist kraftvoll, in behutsamer und aufmerksamer Beobachtung der Affekte und durch Abtötung zu üben. Lege den Glauben zugrunde, die Hoffnung, die Liebe, die sittlichen Tugenden, die Gnade und die heilige Kraft des Ordensberufes und der vier Gelübde; so wirst du mit Christi Hilfe diese Wahrheit auch in der Tat einsehen und du wirst erkennen, was deine Schuld ist, was Buße bedeutet, damit du sie mutig ergreifst wegen des Verdienstes und des Verlangens, darin Christus nachzufolgen, selbst wenn du ohne sie das gleiche Verdienst vor Gott hättest; die Sünde aber mußt du aus ganzem Herzen, Verstand, Gemüt und mit allen Kräften in Christus meiden und dich auf solide Tugenden verlegen. Und es ist der beste Weg, wenn du bei der Demut beginnst und dich in den Dingen abtötest, in denen du gewöhnlich sündigst. [155]

SIEG ÜBER SICH. Du mußt die Natur überwinden nicht nur da, wo sie eine Neigung zum Bösen hat; sondern auch da, wo es sich um eine gute Anlage handelt, sollst du diese in der Freiheit des Geistes gern verwandeln oder gar aufgeben können, damit wir andere erbauen und allen alles werden im Herrn. Du mußt Tag für Tag ernsthaft neu beginnen. [285]

Die Abtötung ist eine Kraft des Geistes, die nicht nur aus dem Verdienst der Passion und des Todes Christi stammt, sondern für die er auch das Vorbild und die Wirkursache ist; durch sie leben wir, nachdem wir den Zündstoff der Leidenschaft gelöscht und die Laster ausgerottet haben und ihnen gestorben sind, für Gott in Christus. Denn Christus ist gestorben wegen unserer Sünden, er ist auferstanden um unserer Rechtfertigung willen (vgl. Röm 4, 25).

Die Gnade hat ihre Wirksamkeit aus dem Verdienst und den Werken Christi. Darin liegt eine reiche Tröstung der Seele und ein einzigartiges Verspüren der göttlichen Kraft in uns. [838]

Wenn wir getröstet und heiteren Sinnes sind, machen sich wegen unserer Nachlässigkeit gern Formen von Anmaßung, Widerspruchsgeist und geistlichem Hochmut oder von eitler Selbstgefälligkeit breit; vor diesen Anfechtungen müssen wir uns sehr in acht nehmen. Mit Ausdauer muß man darum eine tätige Erkenntnis von sich selbst und ein wahres Gespür für die Demut festhalten und damit eine innige Anrufung der göttlichen Hilfe durch Christus verbinden. [677]

In der schlichten und lauteren Geduld bei Bedrängnissen, zumal den inneren, liegt eine große Tugend und eine einzigartige Gnade. [657]

VON DER ABNEIGUNG DES GEISTES. Wer gegen einen anderen, ohne sich dabei einer Schuld bewußt zu sein, eine unfreiwillige Abneigung empfindet, werde sich als erstes bewußt, daß es ihm an der Freiheit des Geistes mangelt; dann, daß darin ohne Zweifel ein Fehler verborgen liegt, den es zu bessern gilt, und gewisse Folgen von Sünden. Deshalb muß man sich ernsthaft darum mühen, die Wurzel dieser Abneigung zu erkennen und auszurotten. [632]

Wenn man eine unfreiwillige Abneigung des Herzens gegen jemanden verspürt, besteht das Heilmittel des

Geistes darin, daß man sich Gott oder der Liebe zuwendet und in einer solchen Gesinnung auf ihn zugeht. In Christus wird es geschehen, daß der Geist durch diese liebende Zuwendung sanft gewandelt wird und darin mit Freude zur Ruhe kommt. [520]

Wir müssen uns eine Haltung erwerben, die gegen jeden schlechten Gedanken ankämpft, und eine Kraft im Herzen, die sich von der Reue und der Gottesliebe herleitet, und die immer findet, wer in seinem Denken Widerstand leistet. Und wir dürfen uns damit nicht zufrieden geben; vielmehr dürfen wir nicht gestatten, daß ein solcher Gedanke ungestraft in uns aufkommt, ohne daß wir die erwähnte Kraft entschieden gegen ihn einsetzen, mit Reue und Verleugnung des Willens, im Verlangen nach der entgegengesetzten Tugend oder in der Erinnerung an eines der vier Letzten Dinge, in der Erinnerung an die Passion Christi, durch einen Akt der Demut, im Verlangen, für Christus zu leiden, mit einem glühenden Akt der Liebe; wir sollen Sorge tragen um diese Akte, damit sie ein Verdienst werden vor Gott in der notwendigen Beziehung zur Liebe.

Wir sollen unsere Fähigkeiten hochschätzen, die Glieder des Körpers, die Seele, den Leib, die ganze Natur, da sie Gott gehören usw. Man soll sie gebrauchen mit Furcht und Hingabe in Christus; das ist ein geistliches Verspüren in unseren Handlungen in Christus; man soll es täglich üben. [980]

Eine Reihe zusammenhängender Besinnungen zum Anliegen der ständigen Reinigung

Lasset uns beten, daß unsere äußeren Sinne erstens keine eitlen Dinge aufnehmen (Morgenhymnus), die Bilder der sinnenhaften Dinge vielmehr rein zu uns gelangen; oder daß, wenn sich irgendeine Unreinheit oder der Anreiz zum Laster einmischt, möge dies aus unseren früheren Sünden stammen oder von einer allgemeinen Ansteckung herrühren, diese Unreinheit abgewehrt und ihre Glut ausgelöscht wird; daß also die Reinheit der äußeren Sinne und Werke die Reinheit der inneren Sinne und Werke hervorbringt. [787]

Lasset uns überdies beten, daß unsere inneren Sinne durch die Reinheit der äußeren Sinnesbilder ebenfalls in reiner Weise wirken; und wenn irgendeine Unreinheit sich bemerkbar macht, diese dem inneren Wirken nicht schade, ja nicht einmal von ihm aufgenommen werde. Überdies mögen die inneren Bilder gereinigt werden von jeder Unreinheit, die sie aus dem vergangenen Leben aufgenommen haben. Und auch dies lasset uns in Andacht erbitten, daß Gott uns seine Engel sende, die uns verteidigen und beschützen vor nächtlichen Trugbildern, und daß er unseren Gebeten in den nächtlichen Prüfungen die Kraft verleihe, jene Trugbilder auszumerzen; dann lasset uns auch (was eine einzigartige Wohltat Gottes ist) vom Vater der Lichter erbitten, daß er mit seinem Licht die inneren Sinne erleuchte, wodurch diese befähigt werden, aus den äußeren Sinnen über die natürliche Auffassungsgabe hinaus etwas aufzunehmen, was die Frömmigkeit und die Erkenntnis der Glaubensgeheimnisse fördert; dadurch wird unser Geist leicht zu erhabeneren Betrachtungen und Beschauungen gelangen und sich darin üben. [788]

Hier aber müssen wir eifrig in der Demut des Herzens in Christus bitten, es möge Christus mit seinem Geist und seiner Gnade unsere Urteilskraft erneuern und unterweisen, damit sie die aufgenommenen Bilder nicht anders beurteile, als es dem Geist und der Frömmigkeit entspricht; er möge die Erkenntniskraft erleuchten, damit sie dem tätigen Verstand die lauteren Bilder der Dinge zeigt.

Überdies kann und muß man in Christus in der Schlichtheit und Demut unseres Geistes wünschen, daß er dem Geist seine Bilder schenke, aus denen dieser göttliche Wahrheiten aufnehmen kann. [789]

Zugleich soll man beten, daß unsere beiden Strebevermögen, durch die wir ungestüm angetrieben und bewegt werden, nämlich die Begierde und der Zorn, vom Geist nicht nur gezügelt, sondern auch zur Vollkommenheit geführt werden; daß die Begierde nur das begehrt, was gut, was vollkommen ist, und der Zorn zurückweist, was das Gute und Vollkommene hindern kann. Beide Strebevermögen sollen mit der geistlichen Gabe in Christus durchtränkt werden, die Begierde mit dem Liebreiz der Güte, der Zorn mit dem Starkmut. [790]

Für alle Sinne muß man mit Andacht beten, daß sie von Gott die Befähigung erhalten, der Vernunft und dem Geist gehorchen zu können - eine Befähigung, die sie in der Unschuld des ersten Menschen erhalten, durch die Sünde aber verloren, und die wir in Christus zurückgewonnen haben, zwar nicht in der ursprünglichen Gerechtigkeit, wie wenn diese uns wiedergegeben wäre, sondern durch die Gnade, in der wir auf vornehmere Weise wiederhergestellt sind; deshalb muß man auch beten, daß der Herr diese Gnade, dieses Geschenk in uns wirksam mache, damit wir unseren Sinnen in heiliger Weise gebieten und diese sich den Befehlen der Vernunft und des Geistes nicht verweigern, sondern ihnen vielmehr gehorchen und Folge leisten; die Sinne sollen den geistlichen Geschmack verspüren, der dem geistlichen Verspüren der höheren Fähigkeiten entströmt, damit nicht nur der Geist, sondern auch das Fleisch frohlockt und nach dem starken und lebendigen Gott verlangt (Ps 84, 3). [791]

Wir wollen überdies inständig bitten, daß unsere geistigen Fähigkeiten, Verstand und Wille, im Licht wirken, nicht nur im natürlichen, sondern durch die Gnade Christi auch im himmlischen Licht; das geschieht, wenn die Bilder von der sinnlichen Erkenntniskraft in reiner Weise dargeboten werden; der tätige Verstand aber soll rein und lauter, verbunden mit einem höheren Licht, handeln. So wird unser Verstand, auch was den niedrigeren Bereich betrifft, auf vollkommene Weise handeln und lautere Wahrheiten aufnehmen und nicht durch den Schmutz der Sinne befleckt werden; und das tut er nicht nur in theoretischer, sondern auch in praktischer Weise, das heißt mit jener Wirksamkeit und Tatkraft, die den mit ihm verbundenen Willen zum Besten und Vollkommensten hin bewegt; dem Willen aber schenkt Gott den Liebreiz des Geistes, durch den er von dem, was der Verstand ihm darbietet, auf das allemal Vollkommenste hin bewegt wird. [792]

Ferner sollen wir, damit wir den Gipfel erreichen, vom Herrn mit höchster Andacht erbitten, daß unser Verstand und Wille, die sich auf die höheren Werte und das Himmelreich ausrichten und als der höhere Teil unserer Seele bezeichnet werden, durch das Licht des Himmels und seine Wonne ausgerüstet werden, damit sie sich in all ihrem Wirken den himmlischen Dingen zuwenden, der Verstand sie klar erkennt und der Wille sie aufrichtig liebt und beide die Grenze der geschaffenen Dinge übersteigen und schließlich, nachdem sie die sinnlichen Bilder hinter sich gelassen haben, im Licht Gottes, wenn nicht die erhabene Wesenheit selbst, so doch eine größere Erkenntnis der Wesenheit erfassen, die keine Kraft des geschaffenen Verstandes auf natürliche Weise aus dem Sinnenhaften gewinnen kann. [793]

Im 14. Kapitel des „Geistlichen Notizbuches", also aus der Zeit, da sich Nadals Dienst für den Orden dem Ende zuneigte, findet sich ein geschlossener Zyklus von Betrachtungen über die Sieben Hauptsünden. Der persönliche Stil der Aufzeichnungen legt den Schluß nahe, daß sie ein Niederschlag der eigenen Betrachtungen sind. Für solche Meditationsreihen gibt es im Notizbuch zahlreiche Beispiele. Dabei ist nicht auszuschließen, daß Nadal derartige persönliche Aufzeichnungen auch für seine geistlichen Konferenzen verwendet und damit ein Beispiel gegeben hat für die von ihm gepflegte und gelehrte Einheit von persönlichem Gebet und apostolischem Dienst.

Pflege im Gebet die Betrachtung über die sieben Hauptsünden.

ÜBER DEN HOCHMUT. Betrachte den Hochmut Luzifers und als Gegenbild die Demut Christi; siehe zu, welchem von beiden du folgen, welches du nachahmen willst.

Betrachte, wer du bist, wer Gott ist, wie unwürdig du aller Wohltaten Gottes bist, wie viele Gnaden dir Gott aber geschenkt hat. Daraus wirst du die Demut und Schlichtheit des Herzens in Christus gewinnen. [797]

ÜBER DEN NEID. Betrachte den Neid Luzifers, der schon von Anfang an seine Seele quält; demgegenüber blicke auf die Liebe Christi, sein Wohlgefallen und seine Freude an unseren guten Werken, an denen aller Engel und Heiligen. In diesem Licht liebe den Nächsten in seiner Ganzheit; denn dein Herz wird erleuchtet werden vom Licht der Liebe und der Freude an allen guten Gaben des Nächsten.

Erwäge, daß alle Güter des Nächsten Gaben Gottes sind. Was willst du denn, du Neider? Mißfällt es dir, daß Gott von seiner Freigebigkeit und Güte Gebrauch macht?

Gerade durch dieses Verhalten verschließt du die Türe für Gottes Freigebigkeit dir gegenüber. Sei demütig und beneide niemanden. Siehe die Güter des Nächsten als deine eigenen an und du wirst niemanden beneiden. Vergiß den Neid; das wirst du erreichen, wenn du dich freust an den Gütern des Nächsten, alle seine Tugenden aber nachahmst in der Demut des Herzens in Christus. [798]

ÜBER DIE GAUMENLUST. Betrachte Christus, der in der Wüste hungert (Mt 4, 2), am Jakobsbrunnen Durst leidet (Joh 4, 6) und, ans Kreuz geheftet, mit Essig und Galle getränkt wird (Mt 27, 34); wiederum, wie er am Kreuz Durst leidet und mit Essig getränkt wird (Joh 19, 28f), wie er für dich den Tod verkostet; wie du ihm, der nach deinem Heil und Leben hungerte und dürstete, die Bitterkeit deiner Sünden und schließlich den Tod gegeben hast. Damit wirst du die Gaumenlust zügeln, sowohl jene des Leibes als auch jene des Geistes und du wirst beiden gegenüber die Enthaltsamkeit lieben. Beachte des weiteren, daß der Dämon durch die Gaumenlust des Geistes im Himmel gesündigt hat, als er ohne Verdienste und ohne Gott die Seligkeit genießen wollte; wie er deswegen für gewöhnlich als erste Versuchung zur Gaumenlust verlockt; so hat er Eva versucht (Gen 3,1ff), so Christus (vgl. Mt 4, 3). Damit wirst du diesem Laster und der Versuchung zu beiden Formen der Gaumenlust entgehen in Christus. [799]

ÜBER DIE HABSUCHT. Betrachte die unermeßliche Freigebigkeit Christi gegen uns, nicht nur in den äußeren Gaben, sondern vornehmlich in den inneren und geistlichen. Er hat sich uns selbst gegeben, er schenkt uns alle Mühen seines Lebens, sein Blut, sein Leben, alle seine Verdienste, er schenkt uns vom Himmel aus seine Gebete, teilt mit uns seine Güter, macht uns seiner Natur teilhaft, schließlich gibt er sich uns zum Opfer, gibt sich zur Speise und zum Trank, er leitet uns, gibt seine Gnade, seine Gaben und Tugenden, er selbst vollbringt in uns die guten und vollkommenen Werke, gewährt, daß wir mit ihm selbst zusammenwirken und so unseren Geist bereiten zur Rechtfertigung und zum Verdienst; er gab unseren Brüdern, die im Himmel sind, das ewige Leben, und er wird es auch uns geben. Was konnte er für uns tun, was er nicht getan hat (vgl. Jes 5,4), was uns geben, was er nicht gegeben hat? [800]

ÜBER DEN ZORN. Niemals sagte Jesus so offen: Lernet von mir (wenn er uns dies auch durch sein ganzes Leben, seine Taten und Reden, durch die Geheimnisse seines Lebens und Sterbens ständig gesagt hat), wie damals, als er uns seine Milde und Demut zur Nachfolge anempfohlen hat (Mt 11,29). Jesus ist sanftmütig, milde, langmütig, barmherzig; er ist erhaben über alle Bosheit (Joel 2,13), es ist ihm eigen zu verschonen, wenn auch seine Güte und seine Gerechtigkeit gleich groß, beide nämlich unendlich sind. Dennoch liebt er es, uns mit seiner einzigartigen Güte und Barmherzigkeit zu begegnen, und er übt nur da die Gerechtigkeit aus, wo die unendliche Barmherzigkeit, die unaussprechliche Güte ist, keinen Platz mehr hat. So übersteigt die Barmherzigkeit weit das Gericht Gottes (vgl. Jak 2,13); trotzdem ist der Zorn Gottes über alles zu fürchten; dieser Zorn ist nichts anderes als der Wille Gottes, seine Gerechtigkeit auszuüben. Welch unglückseliger und böser Mensch, der in sich die Türe zu der unendlichen Barmherzigkeit verschließt und Gott gleichsam zwingt, gegen ihn von seiner Gerechtigkeit und seinem Zorn Gebrauch zu machen.

Der böse Geist dagegen ist den Menschen gegenüber stets grausam, hart, erbarmungslos, voll Ingrimm; niemals kennt er Barmherzigkeit gegen uns, niemals Sanftmut, immer wütet er in Grausamkeit und Härte. Und wenn er gelegentlich der Vollstrecker von Gottes Gerechtigkeit ist, tut er dies auf grausamste und teuflische

Weise; er erfüllt dabei Gottes Willen mit Grausamkeit; er ist darin Gott neidisch wegen seiner Gerechtigkeit; und indem er jene peinigt, bei denen es Gott ihm gestattet, peinigt er sich selbst. Vor dem Zorn dieses Räubers wollen wir die Zuflucht nehmen zur Sanftmut und Barmherzigkeit Christi Jesu; wir wollen von ihm selbst seine Demut und Sanftmut lernen und sie nachahmen. So wird uns das Erbe zuteil im Land der Lebenden. [801]

ÜBER DIE FLEISCHESLUST. Betrachte die Reinheit Christi Jesu, unendlich in seiner Gottheit, unermeßlich in Seele und Leib; ebenso die überragende Reinheit und ewige Jungfräulichkeit seiner hochheiligen Mutter Maria sowohl im Geiste wie im Fleisch. Betrachte diese, soweit du es vermagst, mit dem Verstand und frommem Sinn, und du wirst die Reinheit gewinnen, die Lauterkeit und Keuschheit deines Geistes und Fleisches; du wirst daraus Kraft schöpfen, es werden reine und keusche Gedanken dein Gefallen finden; du wirst die Engel nachahmen in der Reinheit des Geistes und des Leibes; du wirst Abscheu empfinden, wenn schändliche Dinge oder der Teufel oder das Fleisch oder äußere oder innere Gesichter dir Trugbilder vorgaukeln, und du wirst nicht nur dies nicht tun, sondern du wirst all das mit Füßen treten und du wirst frohlocken in wahrer Freude und Reinheit des Herzens in Christus. [802]

ÜBER DIE TRÄGHEIT. Schaue Jesus, den Sohn Gottes, wie er jubelnd den Weg seines Fleisches und der Gebote des Vaters läuft, den Weg der Mühen und Anfechtungen, zur Kreuzigung und zum Tod; wie er entschieden den Aposteln voranging, als er zum Sterben nach Jerusalem hinaufzog (Mk 10, 32); wie er bedrängt und getrieben wurde vom Eifer nach der Vollendung seiner Bluttaufe, mit der er getauft werden mußte (Lk 22,15); wie er sich im Garten den Bewaffneten stellte (Joh 18,4-12); in allem zeigte er höchste Entschiedenheit und Bereitschaft, voll der

Glut des Geistes, um das Wohlgefallen des Vaters und unsere Erlösung zu vollbringen (Hebr 10, 5-10). Als Gegenbild dazu betrachte die bösen Geister, die ganz hingegeben sind an das Böse, unermüdlich und ausschließlich um die Verderbnis und den Untergang der Seelen bemüht, darauf bedacht, alles Gute zu verhindern und zu zerstören, soweit Gott es ihnen gestattet. Wir wollen der freudigen Entschiedenheit Christi folgen und dem Eifer seiner Liebe; so werden wir die teuflischen Betrügereien und Behinderungen der Tugenden überwinden. [803]

ZWEITER TEIL

DER WEG DER ERLEUCHTUNG

Rein begrifflich lassen sich die „Drei Wege" sauber gegeneinander abgrenzen. Im praktischen Vollzug aber durchdringen und fördern sie sich gegenseitig. Schon im Prozeß der „Reinigung" finden sich wichtige Elemente der „Erleuchtung" wie die Theologischen Tugenden und eine erste Gemeinschaft mit Christus, ohne die eine wahre Bekehrung nicht möglich ist. Ein gleiches gilt, wie später zu zeigen ist, für die Beziehung zwischen „Erleuchtung" und „Einigung".

Der geistliche Weg des Christen läßt sich darum am treffendsten mit einer aufsteigenden Spirale vergleichen. Ihren Anfang bildet der erste Vorgang der Bekehrung, wie sie dem Ruf des Evangeliums entspricht. Ihren Abschluß findet sie im Tod durch die endgültige „Einigung" mit dem ewigen Gottesgeheimnis. Der Weg vom Anfang zur Vollendung kennt aber nicht nur die drei Schwerpunkte in ihrer traditionellen Reihenfolge. Vielmehr führen erste Stufen der „Erleuchtung" und „Einigung" auf einer höheren Ebene zurück zu einer neuen, tiefer greifenden „Reinigung", die von der Tradition die „Zweite Bekehrung" genannt wird und selber wieder im Fortschreiten des geistlichen Prozesses verschiedene Stufen kennt. Geistliches Leben ist so geprägt von einem sich gegenseitig bedingenden und fördernden Wechselspiel der drei Grundtendenzen.

Die christliche Erleuchtung, von der nun die Rede sein soll, ist grundgelegt in der Taufe, die in der alten Kirche Photismos, *Lichtwerdung heißt. Zwei fundamentale Kräfte, die untrennbar miteinander verbunden sind, bestimmen den aus der Taufe wachsenden Lebensprozeß: der Glaube und die Gemeinschaft mit Jesus Christus, das Licht des Glaubens, das Teilnahme ist am „Licht der Welt" (Joh 8,12).*

Diesem Weg der Erleuchtung ist jetzt im „Geistlichen Notizbuch" des Jerónimo Nadal nachzugehen. Es kommen dabei wieder Zeugnisse seiner eigenen „Erleuch-

tung" und Ausschnitte aus geistlichen Konferenzen, in denen er die Mitbrüder auf ihrem Weg „erleuchtete" - soweit er diese Texte ins Notizbuch eingefügt hat -, zur Sprache. Wie die Aussagen, die unter das Thema der „Erleuchtung" einzureihen sind, im Notizbuch einen sehr großen Raum einnehmen, so beansprucht dieser Zweite Teil einen größeren Umfang. Ein paar allgemeine Texte zur Erleuchtung durch Jesus Christus eröffnen diesen Teil.

DIENST GOTTES VOR DER ERLEUCHTUNG. Es ist eine Verkehrung der rechten Ordnung, wenn ich zuerst von Gott erleuchtet werden will, damit ich ihm dann dienen kann; das ist dasselbe, wie wenn einer von seinem Fürsten den Lohn vor dem Dienst verlangt. Diene Gott zuerst im Gegenwärtigen und wandle in all seinen Satzungen in deinem Beruf, und Gott wird dir geben, was er für gut findet. Du diene ihm in Einfachheit und Reinheit des Herzens um seiner selbst willen. [121]

Am Tag, an dem das Evangelium vom Blindgeborenen gelesen wird, bemühe dich in der Demut deines Herzens im Gebet, auf daß die Blindheit und die Schwäche deiner Fähigkeiten erleuchtet werden zur Erkenntnis der Heiligen Schriften, und du ein neues Licht im Geiste empfängst, durch das du alles gleichsam in einem neuen Licht im Glauben an die Wahrheit Gottes verstehst. [918]

Das Auftreten und die Predigt des Johannes waren ein Zeugnis, das er ablegte für das Licht Christus, der das wahre Licht ist, das alle Welt erleuchtet (vgl. Joh 1, 9). Wie zahlreich sind die Dinge, die Zeugnis ablegen vom Licht der Gottheit. Alle Geschöpfe, der ganze Schöpfungsplan, alle Geheimnisse des Alten und Neuen Bundes, alles, was wir sehen und mit dem wir uns befassen, alle Tugenden, alle Sakramente, alle Engel, alle Heiligen, Gott in allen Dingen, sie alle verkünden ihn, verweisen auf ihn, loben im Licht das Licht in der Freude des Geistes. [902]

Strebe nach dem Licht Gottes in der Demut des Geistes und im Gebet, da es ja vom Himmel herabkommt und das Herz in Beschlag nimmt und sich in einer himmlischen Wirksamkeit auf das Handeln des Geistes erstreckt; dieses Licht verscheucht schlechte Gedanken; es zügelt die Sinne, jagt die bösen Geister in die Flucht. Wenn du mit ihm einen reinen Akt der Gottesliebe verbindest, wird alles noch reicher im Geiste. [967]

DAMIT DIE BLINDEN SEHEN UND DIE SEHENDEN BLIND WERDEN (Joh 9, 39). Das menschliche, das heißt unser eigenes Licht und das Vertrauen, das man darauf setzt, müssen schwinden, damit wir das himmlische Licht sehen und von ihm erleuchtet werden. Das wird zwar auf diese Weise nicht einsichtig. Es muß ein mystisches Verspüren, das Gott schenkt, dazukommen; überdies bewirkt die Liebe zu Gott, daß uns, die wir nicht sehen, die inneren Augen geöffnet werden; ebenso die Hingabe des Glaubens und die Vollkommenheit, besonders jene, die die Liebe wirksam macht. [886]

In den „Stromata" des Clemens von Alexandrien im 5. Kapitel wird ein Weg zur Beschauung Gottes erschlossen. Er schreibt nämlich: Wenn wir alles Körperliche, das da existiert, und auch das, was wir unkörperlich nennen, aufgegeben haben, wenn wir uns hingeworfen haben vor der Größe Christi und dann durch die Heiligkeit in die gewaltig große Unermeßlichkeit fortgeschritten sind, dringen wir schließlich zur Erkenntnis des Allmächtigen vor, indem wir nicht erkennen, was er ist, sondern was er nicht ist. Soweit Clemens. Wenn darum jemand auf die rechte Weise betet, wird ihm ein leuchtender Strahl des göttlichen Lichtes der Majestät und der Herrlichkeit geschenkt. [971]

1. Kapitel

DER VIELGESTALTIGE WEG DER ERLEUCHTUNG

Der Zweite Teil wird von Inhalt und Umfang her in zwei Kapitel gegliedert. Das erste enthält Zeugnisse über den vielgestaltigen Weg der Erleuchtung, das zweite zeigt die Einheit dieses Weges in Jesus Christus, der von sich sagt: Ich bin das Licht der Welt (Joh 8,12) und der gekommen ist, um jeden Menschen zu erleuchten (Joh 1,9).

DIE ZEHN GEBOTE

Im 13. Kapitel des Notizbuches findet sich ein kurzer Zyklus über die Zehn Gebote, der von seiner Sprache her eindeutig zu Nadals Konferenzen gehört. Darin erschließt er den Mitbrüdern den geistlichen Sinn der Gebote.

ERSTES GEBOT: ICH BIN DER HERR, DEIN GOTT (Ex 20, 2). Wir wollen unseren Geist erheben zum geistlichen Verständnis der Zehn Gebote, in denen das Gesetz Gottes enthalten ist; daraus möge uns Festigung und Stärkung unserer Seele und unseres Geistes zukommen und es möge das Licht der göttlichen Gnade in unseren Herzen aufleuchten in Christus.

ICH BIN usw. Gott spricht in unseren Herzen, es spricht die unendliche Weisheit und Güte; sie ruft uns auf zum Glauben und zur Betrachtung seiner göttlichen, unendlichen und ewigen Majestät, seiner Güte und Weisheit usw.; dadurch sollen unsere Seele und unser Geist zu den himmlischen Werken des Glaubens, der Hoffnung und der Liebe bewegt werden und zur vollkommenen Anbetung der Gottheit. Es war aber nicht notwendig zu sagen: Glaube, hoffe, liebe, bete an. Denn zu diesen frommen Pflichten erhebt und zieht uns an die unendliche Würde des Gesetzgebers und die göttliche Kraft des ergangenen

Gebotes. Sie verpflichtet uns auch zur Betrachtung Gottes, zur Anbetung und zum Lob. [767]

Durch das erste Gebot empfängt man den Anfang der Beschauung aus den Theologischen Tugenden, besonders aus der Liebe; aus dem zweiten leitet sich die Ehrfurcht vor den göttlichen und geistlichen Dingen her; im dritten wird ein Fest der Beschauung gefeiert. [332]

ZWEITES GEBOT: DU SOLLST DEN NAMEN DES HERRN, DEINES GOTTES, NICHT VERUNEHREN (Ex 20, 7). Zuerst wollen wir zu verstehen suchen, was hier allgemein gelehrt wird; dann wollen wir den Geist auf das Vollkommenere richten, um zu erkennen, daß wir in allem, was wir sehen, verspüren, erkennen, handeln, also in allen Dingen Gott erkennen, ihn fromm und andächtig anbeten sollen, und wir müssen überzeugt sein, daß darin die Vollkommenheit dieses Gebotes besteht; wenn wir das nicht tun, müssen wir uns bewußt werden, daß dieses Gebot von uns nicht auf vollkommene Weise beobachtet wird.[768]

DRITTES GEBOT: GEDENKE, DASS DU DEN SABBAT HEILIGST (Ex 20, 8). Wir wollen wieder vom allgemeinen Verständnis zur Vollkommenheit aufsteigen. Dieses Gebot ruft uns nämlich zur Vollkommenheit und zu eifriger Pflege der Betrachtung, damit wir uns stets freuen und jubeln vor Gott in Christus; unser Geist vertiefe sich in sein Leben und seine Mysterien und feiere so ein ständiges Mahl und ein immerwährendes Fest. [768]

VIERTES GEBOT: EHRE DEINEN VATER UND DEINE MUTTER usw. (Ex 20,12). Hier sollen wir verstehen, daß uns die Vollkommenheit des Gehorsams gegen den Papst, die Kirche, unsere Gesellschaft vorgeschrieben wird; dieser Gehorsam soll uns dahin führen und dazu bereit machen, daß wir darin verspüren, durch solchen Gehorsam Gott zu gehorchen, zum vollkommenen Gehorsam vor Gott, zur Vereinigung mit ihm und zur Leitung durch ihn zu gelangen in einem süßen Verspüren unseres Geistes, in Christus Jesus. [769]

FÜNFTES GEBOT: DU SOLLST NICHT TÖTEN (Ex 20,13). Wir wollen nicht nur niemandem schaden, sondern allen wohlwollen und wohltun: Freunden und Feinden, kurz: jedem Nächsten - und zwar wollen wir uns ganz, ohne jeden zeitlichen Vorteil, mit höchstem Eifer, unter allen Mühen und Gefahren, wenn die Sache es mit sich bringt, auf den Dienst am Heil und an der Vollkommenheit aller Menschen verlegen und auf die Übung aller Werke der Barmherzigkeit in Christo. [769]

SECHSTES GEBOT: DU SOLLST NICHT EHEBRECHEN (Ex 20,14). Wir wollen das Gebot der Keuschheit beobachten und seine Vollkommenheit erstreben und die seligen Engel nachahmen durch die Reinheit des Herzens und des Leibes. Und wir dürfen uns mit diesem Grad der Keuschheit nicht zufrieden geben, sondern sollen uns auch mit allem Eifer um Keuschheit in jeder Sinneslust bemühen, mag diese von der Betrachtung herrühren oder von den Studien oder von irgendeiner anderen Ursache, mag sie gut oder schlecht sein. Denn Freuden, die aus einer sündhaften Quelle stammen, sind offensichtlich auch sündhaft und müssen darum verbannt werden; in den Freuden aber, die aus einer guten Quelle kommen, sollen wir uns keusch verhalten, indem wir rechtmäßigen Gebrauch davon machen und dabei auf das Ziel achten, auf das sie ausgerichtet sind, damit nicht der Anschein erweckt wird, wir würden von ihnen beherrscht oder würden sie zuchtlos gebrauchen; sonst könnte es geschehen, daß wir, von diesen Freuden verlockt, in unseren Begierden aufgehen und nicht mehr die Reinheit der Liebe zu Gott und der Freude an ihm allein festhalten. [771]

SIEBTES GEBOT: DU SOLLST NICHT STEHLEN (Ex 20,15). Wir wollen in unserem Geist die umgreifendere und vollkommenere Weise der Armut erfassen und sie dem innersten Herzen einprägen; dazu fügen wir noch die Form und Verpflichtung des Gelübdes hinzu. Die einzigartige Kraft des Gelübdes und seiner Gnade wollen wir ausweiten auf das wahre und vollkommene Verständnis und die Praxis der Demut in Christus, indem wir uns nichts anmaßen, sondern in der Schlichtheit des Herzens alles, was unserem Lob zu dienen scheint, ausschlagen und abwenden. Wir wollen uns freuen und jubeln in der reinen Armut und in aufrichtiger Demut in Christus Jesus, indem wir uns einzig seiner Reichtümer rühmen; zugleich wollen wir auf allen Besitz an eigenem Urteil und auch an geistlicher Freude verzichten; wenn wir etwas anderes tun und von dem Gesagten etwas unterlassen, laden wir vor Gott Schuld auf unseren Geist, da wir vor Gott die Vollkommenheit dieses Gebotes verletzt haben. [772]

ACHTES GEBOT: DU SOLLST GEGEN DEINEN NÄCHSTEN KEIN FALSCHES ZEUGNIS GEBEN (Ex 20,16). Wir wollen nicht nur dieses (was ein Vergehen ist) unterlassen, sondern in der Sanftmut unseres Herzens und aus Liebe zu Gott soll der Nächste von uns Gutes hören; wir wollen in nichts Argwohn hegen, in nichts gegen irgend jemand Gerüchte verbreiten, in nichts unbesonnen über ihn urteilen; wir wollen nichts leichtsinnig zum Schlechten auslegen, sondern vielmehr zum Guten; wollen das Gute loben, das keiner, der den Namen des Nächsten trägt, vermissen läßt; die Fehler, wenn sie derart offenkundig sind, daß sie nicht übersehen werden können, sollen wir zwar verurteilen, jedoch in innigster Gesinnung der Liebe, indem wir eifrig zu Gott beten, der Nächste möge von seinem Fehler befreit werden, und gute Hoffnung auf seine Umkehr hegen und dafür unser Bemühen und unsere Zeit einsetzen. Überdies sollen wir das Verlangen erwecken und in demütiger und schlichter Weise pflegen, vor Türken und Irrlehrern und jeglicher feindlichen Gewalt voll Vertrauen und mit Ausdauer den katholischen und orthodoxen Glauben zu bekennen und zu verteidigen, ebenso die Heilige Katholische und Römische Kirche; dabei wollen wir angedrohte Pein nicht fürchten, keinerlei Marter noch den Tod, indem wir uns Gott in Christus und seiner Gnade als Opfergabe anbieten zum Wohl des Glaubens, der Religion, der Kirche, der Wahrheit; wir wollen diesen Tod als höchste Ehre für einen Christenmenschen ansehen und nach ihm verlangen; wir wollen uns in Gedanken an ihn und im Verlangen danach in Christus freuen. [777]

NEUNTES [UND ZEHNTES] GEBOT: DU SOLLST NICHT BEGEHREN DEINES NÄCHSTEN HAUS, NOCH VERLANGEN TRAGEN NACH SEINER FRAU, DEM KNECHT, DER MAGD, DEM OCHSEN, DEM ESEL UND ALLEM, WAS SEIN IST (Ex 20,17). Nicht nur diese verderblichen Begierden wollen wir aus uns vertreiben, sondern wollen jeden Antrieb zur Genußsucht und zur Habsucht, zu Eitelkeiten und zu äußerem und innerem Besitz unterdrücken und verwerfen in Christus. Überdies wollen wir uns bemühen, die Wurzeln dieser Leidenschaften auszurotten, mögen wir sie durch unsere Sünden und Unvollkommenheiten erworben haben oder, soweit es sich um natürliche schlechte Neigungen handelt, diese nicht beachtet haben. Aber auch damit dürfen wir uns nicht begnügen, sondern müssen uns darauf verlegen, auch in diesem Gebot die Vollkommenheit anzustreben und mit innerster Glut des Herzens zu verlangen und zu lieben die göttlichen Güter unseres vortrefflichsten Nächsten, nämlich Christi, unseres Gottes und Bruders, seine ewigen Güter, die er für uns hinterlegt hat sowohl hier wie im Himmel; zugleich wollen wir begehren und lieben seine heilige und makellose Braut, nämlich die Katholische Römische Kirche. [779]

In der Taufe erhält der im Geheimnis von Tod und Auferstehung Jesu Christi erlöste Mensch eins mit der Gabe der Gotteskindschaft neue, diesem neuen Sein entsprechende Kräfte zum christlichen Handeln: den Glauben, die Hoffnung und die Liebe. Darin wird ihm in Überhöhung seiner natürlichen Geisteskräfte ein neues Erkenntnis-, Strebe- und Liebesvermögen geschenkt. Schon in der frühen Theologie der Kirche erscheint dafür als gemeinsamer Nenner die Bezeichnung „Theologische Tugenden". „Theologisch" heißen sie, weil sie unmittelbar auf Gott ausgerichtet sind. „Tugend" aber bedeutet hier nicht ein vom Menschen durch Übung erworbenes, sondern ein von Gott geschenktes Können.

Das erste schriftliche Zeugnis für diese Trias steht im 1. Korintherbrief des heiligen Paulus, geschrieben um das Jahr 55. Am Schluß der großen Unterweisung über die christlichen Charismen und zum Ausklang des „Hohenliedes der Liebe" bekennt der Apostel vor der Gemeinde: Jetzt aber bleiben Glaube, Hoffnung und Liebe - diese drei. Und dann setzt er noch einen Akzent: Ihrer größtes ist die Liebe (1Kor 13,13). Von da an durchzieht dieses Bekenntnis die ganze christliche Literatur, weil jedes wahre christliche Leben davon geprägt ist.

Darum ist es nicht erstaunlich, daß dieser dreifache Akkord auch in Nadals „Geistlichem Notizbuch" vom ersten bis zum letzten Kapitel anklingt. Glaube, Hoffnung und Liebe durchformen schon den Prozeß der „Reinigung" und sie werden einmal die „Einigung" vollenden. Sie geben vor allem dem „Weg der Erleuchtung" die ihm eigene Note.

Wir müssen mit den Theologischen Tugenden zusammenwirken. Ihrem Wesen entsprechend helfen sie uns und sind sie wirksam aus ihrem eigenen Wesen, und durch sie teilt uns Gott je nach ihrer Eigenart seine Kraft mit. [575]

Beginne mit einem Akt des Glaubens, schreite fort zur Hoffnung, verharre in der Liebe; aus ihr und durch sie handle dann im himmlischen Licht in Christus. [653]

Benütze deine Fähigkeiten, aber nicht nur in ihrer eigenen Natur, sondern so wie sie durchformt sind von Glauben, Hoffnung und Liebe, von den Gaben und auch von den anderen Tugenden; durch sie unterstützt Gott die Fähigkeiten, erleuchtet sie, macht sie wirksam und geistlich und erhebt sie in sein Reich. Denn in jenen Tugenden und Gaben liegt eine göttliche Kraft. [664]

Sich wappnen im Denken, damit man in einem Akt der Liebe zu Gott aus Glaube und Hoffnung handelt.

Aus der schlichten Betrachtung des Lebens Christi geht durch einen Akt des Glaubens, der Hoffnung und der Liebe als erstes die tägliche Frucht hervor, die gewöhnlich in einem gewissen inneren Verspüren des Herzens besteht. [556]

Die Bewegung geht vom Glauben und einem Akt der Hoffnung zum Herzen; dadurch wird der Wille durch die Liebe auf Gott hin bewegt, von da zur Tugend der Liebe, dann zu Gott, der durch seine Gaben in uns auf vollkommene Weise und zu unserer Vervollkommnung wirkt. Daraus gewinnt man Licht und göttliche Kraft zu allen Tugenden, zu den Gaben und ihren Wirkungen, zum Gehorsam gegenüber Gott und der Kirche in Christus. [638]

Durch die Haltungen des Glaubens, der Hoffnung und der Liebe, der Tugenden und der Gaben wirkt Gott in Christus auf göttliche Weise in uns und in unseren Handlungen. Man soll deshalb die Kraft des Geistes nicht anderswo suchen, wenn der Betrachtende nicht in Irrtum stürzen will. [862]

Der Akt des Glaubens beginnt mit der Verleugnung des Wissens oder Verstandes. Daraus gewinnt man ein Licht über die Glaubensartikel. Ähnliches geschieht beim Akt der Hoffnung. Der Akt der Liebe aber wird durch diese Erleuchtung zur Vereinigung im Geheimnis der Gottheit durch die Liebe. [897]

Wir leben den Glauben, wenn das Licht des Glaubens alle unsere Erkenntnisse durchleuchtet; die Hoffnung, wenn in allem Begehren das Verlangen nach Erfüllung des göttlichen Willens und nach dem Ziel des ewigen Lebens vorherrscht; die Liebe, wenn wir in jeder Liebesregung Gott über alles lieben, aus ganzem Herzen und Verstand, aus ganzer Seele und mit allen Kräften. Aus der Übung dieser Tugend erwächst eine große Kraft des Geistes. [662]

Das geistliche Verspüren des Verdienstes und seiner Wirkungen aus Glaube und Hoffnung ist in Christus innerlich fruchtbar durch die Liebe; denn Glaube und Hoffnung wirken durch diese; von all dem aber überzeugt uns der Glaube. Der Glaube führt dich zur Hoffnung, beide zusammen zur Liebe, zur Kraft Gottes und zum Heiligen Geist, der in dir wohnt (vgl. Röm 8,11) und wirkt. Von daher wird im Geiste verstanden, was es heißt, Gott über alles zu lieben; daraus auch, wie das erste und größte Gebot erfüllt wird (Mt 22, 38). Das geschieht offenbar, wenn man verspürt, was es heißt zu erfahren, daß die Liebe Gottes ausgegossen ist in unsere Herzen durch den Heiligen Geist, der uns gegeben ist (Röm 5, 5). [304]

Das christliche Handeln wird gestärkt: was den Verstand betrifft, durch den Glauben; was die begehrende Liebe, durch die Hoffnung; was die Liebe der Freundschaft (worin die Vollkommenheit besteht) durch die Caritas.

Die Übung des Glaubens vollzieht sich folgendermaßen: Ich handle auf christliche Weise; dabei wird der praktische Verstand gestärkt durch einen Glauben, der nicht erworben, sondern göttlich und eingegossen ist. Dieser weckt die Hoffnung und regt zum Handeln an.

Aber das kannst du nicht aus dir selbst leisten, sondern nur mit dem Beistand Gottes, das heißt mit der Gnade, die zuvorkommt, die wirkt oder mitwirkt und die vollendet. [553]

Wir sollen uns jenen Tätigkeiten zuwenden, in denen wir eine Sicherheit haben, besonders dem Glauben, der Hoffnung und der Liebe, und sollen bekennen, daß sie vollzogen werden in Christus und in der Kraft des Heiligen Geistes, die mit uns zusammen wirken, auch wenn wir von diesem Mitwirken keine volle Sicherheit besitzen. Die Ausweitung dieses allgemeinen Glaubens ist nichts anderes als ein Verspüren des Geistes oder die gerade Richtung, deren wir uns aber nicht bewußt sind; doch all dies reicht nicht hin zu jener Sicherheit im Glauben, die nur durch eine eigentliche Offenbarung zustande kommt. [433]

Der katholische Glaube, in dem ich sowohl die Verheißungen Gottes als auch die Geheimnisse und die Lehre Christi ganz allgemein umfasse, aber so, daß ich mich dabei nicht ausschließe, vielmehr mich in Hingabe und Verlangen einschließe, bewirkt, daß ich im Frieden darüber einschlafe und ausruhe (vgl. Ps 4,9) in einem Akt der Hoffnung und der Liebe. Wenn ich damit noch verbinde, was Christus und die Kirche gebieten, und mir keiner Schuld bewußt bin (vgl. 1 Kor 4,4), so daß ich in Furcht und Zittern sagen kann: Ich bin ein unnützer Knecht; was ich tun sollte, glaube ich getan zu haben (vgl. Lk 17,10), dann ist es Gott, der durch Christus die Rechtfertigung schenkt. [752]

Wenn du die Schwäche des Alters verspürst, freue dich, weil du den Tod raschen Fußes kommen siehst; das bedeutet den Zeitpunkt, da du Gott schauen wirst.

Deshalb soll man täglich neu die Akte des Glaubens, der Hoffnung und der Liebe erwecken, damit diese drei

Tugenden bei allen unseren Handlungen mitwirken. Gott wird in ihnen und durch sie in Christus ein lebendiges und beglückendes Licht im Herzen schenken, und es wird darin die Kraft der Liebe herrschen. Das Verspüren des Geistes von der Gegenwart des guten und allmächtigen Gottes verleiht eine sehr große Hilfe zu allen geistlichen Handlungen. Dieses Verspüren wird Gott dir geben, wenn du es beharrlich und inständig suchst in Christus. [964]

Ausweitung der Theologischen Tugenden im Licht und in der Kraft Gottes, um auf göttliche Weise zu handeln und so das Gesetz Gottes und das Institut meiner Berufung zu erfüllen. [564]

Mit der Waffenrüstung aller Tugenden und der Gaben der vielfältigen Gnade sollen wir in Christus handeln; aus den je einzelnen von ihnen sollen wir die ihnen entsprechenden Akte hervorbringen: aus dem Glauben die Demut im Verstand, aus der Hoffnung ein gutes Verlangen, aus der Liebe die Hinneigung zur Gerechtigkeit, aus der Tapferkeit das Verspüren der eigenen Schwäche und die Kraft in Christus, und ähnlich in den anderen. Es ergibt sich aber ein wirksames Verspüren der Hilfe aus den einzelnen Tugenden, wenn du sie einzeln eintauchst in das Blut des Lammes, das geschlachtet ist seit Anfang der Welt (vgl. Offb 13, 8), das heißt in das Verdienst Christi, woraus alle Wirksamkeit des Verdienstes und der Tugend zu jeder Zeit den Sterblichen zukommt. [890]

Groß ist die Macht des Geistes, sofern man mit dem Antrieb Gottes und seiner Kraft mitwirkt. Was wir in allen geistlichen Übungen erfahren und besonders in der Übung der drei Göttlichen Tugenden, ist äußerst wohltuend und fruchtbar. Denn wenn du den Glauben, die Wurzel und das Fundament der ganzen Rechtfertigung, wahr und andächtig übst, kannst du mit Leichtigkeit zur Hoffnung auf die göttliche Barmherzigkeit und zur Liebe der göttlichen Güte erhoben werden in der göttlichen Kraft in Christus; das vollbringt der Glaube nicht aus sich, sondern er lenkt auf wirksame Weise in Christus zu dieser Hoffnung und Zuversicht und zur Liebe hin. Folge diesem Geist des Glaubens, der Hoffnung und der Liebe, und du wirst gleichsam durch die offene Türe des Himmels und der Gottheit in das Weinhaus der göttlichen Güte (vgl. Hld 2,4) eingeführt werden; du wirst trunken werden von der göttlichen Liebe des Heiligen Geistes. [814]

DER GLAUBE

Neben diesen Zeugnissen, in denen die Einheit von Glaube, Hoffnung und Liebe aufscheint, spricht Nadal im Notizbuch oft von den einzelnen Theologischen Tugenden. Weitaus am zahlreichsten sind die Aussagen zum Glauben, nicht nur zum Zeichen für die fundamentale Bedeutung des Glaubens, sondern auch für Nadals lebenslanges Bemühen um diese Grundtugend des geistlichen Lebens.

Der Akt des Glaubens besteht darin, gewissermaßen aus dem geistlichen Verspüren der Kirche und Gottes seine Zustimmung zu einem Glaubensartikel zu geben, den die Kirche vorlegt und den Gott selbst offenbart, erklärt, deutet. [621]

Wir sollen uns täglich bemühen um jenen Anker des Glaubens, von dem Paulus im 6. Kapitel des Hebräerbriefes spricht (6,19). [608]

TASTET UND SEHT (Lk 24, 39). Durch diesen Beweis wurden die Apostel, nachdem der Schleier von ihrem Geist genommen worden war, vom Licht des Glaubens durchströmt. [587]

Es ist höchste Gnade, daß uns nicht befohlen wird zu verstehen, sondern an das zu glauben, was über uns ist. Darin gründet die Ruhe des Geistes. Betrachtung, um Gott zu finden im Verspüren des Geistes. Wenn er gefunden ist, ein Zwiegespräch halten. [541]

PFLEGE DES GLAUBENS IM GEBET. Die Pflege des Glaubens im Gebet ist von großem Nutzen und voll Süßigkeit des Geistes. Doch muß man einen umfassenden Akt des Glaubens erwecken, da Gott ohne Zweifel die Gebete erhört, wenn wir nur in guter Weise bitten. [692]

Wenn dir bei der Betrachtung eine Schwierigkeit im Verständnis der Sache begegnet, dann übergehe sie einfach mit einem starken Akt des Glaubens und fahre in frommer und schlichter Betrachtung der Stelle fort. Dann wird es schließlich geschehen, daß dir durch Gottes Güte das wahre, einleuchtende und tröstliche Verständnis der Stelle gegeben und so die Schwierigkeit überwunden wird. [836]

Wir müssen glauben, daß wir erhört und gerettet werden und in der Gnade sind, und zwar mit einem allumfassenden Glauben, der zugleich unter der Bedingung steht, daß wir uns an das halten, was der Glaube fordert, also auf keine andere Weise erhört oder gerettet werden. Das gleiche muß von der Hoffnung gesagt werden. So entsprechen wir der Gnade Gottes und unserem Mitwirken in Christus. Wenn Christus sagt: Glaubt und ihr werdet empfangen usw. (Mk 11, 24), dann meint er den vollen Glauben, der nichts außer acht läßt, was er selbst vorschreibt. Dasselbe zeigt Jakobus: Ihr bittet und empfanget doch nichts, weil ihr nicht in guter Absicht bittet (Jak 4, 3). Daher müssen wir uns bemühen, nicht gleichgültig zu sein, sondern dies in Wahrheit glauben und hoffen zu wollen und unserer Berufung und Erwählung durch gute Werke Bestand zu geben (vgl. 2 Petr 1,10). [348]

Von Gott suche nicht mehr zu verstehen, als was du aus dem Glauben zu erfassen vermagst, damit du nicht gefährlichen Gedanken verfällst. Wenn dir Gott aber darüber hinaus Einsichten schenken will, so geschieht dies aus seiner besonderen Gnade, durch die das, was wir im Glauben festhalten, erleuchtet wird. [700]

Es bedeutet eine einzigartige und göttliche Hilfe, wenn wir die Wahrheit und das Licht, die wir zum Glauben empfangen, mit unseren Handlungen verbinden, die Gott erleuchtet mit den Gaben des Geistes; so sollen wir nichts denken und nichts unternehmen, was nicht in jener höheren, übernatürlichen und ganz beglückenden Wahrheit und jenem Licht seinen Anfang nimmt; allem gehe jenes Licht voraus, durch das der Geist erleuchtet wird und das göttliche Wirken aufstrahlt. [694]

Der Glaube in der Welt läßt dich die Wonne eines inneren Lichtes, das im Dunkel des Unglaubens strahlt, und die Wahrheit Gottes in der Unwissenheit der ganzen Welt verspüren; die Ungläubigen, die dieses Licht und diese Wahrheit entbehren, gehen im Dunkel ganz elendiglich verloren. [644]

Der Glaube ist das Fundament, das den Anfang unseres Heiles Gott zuschreibt durch Christus. Ohne diese Rückbeziehung gibt es kein Heil. Zugleich ist der Glaube der Anfang aller unserer Handlungen, die in Christus von uns gefordert werden, nicht nur zum verdienstlichen Handeln nach der ersten Rechtfertigung, sondern auch zur Vorbereitung auf sie.

Am Tag des hl. Thomas betete ich bei der Messe um Vermehrung des Glaubens. Da verspürte ich, wie mir ein starkes und sicheres Licht geschenkt wurde, in dem das, was ich vorher an Glauben besaß, dunkel erschien usw. Am folgenden Tag erschien in diesem Licht auch die dichte und mächtige Finsternis jener Kräfte, die mit dem Glauben im Kampf liegen. [457]

DER GLAUBE, DER DURCH DIE LIEBE WIRKSAM IST (Gal 5,6). Er rechtfertigt nämlich durch die Liebe, nicht aus sich allein.

FAST ALLE WAREN SCHWACH IM GLAUBEN, nämlich jene, zu denen Christus gesprochen hat; deshalb handelt er so häufig vom Glauben, und alle waren offensichtlich Katechumenen und offenbar noch wankelmütig in ihrem Glauben. Andererseits spricht er in der letzten Rede (Joh 14-16) von der Liebe und ihren Werken.

Vom Glauben, den Christus bei der Heilung von Kranken usw., so häufig preist, sagt Hieronymus im Dialog gegen die Luziferianer,[1] er habe sich nicht auf die Geheimnisse der Dreifaltigkeit bezogen; sondern Christus lobe, sagt er, die schlichte Hingabe des Herzens an Gott, die sich aber zum wahren Ursprung des Glaubens entwickelt. [716]

Durch Wunder nahm der Glaube in der Urkirche seinen Anfang oder gewann er Wachstum; jetzt helfen dem Glauben die inneren Erfahrungen, die gleichsam ein Werk jener Wunder und Lehren sind. [389]

Den Akt des Glaubens sollst du üben in den Betrachtungen und überhaupt in den Erwägungen über Dinge, die sich auf den Glauben beziehen. Denn die Tätigkeit des Verstandes drückt nieder, jene des Glaubens gibt Tröstung und Seligkeit; daraus erwächst dann ein sicheres und angenehmes Wirken des Verstandes.

Der Akt des Glaubens bringt große Frucht, wenn wir ihn in all unserem Tun leben, so daß der Verstand durch den Glauben gleichsam eine göttliche Kraft empfängt, durch die die Tätigkeiten größere Fülle und Vollkommenheit gewinnen. [595]

Der Glaube ist die Grundlage aller guten Werke und aller Rechtfertigung, was in seinem Verspüren erkannt wird. Denn wenn auch das Verspüren der Liebe die Vereini-

[1] Vgl. Hieronymus, Adv. Luciferianos n. 15; ML 23, 177-178

gung schafft, so beziehen sich die vollkommene Vereinigung und das vollkommene Mitwirken Gottes durch die Liebe dennoch auf den Glauben und sein heiliges Wirken, und zwar als deren Ursprung und Wurzel, nicht als deren Vollendung. Daraus folgt, daß der Glaube der Anfang aller Rechtfertigung ist, nicht aber, daß er allein die Rechtfertigung bewirkt. Daher verstehen wir im Licht und auf der Grundlage des Glaubens, daß alle Sakramente, alle Gaben Gottes, alles Wirken Gottes in uns wahr und wirksam sind; und durch eine gewisse Erleuchtung erkennen wir, daß nicht allein der Glaube uns rechtfertigt, sondern wir schauen ganz klar im Licht, worin und in welcher Ordnung er in uns die Rechtfertigung bewirkt. [420]

Ein einzigartiges Licht des Glaubens; daraus folgte, daß ich keinerlei Visionen und Erscheinungen zu wünschen vermochte, wo sonst üblicherweise das Verlangen danach den Geist in Versuchung führt. Es verband sich damit nämlich das Verspüren, daß der Glaube bedeutet, das zu glauben, was du nicht siehst. Wenn also dies der wahre Glaube ist, kann es kein Verlangen nach jenen [Visionen und Erscheinungen] mehr geben. Verlangt man aber noch danach oder verwirrt sich ihretwegen der Geist, ist dies ein Zeichen, daß man noch nicht zur Vollkommenheit des Glaubens gelangt ist. [510]

Nimm Zuflucht zum Nichtwissen, zur Unkenntnis und zum Dunkel des Glaubens; und du wirst im Geiste, im Herzen ein Verspüren Gottes erhalten; daraus ein Widerstrahlen usw. Das ist die mystische Theologie der Verneinungen, in denen höchste Bejahungen aufleuchten. [973]

Über das Glaubensbekenntnis

Wenn du das Glaubensbekenntnis sprichst, dann bete zugleich, daß dir ein Fühlen und Verspüren dieser Geheimnisse eingeprägt wird und du im Geist erkennst, daß du von Gott geschaffen bist, von ihm erhalten wirst, in ihm handelst usw., dann, daß du all das, was im Glaubensbekenntnis erwähnt wird, in Christus Jesus verspürst. [853]

ICH GLAUBE AN GOTT. Wir wollen nicht bloß glauben, daß es den einen Gott gibt; wir wollen nicht nur unseren Glauben Gott als der ersten, höchsten und unendlichen Wahrheit schenken; wir wollen nicht nur unseren Glauben an Gott bekennen und unsere Hoffnung auf ihn; sondern wir wollen uns durch all das auf Gott hin bewegen lassen und zu ihm hingezogen werden; wir wollen nach Gott allein verlangen und uns bemühen, ihn zu lieben; zu ihm streben soll unser Gemüt, unser Geist, der Mensch des Herzens. [746]

DEN ALLMÄCHTIGEN VATER, SCHÖPFER DES HIMMELS UND DER ERDE. Gott ist der Vater unseres Herrn Jesus Christus; durch Christus ist er auch unser Vater: einmal durch die Schöpfung, denn alles ist durch das Wort Gottes geworden (Joh 1, 3); dann durch sein Erlösungswerk und das Kreuz, das der Sohn Gottes zu unser aller Heil auf sich genommen hat. Deshalb sind wir ganz Gott und Christus zu eigen. In Gott und in Christus leben wir, bewegen wir uns und sind wir (Apg 17, 28), sowohl der Natur als auch der Gnade nach. Beides schenkt, bewahrt und mehrt uns Gott durch Christus, damit wir sind und erhalten werden, damit unsere Natur gefördert wird, aber auch, damit wir aus dem Geschenk der herrlichen Gnade leben und die Gnade in uns bewahrt und gemehrt wird und wir durch diese Gnade bewegt werden und durch sie ein himmlisches und göttliches Leben führen können. Wir wollen uns freuen an Gott und an Christus, dem Sohn Gottes; in beiden nämlich sind wir, bewegen wir uns und leben wir; wir sind von Gottes Geschlecht, Christi Brüder, Söhne Gottes; darum wollen wir nichts tun, denken, planen, unternehmen, was dem göttlichen Adel und der Würde unseres Geschlechts entgegengesetzt ist oder ihm fern liegt. [747]

UND AN JESUS CHRISTUS, SEINEN EINZIGEN SOHN, UNSEREN HERRN. Wenn wir Jesus Christus mit dem Herzen und dem Mund bekennen, wenn wir uns mit voller Hingabe auf ihn ausrichten, ihm folgen mit ganzem Glauben, Hoffen und Lieben, dann sollen wir zugleich die einzigartige Gnade Christi erkennen, nämlich was für ein geistliches Verspüren unserem Herzen durch den Glauben an diese Geheimnisse eingeprägt wird. Wir sind nämlich erlöst durch Jesus, durch Christus gesalbt mit dem Heiligen Geist und mit der Gnade, wir sind Adoptivsöhne Gottes geworden, sind durch Jesus Christus, den Sohn Gottes, Brüder Christi und Miterben. Und zwar sind wir alle Söhne Gottes geworden in einer gemeinsamen Adoption, in einer einzigartigen Sohnschaft, in dem einen Geist; und niemand kann Gottes Adoptivsohn sein außer in Christus und durch Christus; die anderen sind Söhne des Zorns, des Verderbens und des Teufels, nicht Söhne Gottes.

Wir wollen anerkennen, daß Jesus, der Sohn Gottes, unser Herr ist, sowohl als Gott, denn er hat uns erschaffen und war die Wirkursache unseres Heiles, als auch als Mensch, denn er hat uns durch sein Blut von unseren Sünden erlöst (Offb 5,9) und uns das ewige Heil verdient. Wir sind Knechte Christi, was unsere höchste Würde bedeutet; wir sind in Christus auch Herren, nicht nur im Geiste über den Teufel, das Fleisch und die Welt, sondern auch über das Himmelreich. Für diese unsagbaren Gaben wollen wir aus ganzem Herzen Gott und seinem hochgelobten Christus Dank sagen. [754]

DER EMPFANGEN WURDE VOM HEILIGEN GEIST, GEBOREN AUS DER JUNGFRAU MARIA. Hier wollen wir betrachten, daß der Sohn Gottes, unser Herr, derselbe ist, der vom Heiligen Geist empfangen und aus Maria geboren wurde, der immerwährenden Jungfrau; erwecken wir in unserem Inneren Andacht im Geiste oder das Verpüren des

Herzens dafür, daß auch wir gleicherweise in Christus und durch Christus sowohl vom Heiligen Geist empfangen als auch aus der Jungfrau Maria geboren wurden, da sie unseren Bruder Jesus Christus sowohl empfangen als auch geboren hat, ihn, durch den wir zu Kindern Gottes angenommen wurden; zugleich wurden wir durch die Taufe von der Heiligen Katholischen Kirche, Christi unbefleckter Braut, sowohl empfangen als auch geboren. Wir sind aber nicht als Lutheraner empfangen und geboren worden, wenn anders auch diese empfangen sein mögen; ... vielmehr haben wir, empfangen vom Heiligen Geist, ein geistliches Leben erhalten. Wir wurden auch geboren, auf daß wir anerkennen und bekennen, das Leben, das wir leben, erhalten zu haben, um in Christus göttliche Werke zu vollbringen und Verdienste zu erwerben, indem wir in Furcht und Zittern unser Heil wirken. [755]

GELITTEN UNTER PONTIUS PILATUS, GEKREUZIGT, GESTORBEN UND BEGRABEN. Wenn wir andächtig betrachten, daß Jesus Christus, der Sohn Gottes, für uns auf grausamste und schmachvollste Weise gelitten hat, gekreuzigt wurde, gestorben ist und begraben wurde, dann sollen wir in diesen Geheimnissen durch Christus erstens verspüren, daß wir unter der Herrschaft des Teufels an unseren Sünden gelitten haben und unsere Seele von den Sünden ans Kreuz geschlagen wurde, das heißt, sie wurde mit unglaublicher Härte und tiefer Schuld vor Gott und seinen Engeln gerichtet und ist in ihren Sünden gestorben und in ihren Sünden begraben worden. Zweitens sollen wir verspüren, daß wir dies durch die Sünde in der Seele erlitten haben; daher sind die Strafen in gerechtester Weise von Gott verhängt worden, nämlich für die Erbsünde der Tod und andere Übel des Leibes und Schwächen des Geistes, weitere Übel auch für die Sünden, die wir zur Erbschuld hinzufügen und die aktuelle Sünden genannt werden. Betrachten wir aber auch, daß wir von all dem durch Christi Leiden, Kreuzigung und Begräbnis erlöst worden sind. All das hat Christus uns eingeprägt. Die Sünde hat gelitten, wurde in Christus gekreuzigt, starb, wurde begraben und vernichtet; auch wir haben der Sünde wegen gelitten und sind gekreuzigt worden, gestorben und begraben; und das sollen wir in Christus in uns verspüren, mit diesem Gedanken uns wappnen, wie die Apostelfürsten Petrus und Paulus es uns gebieten, sofern wir nur von unserer Seite leisten, was Gott von uns fordert. Was die Strafe betrifft, die Adam sich durch die todbringende Schuld zugezogen hat und wir uns seinetwegen durch die Erbsünde zuziehen, so hat Gott diese in seiner Vorsehung zu unserer Erprobung bestehen lassen, nämlich den Tod und die Schwachheit von Geist und Leib; das heißt, er machte uns sterblich und schwach, ließ diese Sündenfolgen bestehen und nahm einige von ihnen zu unserer Erlösung auf sich: die Sterblichkeit, den Hunger, den Durst, die Müdigkeit; andere Strafen aber, die wir in gerechtester Weise wegen aktueller Sünden verdient haben, hat er durch seine Pein und seinen Tod überwunden, damit wir sie uns entweder nicht zuziehen oder, wenn wir sie uns zugezogen haben, von ihnen befreit werden dank des Verdienstes seiner Passion und seines Todes. Zuweilen bleiben noch einige Strafen, die entweder zur Übung und zur Mehrung der Tugenden oder zur Erprobung unserer Geduld und unseres Glaubens oder ganz allgemein zur Mehrung der Ehre Gottes dienen sollen. Von ihnen befreit uns zwar der Tod Christi nicht; aber er bewirkt, was weit vorzüglicher ist, daß uns aus diesen Strafen eine große Gnade des Verdienstes und der Gewinn des ewigen Lebens erwachsen. Schließlich werden wir, wenn wir auch nicht vom zeitlichen Tod befreit werden, so doch vom ewigen Tod befreit und gewinnen das ewige Leben, indem wir durch die Gnade gewissermaßen schon in jenem Leben weilen.

Deshalb soll man den Tod, den einer erleidet, der das ewige Leben schon in sich hat, nicht zu ernst nehmen; denn dieser Tod bereitet nur unserer Sterblichkeit ein Ende. [756]

ER IST ABGESTIEGEN ZUR HÖLLE; AM DRITTEN TAG IST ER AUFERSTANDEN VON DEN TOTEN. Christus ist zur Hölle abgestiegen, damit wir nicht dorthin absteigen müssen; wir sollen aber in Gedanken dorthin absteigen, wohin wir um unserer Sünden willen verwiesen waren. Wir waren nämlich auf dem Abstieg zur Hölle wegen unserer Schuld, von der wir durch Christus erlöst wurden; und wir sind nicht nur erlöst worden, sondern wir haben durch Christus und seinen Abstieg die Kraft erhalten, daß wir ihn in seinem Abstieg nachahmen und ihm folgen können und es auch müssen; wir können zur Hölle absteigen durch unser Gebet, durch unser Opfer, durch fromme Werke, damit durch unsere Frömmigkeit in Christus und durch die Fürsprache viele Seelen aus dem Fegfeuer befreit werden. [757]

AUFERSTANDEN IST CHRISTUS zu unserer Rechtfertigung. Denn durch die Kraft seiner Auferstehung leuchtet unsere Gerechtigkeit in Christus auf, unser Leben bricht in Jubel aus, auch unser Herz und unser Fleisch; so werden wir mit Christus auferstehen. Darum ist die Auferstehung Christi die Wirkursache und das Vorbild unserer geistlichen und leiblichen Auferstehung. Denn wir sind der Sünde gestorben (vgl. Röm 6); darum sollen wir von der Welt, dem Fleisch und dem Teufel nichts mehr verspüren. Denn diese sind insgesamt besiegt, gestorben, begraben und vernichtet worden; und nicht nur das, wir sind vielmehr auferstanden von der Sünde zu einem geistlichen Leben, wir werden mit dem Leibe auferstehen zu einem himmlischen Leben, das wir für ewig in Christus erhalten. [757]

ER IST AUFGEFAHREN ZUM HIMMEL; ER SITZT ZUR RECHTEN DES ALLMÄCHTIGEN VATERS; VON DORT WIRD ER KOMMEN, ZU RICHTEN DIE LEBENDEN UND DIE TOTEN. Laßt uns Christus, der zum Himmel auffährt, betrachten und ihm folgen im Geiste und mit der Andacht des Herzens; er selbst hat uns ja an sich gezogen, er hat uns in den Himmel erhoben und läßt uns im Himmelreich mit sich thronen. Das ist die Frucht der Auffahrt Christi in uns, die wir durch die Betrachtung und im Aufstieg frommen Gebetes erfahren und im Geiste verspüren in Christus. Überdies erreichen wir durch den Aufstieg und das Thronen mit Christus die Würde und Gnade, daß wir mit Christus von dort kommen werden und mit ihm Platz nehmen, wenn er die Lebenden und Toten richten wird und die Welt durch Feuer. [758]

ICH GLAUBE AN DEN HEILIGEN GEIST. Wie wir Gott den Vater, wie wir seinen einzigen Sohn in Glaube, Hoffnung und Liebe verehren und mit aller Hingabe und Andacht des Herzens umfassen, so wollen wir auch den Heiligen Geist mit der gleichen Kraft verehren und umfassen; durch die Betrachtung seiner göttlichen Person wollen wir in uns die Teilnahme an seiner unendlichen Liebe und an den geistlichen Gaben erkennen; so wie wir im Vater seine Vaterschaft in uns betrachten, nicht nur die geistliche, sondern auch die durch die Natur gegebene, so wie wir in Christus seine Sohnschaft bekennen, so wollen wir auch bekennen, daß uns in Christus der Heilige Geist gegeben ist: Seine Kraft und seine Gaben wurden über uns in gleicher Weise wie über die Apostel ausgegossen; denn der Geist des Herrn hat den Erdkreis erfüllt; in besonderer Weise geschieht dies durch das Sakrament der Firmung. Wir wollen überdies bekennen, daß uns die Geheimnisse der göttlichen Liebe, mit denen wir uns in den vorausgegangenen Glaubensartikeln befaßt haben, durch den Heiligen Geist in Christus zuteil werden. [759]

DIE HEILIGE KATHOLISCHE KIRCHE. Wir wollen, was wir da aussprechen, nicht nur als eine persönliche Meinung glauben und bekennen. Wenn wir an die Einheit, Heiligkeit und Katholizität der Kirche glauben, dann wollen wir in ihr auch an die apostolische Würde glauben und sie bekennen. Wir wollen nicht nur glauben, daß sie von Gott berufen ist, sondern auch andächtig verspüren, daß wir in ihr und zu ihr berufen sind. Darum wollen wir an ihrer Einheit und Vereinigung festhalten, denn ohne sie können wir die Heiligkeit weder empfangen noch bewahren und mehren oder wiedergewinnen; durch diese Vereinigung in der Heiligkeit wollen wir uns wiederherstellen und uns stärken lassen in Christus. Darin wollen wir jenen Geist erkennen, der durch Christus, von den Aposteln empfangen, aller Welt, allen Nationen, zu jeder Zeit, in der Einmütigkeit aller Jahrhunderte bis auf uns bewahrt und vermittelt worden ist. Auch das möge uns stärken und beleben, zu glauben und zu bekennen, daß ihr Haupt der apostolische Statthalter Christi auf Erden, der Römische Papst ist; und überdies sollen wir auch verspüren: Wer nicht mit uns ist im Glauben und Bekenntnis dieser Kirche, der ist ein Sohn des Teufels und geht des ewigen Heiles verlustig. [760]

GEMEINSCHAFT DER HEILIGEN. Was wir bei der Betrachtung der Kirche gesagt haben, bewirkt, daß wir mit den Heiligen eine Gemeinschaft bilden und mit ihnen in geistlicher Verbundenheit leben; an ihr wollen wir uns freuen und sie genießen im dreifaltigen und einen Gott; daraus wollen wir in Christus uns in der Kraft des Geistes bestärken und die Gesinnung und die Frucht aus ihrer Vollkommenheit und Heiligkeit verspüren, die sich von Christus herleitet und uns mitgeteilt wird; wir wollen mit den Heiligen Gemeinschaft halten in Glaube, Hoffnung und Liebe, in den Sakramenten, in der Lehre, in den Tugenden, in den Verdiensten, im Gebet und in allen Fürbitten, in den Mühen und Leiden, in den Bekenntnissen, in den Leitungsaufgaben, in den Martyrien; durch sie wollen wir uns aufrichten und bestärken lassen; sie wollen wir uns zu nutze machen und uns an ihnen erfreuen in Christus Jesus, denn durch ihn haben wir an all diesen Gütern Anteil... Wir bekennen nicht nur das Gesagte, sondern auch, daß die frommen und heiligen Menschen ein geistliches Verspüren empfangen für die Herrlichkeit, die Tugend, die Gaben Christi, der seligen Gottesmutter, der Engel und der Heiligen, und auch teilhaben an dieser Tröstung des Geistes und am Verkosten all jener, die nicht nur in diesem sterblichen Leben, sondern auch in der ewigen Seligkeit Gott Ehrfurcht erweisen. [761]

VERGEBUNG DER SÜNDEN. Wir glauben und bekennen, daß es in der Kirche Gottes und in der Gemeinschaft der Heiligen die Vergebung der Sünden gibt, nicht nur bestimmter, sondern der Sünden schlechthin, nämlich aller Sünden, zur einzigartigen Tröstung unserer Herzen. Wir glauben und bekennen, daß es in der Kirche Gottes Sakramente gibt, und zwar sieben, denn so viele lehrt und bekennt die katholische Kirche. Davon gibt es zwei, die ihrem Wesen und ihrer durch die Einsetzung verliehenen Eigenart nach die Sünden nachlassen, nämlich die Taufe und die Buße; alle anderen aber vermitteln die heiligmachende Gnade, doch werden durch sie auch vorhandene Sünden vergeben. Dennoch will uns diese so freigebige Güte Gottes ermahnen, uns mit höchster Sorgfalt zu bemühen, damit wir des Dienstes des Bußsakramentes nicht bedürfen, sondern die einmal empfangene Gnade in aller Treue bewahren. Christus ist nämlich wegen unserer Sünden gestorben (Röm 4, 25); wenn uns wiederum Sünden vergeben werden müssen, kreuzigen wir Christus in einem gewissen Sinn von neuem und treiben unseren Spott mit ihm und treten sein Blut offensichtlich mit Füßen und verachten seine Passion.

Wir glauben und bekennen in diesem Artikel, daß es im Fegfeuer den Nachlaß der Sünden gibt für jene, die in der Gnade sterben, aber noch etwas abzubüßen haben, seien es läßliche Sünden oder auch Strafen, die sie für die Sünden schulden.

An dieser Stelle ist aber auch dies in frommem Sinn zu erwägen: Wir bekennen ganz klar und deutlich, daß uns die Sünden in Wahrheit durch Christus vergeben werden; die Lutheraner aber glauben in einer gewissen Torheit und einem unverschämten Vertrauen, daß sie ihnen durch bloße Nichtanrechnung vergeben seien, und bekennen, sie seien zwar vergeben, der Mensch aber sei nicht gerecht und könne es auch nicht werden, sondern er werde nur als ein solcher angesehen. Wir aber sagen, daß die Sünden in Wahrheit vergeben sind und in der Vergebung die Gnade mitgeteilt wird, die göttliche Kraft, ein geistliches Leben, himmlisches und göttliches Leben; dieses bewirkt, daß wir Kinder Gottes sind, Brüder und Miterben, teilhaft der göttlichen Natur. [762]

DIE AUFERSTEHUNG DES FLEISCHES. In gleicher Weise erhalten wir auch und verspüren schon in diesem sterblichen Leben in Christus die Auferstehung des Geistes, aber wir bemühen uns auch um die Abtötung des Fleisches. Denn unsere verderbte Natur kämpft ständig gegen den Geist und will ihm nicht untertan sein. Sorgen wir uns darum nicht um das Fleisch, denn dieses ist der Feind des Geistes, ein Freund der Welt und Diener der Dämonen; es ist zwar dem Wesen seiner ursprünglichen Erschaffung nach gut, doch wohnt in ihm selbst bei den Gerechtfertigten die Sünde, das heißt die böse Neigung zur Sünde. Darum wollen wir im Geiste Christi die Werke des Fleisches abtöten, das Fleisch selbst aber nicht verachten und verurteilen, vielmehr sollen wir uns mit Eifer und Geduld bemühen, es dem Geist zu unterwerfen; nur eine kurze Weile und es wird unverderblich und unsterblich auferstehen, es wird umgewandelt zur Herrlichkeit der seligen Auferstehung (vgl. 1 Kor 15, 52) usw. In dieser Hoffnung wollen wir, wenn wir seine Beschwernisse nicht überwinden können, sie wenigstens mit Langmut und Geduld ertragen. [763]

DAS EWIGE LEBEN. Darauf richten wir alles aus, was wir betrachtet haben, was wir tun, wodurch wir Verdienste erwerben; wir eilen dorthin; wir verlangen danach; wir freuen uns an dem, was uns gesagt wird: Ins Haus des Herrn werden wir gehen (vgl. Ps 122,1). Als Hilfe dienen uns der Glaube und die Hoffnung auf die ewige Seligkeit; in ihnen jubeln wir in unausprechlicher Freude, in der Vereinigung der Liebe Gottes in Christus. In diesem sterblichen Leben besitzen wir nämlich das Angeld für das ewige Leben, die Gnade oder die Liebe, die das ewige Leben ist. Die Liebe nämlich, durch die wir gerecht sind, wird uns in der ewigen Herrlichkeit und im Paradies Gottes nicht fehlen, vielmehr wird sie sich in uns erfüllen und vollenden in jener höchsten und unaussprechlichen Herrlichkeit der Gottesschau, da wir Gott sehen werden, wie er ist (1 Joh 3, 2).

AMEN. Laßt uns alle sagen: Amen; die Heiligen und die Engel mögen an unserer Stelle sagen: Amen. Amen. [764]

DIE HOFFNUNG

So breit im „Geistlichen Notizbuch“ das Feld ist, das die Texte zum Glauben - sowohl Aussagen zu Nadals eigenem Leben als auch Weisungen für die Gefährten - einnehmen, so schmal ist der Platz, den darin die Hoffnung für sich beansprucht. Dieses ungleiche Verhältnis erinnert an Charles Péguys Bild vom „kleinen Mädchen Hoffnung“ zwischen den zwei großen Erwachsenen Glaube und Liebe. Vielleicht war die Hoffnung als Gottvertrauen im Laufe seines Ordenslebens zu einer selbst-

verständlichen Haltung geworden, die kaum zu eingehenderen Erwägungen und zu einem ausdrücklichen Bemühen Anlaß bot, wie es etwa bei der Demut der Fall war. Die lange depressive Phase der Jahre zwischen dem Studienabschluß (1538) und dem Ordenseintritt (1545) hatte einer positiven und zuversichtlichen Haltung Platz gemacht. Sein Vertrauen auf den treuen Gott und zu seinem Herrn Jesus Christus klingt gleichsam als ständiger Unterton in vielen Aussagen mit. Vor allem Glaube und Vertrauen sind, ähnlich wie in den synoptischen Evangelien, oft untrennbar miteinander verbunden als hoffender Glaube und glaubende Hoffnung. Trotzdem bleibt die Frage offen: Warum gibt es in Nadals Notizbuch so wenige ausdrückliche Texte zur Hoffnung?

Unsere Auswahl beschränkt sich deshalb auf zwei typische Aussagen. Die eine beschreibt - wohl in einer Unterweisung - das Wesen der Hoffnung. Die andere gibt ein ganz persönliches Zeugnis wieder.

Die Hoffnung ist eine überaus starke und ganz göttliche Kraft; durch sie wird der Seele ein Verspüren eingeprägt, das uns die Eitelkeit anderer Dinge, auf die die Welt sich stützt, verwerfen und uns ganz fest und vertrauensvoll auf Gott stützen läßt, auf Gott durch Christus; dann führen wir voll Vertrauen all das aus, was zum ewigen Leben führt. [645]

Verspüren der höchsten Wohltat, daß Gott selbst Sorge trägt für meinen Leib, für meine Seele, für all meine Fähigkeiten und Handlungen und für meinen Geist. Darum ist die Übergabe in seine Kraft und in seinen Willen friedvoll und voll süßer und starker Ruhe; darin wird das Vertrauen auf sich selbst und die Sorge um sich selbst aufgehoben: Der Herr leitet mich und nichts wird mir fehlen (Ps 23,1) und: Wirf die Sorge auf den Herrn (Ps 55, 23) usw. [974]

Zahlreich sind im „Geistlichen Notizbuch“, in Unterscheidung zur Hoffnung, wieder die Texte zur Liebe. Gerade hier zeigt sich auch von neuem, wie „Erleuchtung“ und „Einigung“ sich gegenseitig bedingen und durchdringen. Darum wird auch in beiden Teilen von der Liebe die Rede sein.

LIEBE. Die Liebe ist nicht nur das Formprinzip der Tugenden und ihre Kraft zum heiligen und vollkommenen Handeln, sondern auch das der umsonst geschenkten Gnade *(gratia gratis data)* und der anderen Gaben. Und sie besitzt nicht nur jene Kraft, die alles Tun aller Tugenden und Gaben verdienstlich macht für das ewige Leben - was die ihr eigene Kraft aus der Liebe Gottes in sich und ihretwegen ist -, sondern sie besitzt auch die andere Kraft, die alle Akte in ihrer Eigenart fruchtbar und vollkommen macht. [450]

Die Lobpreisungen Gottes müssen aus der Liebe hervorgehen. Denn wer liebt, der freut sich an den Gütern des Geliebten und frohlockt in der Lobpreisung seiner Güte. Das wird in reichem Maß verspürt, wenn diese Lobpreisung aus einem mystischen Verspüren der Liebe zu Gott hervorgeht. [704]

Aus der Liebe zu Gott geht alles hervor: das Wirken des Willens, des Verstandes, der Sinne, des Handelns; dies nämlich meint das Wort: Du sollst Gott lieben aus deinem ganzen Herzen, mit deiner ganzen Seele usw.

Wir können zwar Gott lieben ohne heiligmachende Gnade, aber nicht aus ganzem Herzen, ganzer Seele usw. Das vermögen wir erst, wenn die Liebe Gottes in unsere Herzen eingegossen ist durch den Heiligen Geist (vgl. Röm 5,5). [378]

Wenn man Gott dermaßen liebt, daß nichts anderes mehr verspürt wird, weder Gutes noch Böses, es sei denn, es gehe aus dieser Liebe hervor oder entspreche ihr, so wird der Friede des Herzens gewonnen in Christus Jesus usw.

Du mußt das Herz reinigen durch die lautere Liebe zu Gott und deren Werke; daraus kommt ein Licht, in dem die Wahrheit aufleuchtet.

Alles aus Liebe zu Gott; die Liebe zu Gott allein bedeutet alles.

Freude an jedwedem Geschöpf; dabei soll man aber achtgeben, daß sich keine böse Neigung einschleicht.

Ein mildes Licht aus der Liebe in Christus. Gott ist mit ganzem Herzen ganz zu lieben, daher mit ganzem Verstand, mit ganzer Seele usw. [371]

Es ist eine eigene und einzigartig wirksame Weise zum Verstehen oder Betrachten der Gottheit und der Dinge des Glaubens, wenn wir zu erkennen versuchen durch die lautere Liebe zu Gott. Überdies zeigt uns Gott die Übung dieser Liebe, damit wir Einsicht gewinnen im Geist. [597]

Die Liebe ist eine gewaltige Kraft, um zur Erkenntnis zu gelangen. [625]

Sich an den guten Taten anderer freuen, sie fördern, unterstützen, loben, nicht nur als Gnade Gottes oder natürliche oder geschenkte Gaben, sondern als solche, die aus dem rechten Gebrauch des freien Willens hervorgehen, und sie so gewissermaßen als die eigenen betrachten und schätzen. [559]

NÄCHSTENLIEBE. Damit du das Gebot: Du sollst deinen Nächsten lieben wie dich selbst, auf vollkommene Weise erfüllst, mußt du, sooft du für dich betest, das Gebet auf den Nächsten ausweiten, indem du für ihn das gleiche wie für dich erbittest, erflehst und ersehnst, ja überhaupt alles, was ihm nottut oder nützlich ist. [46]

Erfahrung, daß in der Gesellschaft [Jesu] ein großer Teil unseres Fortschrittes in den Übungen der Nächstenhilfe gründet. Deshalb soll einer, der lau ist in seinem geistlichen Leben, sich mit größerer Hingabe auf Übungen der Hilfe für den Nächsten verlegen. [533]

SITTLICHE TUGENDEN

Im Sinn Nadals, der in den Theologischen Tugenden die Grundlage allen sittlichen Bemühens sieht, folgt hier eine Auswahl von Texten über die „Sittlichen Tugenden". Als Novize bei Ignatius hat er auf den ersten Seiten des Notizbuches festgehalten: „Rüste das Herz mit Tugenden aus."

Auf zwei Punkte sei zum Eingang hingewiesen:

1. Nadal spricht in diesen Zeugnissen ganz allgemein von „den Tugenden" ohne auf einzelne einzugehen; nur auf die „Kardinaltugenden" weist er ausdrücklich hin.

2. Neben den erworbenen erwähnt er auch eingegossene Tugenden; er folgt darin der scholastischen Tradition.

Ein besonderes Gewicht schenkt der Jesuit Nadal begreiflicherweise dem Gehorsam. Im Anschluß folgen ein paar Texte zu den Gelübden. Die beiden letzten Themen finden natürlich in den geistlichen Konferenzen für Mitbrüder einen viel breiteren Platz.

RÜSTE DAS HERZ MIT TUGENDEN AUS. Dein Herz muß mit Tugenden ausgerüstet sein, damit du sie in deinem Tun findest, sie verspürst und ausübst, denn wir verwirklichen die Tugenden durch das Wollen. Dies geschieht um so leichter, wenn du in Christus die Ruhe des Geistes und ständigen Frieden der Seele besitzest. [24]

DER GARTEN DER SEELE. Stelle dir einen Garten vor mit herrlichen Bäumen voller Früchte; die einzelnen Bäume stellen die einzelnen Tugenden dar; erfreue an ihnen dein Herz und dann erbitte die Früchte, mit denen du dein Herz nähren und stärken kannst. Wenn du willst, kannst du das irdische Paradies zum Schauplatz nehmen. Beschreibe in deiner Meditation die unterschiedlichen Bäume, Quellen und Flüsse, so wie du es im Gebet verspürst. Demut und Starkmut. [34]

DER ZUSAMMENHANG DER TUGENDEN. Alle Tugenden hängen in der Praxis und im geistlichen Verspüren so zusammen, daß du mit der einen auch die anderen wachsen siehst, wenn nicht direkt, so doch aus der Verbindung mit der Liebe, dem allgemeinen Quell der Tugenden usw. [35]

Die Tugenden schenken dem Christen Ruhe und Frieden wegen ihrer Verbindung mit den Gaben und den Antrieben des Heiligen Geistes. [230]

Es bereitet wenig Mühe, sich um eine einzelne Tugend zu bemühen. Dies aber ist schwierig: sich um mehrere Tugenden, deren Akte offensichtlich verschieden sind, gleichzeitig zu bemühen, so zum Beispiel wenn sich jemand um Demut und Großmut bemüht oder um Armut und Freigebigkeit, um den Freimut zur Wahrheit und um Geringschätzung der eigenen Ehre, weil leicht etwas dem Neid oder der inneren Abneigung angelastet werden kann, was aus der Liebe und aus der Notwendigkeit, die Wahrheit zu bestätigen, geschieht. [589]

Erwäge, daß dein geistliches Leben in den Tugenden aus dem Verdienst Christi und der Kraft Gottes besteht; diese hat Gott in die Tugenden gelegt. Das Verdienst Christi erwirbt uns nämlich die Tugenden und in den Tugenden die Kraft Gottes, in der wir wirken. Bewahre also den in dir liegenden Schatz aller Tugenden, sowohl der sittlichen als auch der theologischen. Und zwar erhalten die sittlichen Tugenden ihr Licht und ihre Kraft und ihre Wirksamkeit aus Glaube, Hoffnung und Liebe; alle haben ihren Ursprung im Glauben, alle ihr göttliches Sein und ihre Vollkommenheit aus der Liebe; diese aber aus dem Verdienst Christi; dieses aber aus der Güte und Kraft Gottes. [829]

Tue nichts ohne Überlegung, das heißt von Gott her und um Gottes willen, mit einem Gebet, das sich zu Christus erhebt. Auch wenn du alle Tugenden besäßest, mußt du dich dennoch in täglichen Werken abmühen und mit Eifer von einzelnen Anrufungen und von der Gnade Gebrauch machen. Gewiß bestehen die Seligpreisungen und die Früchte in den Werken, die durch die Tugenden und die Gnade vollbracht werden. Aber du mußt dich anstrengen, besonders da, wo es notwendig oder für gewöhnlich notwendig ist. [866]

Im Paradies der Tugenden wohnt Gottes Kraft aus dem Himmel, nicht nur jene, die sie gepflanzt hat, begießt, erhält und mehrt, sondern auch jene, die dazu verhilft, daß wir sie leicht und fruchtbar ausüben. [940]

Bemühe dich bei Zusammenkünften irgendwelcher Art oder bei Gesprächen um Demut und Einfachheit; außerdem lege Klugheit, Bescheidenheit und gute Umgangsformen an den Tag. Dies alles tue in religiösem Geist, nicht nur als gewöhnliche Übung dieser Tugenden, sondern im Streben nach Vollkommenheit und in der dem Institut eigenen Gnade und der Eigenart unserer Berufung. [671]

Je mehr Tugenden jemand in einer einzelnen Handlung verwirklicht, um so gottähnlicher, stärker im Geist und vollkommener wird sein Tun. Er ahmt dann nämlich die Vollkommenheit und das Wesen Gottes nach, in dem alle göttlichen Tugenden eine unendliche Einheit bilden usw. [977]

Es gibt sittliche Akte, die die Kräfte der Natur übersteigen; deshalb gibt es in uns nicht nur erworbene sittliche Tugenden, sondern auch solche, die von Gott über die Fähigkeiten der Natur hinaus eingegossen sind. [264]

Die sittlichen Tugenden, die aus unserem eigenen Tun hervorgehen, haben, wenn wir von einer göttlichen Kraft, die vielleicht in ihnen wirksam ist, absehen, nur wenig Kraft. Überaus groß dagegen ist ihre Kraft, wenn sie nicht bloß diesem menschlichen Tun entstammen, sondern gnadenhaft göttlichen Ursprungs sind und wenn die eingegossenen sittlichen Tugenden mit ihnen zusammenwirken. [640]

Daß es eingegossene sittliche Tugenden gibt, stammt offenbar aus der Heiligen Schrift, die deren Mitteilung dem Heiligen Geist zuschreibt (vgl. 2 Tim 1, 7; Eph 6,13-15; 2 Petr 1, 3-8); was aber vom Heiligen Geist ausgeht, das ist übernatürlich. [267]

Der Grund des Verdienstes kann durch das geistliche Verständnis und durch die Übung der vier Tugenden der Klugheit, der Mäßigkeit, der Tapferkeit und der Gerechtigkeit ausgedrückt werden. Unter der Klugheit sollen wir die Klugheit des Geistes, die im Glauben gründet, verstehen; unter der Mäßigkeit die Verleugnung und Abtötung unserer eigenen Kraft und Fähigkeit und die geistliche Demut; unter der Tapferkeit die Kraft der göttlichen, himmlischen Gnade, die Hoffnung und das Vertrauen auf Christus; unter der Gerechtigkeit die Hingabe an den Dienst zur Ehre Gottes. Darin besteht der Grund des Verdienstes. [774]

ZWEI WEISEN DER KLUGHEIT. Die eine Weise der Klugheit gehört in den Bereich der natürlichen sittlichen Tugenden. Sie stützt sich auf natürliche Prinzipien, die, obwohl sie auch gültig sind, doch unvollkommen und schwach bleiben, wenn nicht ein anderes, übernatürliches Licht zu ihnen hinzukommt. Daraus leuchtet eine andere Weise der Klugheit auf, die viel lichtvoller und mächtiger ist. [688]

Der Starkmut überwindet zum Teil die Schwierigkeiten, zum Teil erträgt er sie; diese Tugend ist auch bei allen übrigen Tugenden vonnöten. [641]

Gott lenkt die Welt durch den Gehorsam. Denn in diesem wird Gott die höchste Diensthingabe geleistet, wenn die Welt ihm gehorcht, ohne danach zu fragen, ob man ihm Gehorsam schulde, sondern ihm einfach Ehre und Gehorsam erweist, weil er der rechtmäßige Herr ist; wir aber sollen uns bewußt sein, daß alle Macht von Gott stammt (Röm 13,1). So geschieht es durch den wahren Gehorsam, daß Gott in seiner Herrschaft aufleuchtet, sei es durch die Fügung seiner Zulassungen, sei es durch seinen heiligen, wohlgefälligen und vollkommenen Willen. [342]

Eine große Fülle von Verdienst liegt im Gehorsam, so daß wir in allen Dingen, selbst in indifferenten, das Verdienst des Gehorsams erlangen; auch gewährt er große Demut, so daß wir alles, was nicht Sünde ist, als das Bessere und als Mittel zum Heil ansehen dürfen. Schließlich liegt im Gehorsam aus dem gleichen Grund eine große Sicherheit und eine Ehrung Gottes, und es ist gleichsam ein Wunder, daß Gott sich dieses Mittels bedienen will und bewirkt, daß eine Sache, die an sich diese Wirkung nicht haben kann, sie von Gott empfängt. [358]

DER GEHORSAM MUSS STARK SEIN, SELBST WENN DU STRENG BEHANDELT WIRST. Gib acht, daß das Gespür für den Gehorsam und seine Ausführung nicht in jener Tröstung gründet, die du im vertrauten Umgang mit den Oberen erfährst. So geschah es mir: Als ich vom Oberen[2] streng behandelt wurde, verspürte ich Versuchungen zum Ungehorsam. Der Gehorsam muß stark sein, damit seine Vollkommenheit Bestand hat, auch wenn man vom Oberen streng behandelt wird; und auch das mußt du dir ganz freudig einprägen: Christus ist im Oberen und in ihm leiste ich Gott den Gehorsam. [154]

[2] Der Obere Nadals war damals Ignatius in La Strada.

Der Gehorsam ist noch nicht vollkommen, wenn du dabei mehr auf den Oberen als Menschen schaust, auf seine Güte, Gelehrsamkeit usw., statt darauf, daß er Christus repräsentiert und du in Christus Gott die Ehrfurcht erweisest. Diese Sicht umfaßt gleichsam alles und außer ihr bedarf es keiner anderen Motive. Andere Eigenschaften können, soweit sie vorhanden sind, Hilfe leisten, denn sie sind Gaben Gottes; fehlen sie, darf dies den Gehorsam nicht beeinträchtigen. [160]

GEHORSAM. Was bildest du dir Großes ein, wenn du in voller Verleugnung deines Urteils Gehorsam leistest, sobald du auf Christus schaust, der in Niedrigkeit lebte, geschmäht wurde, mit Ungebildeten Umgang pflegte, einen Jünger um sich hatte, der ein Teufel war (vgl. Joh 6, 71), auf den die schlimmsten jüdischen Menschen eifersüchtig waren und den sie verfolgten, der den Tod der höchsten Schande und voll der Schmerzen auf sich nahm und durchlitt und durch all das die Sterblichen erlöst hat? Diesem Vorbild folgend, waren die Heiligen gehorsam. Daher mußt du in Christus auf dich nehmen, was dir von den Oberen auferlegt wird (es sei denn offensichtlich Sünde), da Christus aus dem, was er erlitt, den Gehorsam lernte (Hebr 5, 8). [162]

GEHORSAM. Ich flehte um die Gabe des Gebetes. Sogleich schien mir, ich würde auf den Gehorsam hingewiesen und hörte eine Stimme: Gehorcht euren Vorgesetzten (Hebr 13,17). Ich verspürte im Licht der Gabe des Gehorsams, man müsse sich dem Oberen unterwerfen, solange das Befohlene nicht klar als Sünde erkannt werde; alles andere, was immer es sein mag, ist der reine und klare Wille Gottes, der sich auf das Bessere und Vollkommenere ausrichtet zum Heil der Menschen gemäß dem Ziel der Gesellschaft. Wer aber versucht wird oder im Gehorsam noch unvollkommen ist, soll um diese Gabe bitten und vorerst einzig den Gehorsam für notwendig halten. [164]

Wenn du vom Oberen getadelt wirst und dir dies in deinen Überlegungen auf einer irrigen Information und Meinung zu beruhen scheint, dann gib deine Überlegungen auf und lasse sie der Tat eines abgetöteten und vollkommenen Gehorsams Platz machen; in diesem Gehorsam werden nicht nur jene [Gründe des Oberen] als wahr erscheinen, sondern du kannst noch viel zahlreichere hinzufügen; zugleich richte dich auf Gott aus. Verdemütige deine Seele tief in Christus; daraus wirst du Licht empfangen; durch dieses Licht wird Frieden in deinen Geist und dein Gemüt einkehren, und von neuem wirst du in der Praxis des Geistes das, was dich verwirrt hat, als wahr erkennen. [279]

Alle Tugenden, alle Werke der Tugenden können nicht bloß in religiöser Haltung vollzogen werden, vielmehr auf göttliche Weise. Jene bringen der Akt und die Tugend der Gottesverehrung zustande, diese die besondere und unmittelbare Beziehung zu Gott durch jene Tugenden, bei denen dies möglich ist. Glaube, Hoffnung und Liebe können wir in keiner Weise durch unser Bemühen zu göttlichen Tugenden machen, denn sie sind schon ihrem Wesen nach göttlich. Über die anderen Tugenden will ich mit Christi Hilfe ein andermal nachdenken, heute nur über den Gehorsam.

Er ist eine sittliche Tugend; er hat zum Gegenstand den Befehl oder in der Gesellschaft auch die bloße Willensäußerung des Vorgesetzten, durch welches Zeichen auch immer sie erfahren wird. Durch das Gelübde wird er zum religiösen Akt. Die Übungen der Vollkommenheit erheben aber den Gehorsam dahin, daß er zu Gott selbst und zu seinem Willen emporgeführt wird und so Gott Gehorsam leistet, manchmal mit einem himmlischen und göttlichen Zeichen, das unseren Verstand und Willen mit Gott verbindet in Christus.

Darauf zielte unser Vater Ignatius, das verspürte er im Geist, wenn er im Dritten Teil, Kapitel 3 der Satzungen lehrte, wir sollen unser Wollen und Urteilen in sämtlichen Belangen dem Wollen und Urteilen des Oberen gleichförmig machen in allen Dingen, in denen sich keine Sünde findet, und dieser Wille des Oberen soll zur Richtschnur des eigenen Urteils und Willens genommen werden, damit wir uns um so inniger der ersten und höchsten Richtschnur alles guten Wollens gleichförmig machen, die die ewige Güte und Weisheit ist (Satzungen n. 284). [822]

GELÜBDE

In den Gelübden überantwortet sich der Gelobende gänzlich und voll innerer Hingabe Gott. Er läßt sich voll Vertrauen aus ganzem Herzen in die Hand und in den Schoß Gottes fallen, um von ihm zur Vollkommenheit gelenkt und geleitet zu werden. Was dürfen wir da nicht alles erhoffen von der unendlichen Güte des himmlischen Vaters? Warum sollten wir nicht auf ihn unser ganzes Vertrauen setzen? Werde froh in diesem Verzicht; alles andere darfst du von den Oberen entgegennehmen wie von Gott, dem du deinen Glauben geschenkt und dem du dich ganz übergeben hast; so wirst du durch den Gehorsam den Frieden finden und beglückende Früchte. [649]

Bringen wir mit den heiligen Magiern mit ihren Gaben im Gold die Armut dar, im Weihrauch den Gehorsam und in der Myrrhe die Keuschheit; ebenso im Gold die drei Göttlichen Tugenden Glaube, Hoffnung und Liebe und deren Werke; im Weihrauch das Gebet, in der Myrrhe die Abtötung, verbunden mit unseren Gelübden. [650]

Im ganzen Evangelium zeigt Christus, wie wir uns um ein neues geistliches Leben sorgen und es fördern sollen. Darauf weist er in allen Reden hin, in jeder Unterweisung, in allen Wundern, in seinem Leiden und Sterben, in den Ereignissen nach seinem Tod; und wenn wir darauf achten, so ruft er alle zu diesen Hilfsmitteln auf, die er in beredter Weise allen, jedem einzelnen auf seiner Stufe anrät: zu Armut, Keuschheit und Gehorsam. [609]

Aus den Verzichten, die Armut, Keuschheit und Gehorsam mit sich bringen, leuchten herrliche Gaben Gottes auf: aus der Armut der Besitz und die Frucht göttlicher Reichtümer, nämlich der Tugenden und der geistlichen Sinne; aus der Keuschheit die Kraft, die Tugend sowohl ins eigene Herz als auch in die Herzen der Nächsten einzupflanzen und sie zu mehren und die Seelen für Gott zu gewinnen; aus dem Gehorsam, auch dem Papst gegenüber, das Wachstum der Gesellschaft und eine große Ernte der Kirche. [937]

Durch die Armut soll allem Eigentumsrecht auf unsere Handlungen entsagt werden; durch die Keuschheit jeder Lust, auch der inneren, außer es sei in Gott und wegen Gott; durch den Gehorsam geschieht die reine Unterwerfung unter das göttliche Wirken und ein demütiges Mitwirken. [896]

DIE SAKRAMENTE

Auf allen „drei Wegen" lebt der Christ aus den Quellen der Sakramente. Ihre Kraft nährt und stärkt ihn in den je eigenen Aufgaben jedes „Weges": Die Sakramente „reinigen", „erleuchten" und „vereinigen". Im Horizont der „Erleuchtung" kommt hier ein Zyklus von Konferenzen über die Sakramente aus dem Notizbuch zur Sprache. Nadal zeigt darin den Wert und die Wirkung der einzelnen Sakramente im Vergleich mit den Gnaden des paradiesischen Menschen.

Ganz wunderbar und göttlich zeigt sich Gottes Weisheit und Güte in der Einsetzung und in der Gnade der Sakramente. Denn der gütigste Vater wollte den verlorenen Menschen wunderbar erneuern, damit das, was ihm durch die ursprüngliche Gerechtigkeit zugedacht war, ihm durch andere Gaben in vornehmerer Weise mit Hilfe der Sakramente zuteil werde. Obwohl der Mensch die ursprüngliche Gerechtigkeit nicht zurückgewinnen kann, empfängt er dennoch durch die Sakramente die göttliche Kraft und Befähigung, um, soweit es der Stand des gefallenen Menschen zuläßt, nach ihr zu streben und sie nachzubilden; ja er soll mit der Gnade, die Gott durch die Sakramente mitteilt, die ursprüngliche Gerechtigkeit an Würde noch übersteigen, denn der Mensch wird durch die Sakramente in noch hervorragenderer Weise erneuert, zwar nicht in der Weise des früheren Standes, sondern in der Wirksamkeit und Würde der neuen Gnade. [765]

DIE TAUFE, die den Menschen auf geistliche Weise zeugt, ahmt darin die erste Wirkung der ursprünglichen Gerechtigkeit nach; sie nimmt alle Schuld und alle Strafe weg außer jener, die in fruchtbarer Weise zur Übung der Tugend und zu größerem Verdienst zurückbleibt; sie schenkt das geistliche Leben, das alle Fähigkeiten der Vernunft unterwirft, diese aber Gott, damit wir so ohne Schuld vor ihm leben können. [766]

DIE FIRMUNG. Sie bildet die Stärkung der ursprünglichen Gerechtigkeit nach, die allen Nachkommen wenigstens nach dem Sieg über die erste Versuchung zuteil geworden wäre, wenn Adam nicht gesündigt hätte. Die Firmung besitzt nämlich eine göttliche Kraft, in der die in der Taufe empfangene Gnade und überhaupt jede Gnade Bestärkung erhält in Christus. [766]

DIE EUCHARISTIE. Sie tritt an die Stelle des Lebensbaumes, der den Menschen die Unsterblichkeit des irdischen Lebens bringen sollte, und erneuert die ursprüngliche Liebesglut. Denn der Empfang des heiligen Mahles bewahrt und nährt in uns die Gnade, die das ewige Leben ist. [766]

DIE BUSSE scheint das einzige Sakrament zu sein, das die ursprüngliche Gerechtigkeit nicht nachbildet, aber sie bildet sie doch nach. Denn diese hatte zur Folge, daß ein Mensch weder sterben noch krank werden sollte; das Sakrament der Buße aber bewirkt, daß jenen, die infolge der Sünde sterben oder erkranken, das Leben und die Unversehrtheit wieder zurückgegeben werden. [766]

DIE LETZTE SALBUNG bildet die Wirkung der ursprünglichen Gerechtigkeit insofern nach, als diese den Menschen die Gabe schenken sollte, nach Vollendung ihres Lebens, ohne das Dazwischentreten des Todes, in den Himmel entrückt zu werden; die Letzte Salbung gibt die Gnade, durch die sich die Seele, von ihren Sünden gereinigt, zum himmlischen Vaterland emporschwingt. [766]

DIE PRIESTERWEIHE. Ohne Zweifel hätte es auch im Stand der Unschuld Priester gegeben, die, bestärkt in der ursprünglichen Gerechtigkeit, ihr Amt heilig erfüllt hätten. Nun bewirkt die Gnade, daß alle, die für die kirchlichen Dienste geweiht werden, ihre heiligen Aufgaben mit göttlicher Frucht für sich und andere erfüllen können. [766]

DIE EHE. Es gab und hätte in jenem Leben weiterhin die Ehe gegeben und ihr Vollzug wäre unbefleckt gewesen, ohne daß Leidenschaft den Menschen verwirrt hätte. Wenn jetzt die Leidenschaft den Menschen reizen und verwirren kann, so stärkt und kräftigt ihn doch die im Sakrament empfangene Gnade, so daß die böse Leidenschaft in ihm nicht aufkommt oder ihm doch keinen Schaden zufügt.

Aus all dem steht fest, daß der Mensch durch die Sakramente in einer höheren Würde wiederhergestellt wird, sich aber in einer schwierigeren Lage befindet; diese Schwierigkeit wird jedoch durch die Größe und Vollkommenheit der Gnade aufgewogen und leicht gemacht. [766]

Nadal war ein großer Kenner und Liebhaber der Heiligen Schrift. In Paris und noch mehr in Avignon hat er sich in ihren Reichtum vertieft. Dabei half ihm die gründliche Kenntnis der griechischen und hebräischen Sprache. Spätestens seit dem Noviziat bei Ignatius war die Heilige Schrift sein Betrachtungsbuch. Darum sind die Aufzeichnungen des Notizbuches durchzogen von Schriftzitaten. Viele seiner geistlichen Erfahrungen wurden ihm beim Lesen und Betrachten biblischer Texte geschenkt.

Der folgende Abschnitt faßt eine Reihe von Zeugnissen zusammen, in denen sich seine grundsätzliche Sicht der Heiligen Schrift ausspricht.

EINE WEISE, DIE HEILIGE SCHRIFT ZU LESEN. Ich las die Heilige Schrift, und allein schon durch die Anschauung der Geschichte wuchs meine Liebe, ohne daß ich Untersuchungen angestellt hätte, sondern einfach den Text durchdachte, als sei das Ereignis gegenwärtig. Daraus gewann ich oft reiche Frucht, besonders wenn ich Christus betrachtete, wie er Wunder wirkte und auf Erden wandelte. Das ist die einfachste Methode und man kann sie leicht anwenden, selbst wenn geistige Tätigkeit schwerfällt oder bei körperlicher Schwäche. [21]

An erster Stelle sollst du die Heilige Schrift lesen, und zwar immer mit großem Glauben, mit Schlichtheit, Demut und Hingabe; aber wenn du sie zum erstenmal liest, sollst du sie wie eine einzigartige Vorbereitung auf diese Tugenden benützen; gib dem Verstand nicht zu viel Raum, sondern lies sie so, wie eine einfache und fromme Frau sie anhört. Wenn du sie zum wiederholten Mal liest und zu ihrem Verständnis vorzudringen suchst, so verwende dazu die in der Kirche bewährten Erklärungen. Es ist aber auch möglich, daß Gott dir den Verstand aufschließt, so daß du im Sinn der Kirche und im Sinn ihrer

Lehrer etwas beitragen kannst zum Nutzen der Kirche und gegen die Hartnäckigkeit der Irrlehrer. [604]

Aus der Lesung der Heiligen Schriften und des kirchlichen Stundengebets sollst du Andacht erbitten und die Erkenntnis der geistlichen und göttlichen Dinge, die für gewöhnlich daraus aufleuchtet und den Geist erhellt. [655]

Man muß beten um den Geist, der aus der Lesung der beiden Testamente gewonnen wird. Man muß auch beten um den Geist, der aus der Lesung der Nachfolge Christi des Thomas von Kempen gewonnen wird. [957]

Bei der Lesung der Psalmen und überhaupt der Heiligen Schriften sollst du nicht bei den Worten stehen oder allzu sehr hängen bleiben; richte deine Vorstellungskraft und den Geist vielmehr auf die Sache. [818]

DA ICH KEINE WISSENSCHAFT KENNE, WILL ICH MICH DEN MACHTTATEN DES HERRN ZUWENDEN (Ps 70,15.16 LXX). Eine äußere Lesung der Heiligen Schriften ist zwar gut und notwendig; aber Nutzen wird gewonnen, wenn Gott dir gewährt, gewissermaßen in seinem Licht die Kraft zu erkennen, die von oben mitgeteilt wird, die dem Herzen im Geist, im Licht des Glaubens und durch die Gabe der Weisheit und der Erkenntnis ein lichtvolles Verspüren eingießt. Schließlich wird dir Gott das geben, was du zwar verspürst, aber nicht zu erklären verstehst; so sollst du einzig Gott loben in seinem Licht und in seiner Barmherzigkeit. [914]

Was in der Heiligen Schrift überliefert wird, muß man in der Tat ausführen. So wird sie schließlich vollkommen verstanden werden. Als Beispiel dafür wurde mir ein Verspüren der Stelle bei Paulus im 7. Kapitel des Römerbriefes geschenkt: Ich unglückseliger Mensch, wer wird mich befreien aus dem Leib des Todes? Die Gnade Gottes durch Jesus Christus, unseren Herrn usw. (Röm 7,24.25). [481]

Warum ist die Heilige Schrift schwierig? Weil sie nicht im Buchstaben besteht, sondern im Geist; sie wird im Geist verstanden, nicht durch den äußeren und sinnenhaften Wortsinn. So sollen wir erkennen: Gott will, daß die Schrift von den demütigen, im Glauben gefestigten und geistlichen Menschen erkannt wird, den anderen aber verschließt er sie und will nicht, daß das Heilige den Hunden vorgeworfen wird (vgl. Mt 7, 6). [683]

Den geistlichen Sinn der Breite und Länge und Tiefe, von denen Paulus im 3. Kapitel des Epheserbriefes spricht (3,18), legte ich folgendermaßen aus: Die Breite hebt jede Schwierigkeit auf und vermittelt Stärke der Seele und des Geistes; die Länge erstreckt sich ohne jedes Hindernis auf die Werke; die Höhe offenbart uns Gott; die Tiefe überführt uns von uns selbst. Dennoch ist diese Auslegung viel schwächer als ihr Verspüren im Geist. Ich fügte hinzu, darin werde im Blick auf Gott die Unendlichkeit Gottes bezeichnet. [345]

Einsicht des Herzens über zwei Schriftstellen, nämlich: Ich strecke mich aus nach dem, was vor mir liegt (Phil 3,13), und: Wer glaubt, wird nicht eilen (Jes 28,16). Als hättest du noch nichts getan, sollst du vom Anfang her versuchen, eine bessere Lebensfrucht zu gewinnen, dies aber in der Demut und Schlichtheit des Geistes, ohne Anmaßung, gleichsam nicht aus dir selbst. Doch wird mit diesen Worten das Verspüren des Geistes noch nicht hinreichend erklärt. [686]

DAS KREUZZEICHEN

In den Schriften des hl. Ignatius findet sich ein kleines, aber kostbares Lehrstück über das Kreuzzeichen.[3] *Mit Grund darf deshalb vermutet werden, Nadal sei von seinem geistlichen Meister zur gleichen Hochschätzung*

[3] Vgl. Hugo Rahner (Hrsg.), Ignatius von Loyola, Geistliche Briefe, Benziger, Einsiedeln 1956, S. 338f.

des Kreuzzeichens angeregt worden. Die Zeugnisse dafür durchziehen das Notizbuch und werden gegen Schluß zahlreicher. Auch diese verehrende Liebe zum Kreuzzeichen hat er an die Mitbrüder weitergegeben.

Wenn du dich mit dem Kreuzzeichen bezeichnest, verbunden mit einem Akt des Glaubens, der Hoffnung und der Liebe in Christus und um des Verdienstes seines Kreuzes willen, rufe den einen Gott an, den Vater, den Sohn und den Heiligen Geist, damit eine von Tag zu Tag größere Kraft in dir dein Wirken durch ihre Gaben stets vollkommener, leichter, fruchtbarer und verdienstvoller macht und die Frucht des Geistes in dir und in deinem Nächsten wirkt, zur größeren Verherrlichung des einen Gottes, des Vaters, des Sohnes und des Heiligen Geistes. [844]

Wenn du dich mit dem Zeichen des heiligen Kreuzes bezeichnest, rufe in der Kraft des größeren Zeichens die heiligste Dreifaltigkeit an durch das Kreuz und alle Verdienste und Geheimnisse Christi, damit du deinen Sünden und den eigenen Kräften durch das Kreuz und den Tod Christi absterben mögest, und dann sollst du in der Kraft des dreifaltigen und einen Gottes wirken zu seinem Lob und seiner Verherrlichung und zum Heil und zur Vervollkommnung deiner eigenen Seele und der Seelen anderer. [945]

Wenn wir uns mit dem Zeichen des Kreuzes bezeichnen, bereiten wir unseren Geist zur Anrufung des einen und dreifaltigen Gottes; daraus wollen wir die Kraft und Wirksamkeit des Geistes gewinnen, um all unser Tun durch Christus und sein Kreuz auf die größere Verherrlichung Gottes auszurichten, was der Grund zum Verdienst ist. Wenn wir dies tun, nicht allein von Glauben und Hoffnung geleitet, sondern auch beseelt von Liebe und Gnade, indem wir in Furcht und Zittern unser Heil wirken, verdienen wir vor Gott das ewige Leben. Wenn wir nämlich sagen: Im Namen des Vaters usw., rufen wir den Namen des dreifaltigen und einen Gottes an und bekennen, daß wir ihn zu seiner Verherrlichung anrufen. Bezeichnen wir uns zugleich mit dem Zeichen des Kreuzes, so bezeugen wir, daß wir dies durch das Kreuz Christi erhoffen und erbitten. Groß ist die Tröstung unseres Geistes, wenn wir es mit Andacht tun; wir empfangen daraus große Kraft des Geistes, großes Vertrauen auf Gott. [750]

Wenn wir uns mit dem Zeichen des Kreuzes bezeichnen und dabei die Dreifaltigkeit anrufen, wollen wir diese drei Personen bekennen und, sofern uns der Geist das Verspüren in der Andacht unseres Herzens in Christus schenkt, mit dem Herzen sagen: Wir sind und leben, sowohl in dieser unserer Natur als auch im Geiste, im Namen und in der Kraft des Vaters, des Sohnes und des Heiligen Geistes.

Daß wir dies jedoch zum Ruhm und zur Ehre des Vaters, des Sohnes und des Heiligen Geistes sein und tun können, müssen und wollen, darauf richten wir alles aus. Wir fügen aber das Kreuzzeichen hinzu, damit wir dies alles in vollkommener Weise bekennen und tun. Das Kreuz Christi stellt unsere Natur wieder her, heilt sie und gibt ihr ein geistliches und göttliches Sein; Christus wirkt in uns durch das Kreuz ein fruchtbares Handeln des Geistes zur Ehre der heiligsten Dreifaltigkeit und wir vollbringen dies durch ihn. [813]

DAS GEBET

Nadal war inmitten seiner rastlosen Tätigkeit ein großer Beter. Das „Geistliche Notizbuch“ bezeugt sein Beten auf vielen Seiten. Aus der eigenen Gebetspraxis, in der ihm auch mystische Erfahrungen geschenkt wurden, ist er in seinen geistlichen Konferenzen zum meisterhaften Lehrer des Gebetes für die Mitbrüder geworden.

Der Lesung und dem Studium soll man ein aufrichtiges Gebet vorausgehen lassen, dem Gebet und der Betrachtung das Vorbereitungsgebet. Ich meine aber ein Gebet, das seine Kraft aus dem Kreuzzeichen in seiner besonderen Deutung erhält; durch die Anrufung der heiligsten Dreifaltigkeit und in einem starken Mitwirken gereicht alles zur größeren Verherrlichung Gottes durch Christus; und wenn es möglich ist, erfährt man dies auch in einem Verspüren des Geistes.

Sage Gott Dank nicht nur für die Wohltaten, die du erhalten hast, sondern auch für jene, die den Heiligen verliehen wurden, und zwar für die vortrefflicheren: für die Gaben Christi, für jene der seligen Jungfrau, für jene aller Engel und Heiligen. Wenn du diese Weise befolgst, wird der Herr dir sowohl Licht als auch Fortschritt des Geistes schenken.

Gib mir, Herr, jenes Verlangen und jenes Verspüren im Herzen für ein tief innerliches Gebet, so daß mein Herz von dir beharrlich Gaben erbittet, die zu erbitten du in deinem Gebet gelehrt hast, mit einer einzigen Bewegung des Herzens zu dir hin und durch dich. [969]

VORBEREITUNG AUF DAS GEBET AUS GEISTLICHEM VERSPÜREN. Bereite dich immer vor, wenn du ins Gebet gehst, damit du im Geiste einsiehst, was der hl. Paulus sagt: Der Geist kommt unserer Schwachheit zu Hilfe. Denn wir wissen nicht, worum wir in rechter Weise beten sollen; der Geist jedoch tritt für uns ein mit Seufzern, die sich nicht in Worte fassen lassen (Röm 8, 26), und das andere Wort: Wir haben den Geist von Söhnen empfangen, in dem wir rufen: Abba, Vater. So bezeugt der Geist selbst unserem Geist, daß wir Kinder Gottes sind (Röm 8,15.16). Wenn du dies innerlich im Herzen verspürst, während du dich ins Gebet begibst, so wird es von großem Gewicht und reicher Fruchtbarkeit sein. Der erste Schrifttext gibt uns ein Gespür für unsere Armut und für das Wirken des

Heiligen Geistes in uns. Die zweite Schriftstelle richtet uns auf zur Hoffnung, eint uns mit Christus, schenkt das Vertrauen zum Sohn und zum vertrauten Umgang mit dem Vater. [72]

Das Gebet ist der Aufstieg des Geistes zu Gott, nämlich durch die ständige Wirksamkeit beider Fähigkeiten, des Verstandes und des Willens. Darüber wurde mir ein tiefes Verspüren gegeben. [445]

Wenn du betest, halte den Rosenkranz des Lebens Christi in der Hand. Entschließe dich und verspreche, alle Danksagung oder Bitte, die im Rosenkranz enthalten sind oder gezeigt werden, auszuüben, ob sie nun auf Christus oder auf die Heiligen bezogen sind. [733]

In den Geistlichen Übungen folgt nach dem Vorbereitungsgebet die Betrachtung als eine Art Jagd des Geistes nach der Gnade, und zwar nach einer im Geiste spürbaren Gnade, oder allgemeiner nach dem Verdienst der Geduld und der Demut, auch wenn jene spürbare Gnade nicht gewährt wird, oder nach irgendeiner klaren Erkenntnis, auch wenn dabei kein Verkosten gewährt wird. Das bedeutet das Wort: Suchet und ihr werdet finden (Mt 7, 7); das „bittet" sei der Anfang des Gebetes, das „suchet" die Betrachtung, das „klopfet an" die Gnade, die bereits in der Betrachtung gefunden wird; in ihr wird schon verspürt, wo der Geliebte ist, wird die Festfeier und der Jubel des Gastmahles verkostet, aber erst von außen. [509]

Du sollst diese Weise des Betens befolgen: Zuerst sollst du deine Seele im Glauben erheben und dich dann in der Danksagung üben; darin ist eine Weise der Beschauung eingeschlossen, die dann vollkommen ist, wenn durch die Gnade ein göttliches Licht geschenkt wird, in dem man sie vollzieht; darauf Bittgebet in inständigem Flehen. [388]

MEIN HAUS WIRD EIN HAUS DES GEBETES GENANNT WERDEN (Mt 21,13). Wir sind der Tempel und das Haus Gottes (1 Kor 3,16). Herr, mache es zu einem Haus des Gebets, damit das wahre Gebet in ihm gepflegt werde; beharrlich sei das Gebet, lauter sei das Gebet. [952]

Ich bat Gott inständig, mir die Gabe des Gebetes zu schenken. Ich erkannte und verspürte, daß ich an Christus verwiesen wurde; als ich zu ihm kam, wurde ich von seiner Majestät gleichsam in Schrecken versetzt und war bestürzt über das Leiden, dessen Ursache ich war; ich wandte mich an die jungfräuliche Gottesmutter, an die Engel und die Heiligen; durch sie fand ich dank Gottes Barmherzigkeit und dank der Verdienste Christi die Vertrautheit mit Christus und mit Gott. [479]

Das Gebet wird durch eine besondere Gnade Gottes geschenkt; es beginnt mit der Meditation, schreitet fort zur Kontemplation, dann zu Lob, Bewunderung und Danksagung, dann zur Einigung und schließlich zum Flehgebet, und das ist die lauterste und wirksamste Weise des Bittens. [550]

Das Verspüren im Gebet ist ein Licht, das, durch den Glauben gestützt, die Seele zu Gott erhebt. Es folgt die Bitte des Willens zur Verherrlichung Gottes und zur Erfüllung seines Willens. Darauf folgt eine Sicherheit ohne jede Neugierde in Christus Jesus. [910]

EINE WEISE DES GEBETES. Übernimm im Gebet und in deinen Übungen die Rolle aller Sünder in herzlichem Erbarmen und mit dem Verlangen nach ihrem Heil. So hat es auch Christus getan, der unsere Sünden auf sich genommen hat (vgl. Jes 53,12), für uns betet und unsere Rolle übernimmt. [30]

BEHARRLICHKEIT IM GEBET. Sei standhaft im Gebet und halte langmütig darin aus; groß ist Gottes Barmherzigkeit auch bei noch so lauen und unvollkommenen Gebeten, wenn wir nur durchhalten; allerdings wirst du die Gnade um so später erhalten, je lauer du bist. Und außerdem gib acht, daß du nicht aus Lauheit die Gnade niemals findest. [48]

Einfachheit und Bescheidenheit in der Betrachtung bringen dem Geist großen Nutzen; um diese sollen wir uns bemühen, sowohl wenn wir uns mit anderen Dingen befassen, als auch bei einer einfachen Geschichte durch aufmerksame Erwägung der Sache selbst und der darin enthaltenen Taten und Worte, indem wir sie in frommer und demütiger Weise immer wieder durchgehen. Darin liegt eine Kraft, darin ein verborgener himmlischer Kern. Die Kraft der Betrachtung liegt in den Begebenheiten und in der Erzählung des Evangeliums. Denn das Leben Christi ist Vorbild für alle Tugend und Vollkommenheit; es treibt an, bewegt, hilft, vereinigt, drängt den Geist zu Gott hin. [865]

DIE GEBETSWEISE NICHT LEICHTHIN ÄNDERN. Ändere nicht leichthin die Weise des Gebetes und der Betrachtung oder gar der Beschauung; suche vielmehr nach der gleichen Methode Frucht in unbeschwerter Weise und mit innerem Verkosten. Dies wird Christus dir gewähren, wenn du dich auf diese Beständigkeit einstellst und den Geist nicht leichthin zum Laufen oder Springen bewegst. [133]

NEUGIER. Es ist große Neugier und Eitelkeit, im Gebet neue Einsichten zu suchen, obwohl wir fast nichts von dem, was wir bereits wissen, richtig verspüren und im Herzen begreifen. Das Verlangen, Christus immer im Sinn zu haben und ihn nachzuahmen, sei dein ständiges Gebet. [122]

GLAUBT, DASS IHR ES EMPFANGT, UND ES WIRD EUCH ZUTEIL (Mk 11, 24). Unfehlbar ist die Wirksamkeit des echten Gebets, wenn nicht in dem, was du im einzelnen erbittest, so doch gewiß in dem, was uns mehr zum Heile dient; wir sollen nämlich nichts anderes erbitten. Daher wird ein Gebet, das mit diesen Merkmalen ausgestattet ist, immer erhört, sofern man nur fromm und beharrlich erbittet, was zum Heil notwendig ist; und der Glaube an diese Wahrheit soll sich mit dem Gebet verbinden. [930]

Pflege beim Gebet das Vertrauen: Herr, ich würde es nicht wagen, zu dir zu kommen und von dir etwas zu erbitten; aber du hast gesagt, ich soll kommen und bitten. Ich komme und bitte mit Jesus; schaue nicht auf meine Unwürdigkeit, sondern auf die Würde Christi und auf deine Barmherzigkeit, da du dich gewürdigt hast, diese Hoffnung in mir und in allen zu wecken. [880]

Es läßt sich nicht mit Worten ausdrücken, welche Gewißheit der Erhörung ein Gebet hat, das wir in rechter Weise verrichten; wie beglückend es ist, wie erquickend im Geiste, im Herzen, in Christus. Das ist das Höchste bei der Erhörung: Man verspürt, wie viel besser, nützlicher und geeigneter das ist, was Gott uns schenkt oder die Heiligen uns erlangen, als was wir erbitten. Und dies ist eine gütige und nicht seltene Erhörung, wenn uns das geschenkt wird, was erst die Zukunft uns als das Bessere erweist, als mache ein Freund dem Freund ein willkommenes und unverhofftes Geschenk. [617]

Das höchste und sicherste Bittgebet, das auch alle anderen einschließt, besteht darin, im Gebet einzig und immerfort die Verherrlichung Gottes zu erflehen und in allem Tun zu suchen. Wer kann zweifeln, daß Gott, wenn wir suchen, was Gottes ist, sich unserer Sache annehmen wird zu seiner größeren Verherrlichung? [394]

Bete im Verspüren des Geistes, indem du von Gott nur erbittest, er möge dir das gewähren, von dem er weiß, daß es dir von großem Nutzen sein wird; das gleiche erbitte in der Messe. Du wirst erkennen, daß du um Gottesliebe beten sollst, die sich in alles andere ergießt; daraus wird alles Gute hervorgehen. [596]

Die Erfahrung zeigt, daß, wenn du etwas von Gott zur Ehre Gottes und zum Heil deiner Seele erbittest, du es schließlich auch erhalten wirst. Erlangst du es aber nicht so rasch, so liegt der Grund, neben den verborgenen Ratschlüssen und Geheimnissen Gottes, vielleicht darin, daß du dich nicht eifrig genug bemühst, jene Tugend oder Gabe Gottes zu erlangen, und freiwillig Gedanken an entgegengesetzte Laster oder Unvollkommenheiten zuläßt; oder es ist möglich, daß Gott dich einfach züchtigen will mit dem Stachel jenes Lasters für die Schuld, die du darin begangen hast. Höre darum nie auf zu beten und laß niemals davon ab, mit der Gnade Gottes mitzuwirken; dann wirst du ohne Zweifel erhalten, was du erflehst, oder du wirst Besseres (was mehr ist) erhalten, als du erfleht hast. [778]

DIE WIRKSAMKEIT DES BITTGEBETS. Erwäge die Wirksamkeit des Gebets. Erbitte im Gebet etwas, das du auf den Dienst Gottes hinordnest und das an sich gut ist. Wenn du richtig betest, wirst du im Fortgang des Gebetes deine Bitte vergessen und dich ganz auf den Willen Gottes ausrichten; schließlich wirst du um nichts Einzelnes mehr bitten, sondern einzig danach trachten, seinen Willen zu erfüllen. [78]

Verbinde das Bittgebet in besonderer Weise mit dem Habitus der Göttlichen Tugenden; füge bei der Betrachtung und Beschauung auch in Ruhe ihren Akt hinzu; darin liegt die Kraft des Gebetes in Christus. [899]

Wahrhaftig und vollkommen bittet man im Gebet fast nur da, wo man wirklich Nöte und Fehler spürt. Von daher wird der Geist lebhaft gedrängt, aus dem Verspüren reiner Bedürftigkeit und Not Hilfe zu erbitten. [669]

VON GOTT DIE HÖCHSTEN GABEN ERBITTEN. Erbitte ganz allgemein die höchsten Gaben von Gott als dem höchsten, mächtigsten und freigebigen Herrn; dadurch wird ihm Ehre erwiesen; tue es aber mit größter Demut und einem Gleichmut, der ganz in seinen Willen eingegangen ist, damit du nicht mehr deinen, sondern seinen Willen verspürst. Das wird auch die Art des Betens sein, wenn du aus einem umfassenden Verlangen um etwas Geringeres bittest, wie es im Gebet des Herrn geschieht. [45]

Die Kraft der Fürbitte ist stark und einzigartig bei einem Gebet, in dem man dahin gelangt, durch das Verdienst, das Leiden, die Werke Christi zu bitten, und ausdrücklich fügen wir hinzu: im Verspüren des Geistes Gottes, denn durch sie als Werke des Gottmenschen bitten und verspüren wir, daß sie die Verdienste und die Ursache unserer Erhörung sind, weil jener Mensch zugleich Gott ist, sie also der ihm als göttlicher Person zukommenden Würde entstammt. Ich bin mir bewußt, daß ich dies nicht seinem Gehalt entsprechend zu erklären vermag; doch jene, die im Geist geübt sind, werden es verstehen. [882]

Eifrig der seligen Jungfrau Maria und den Heiligen Dank sagen für die empfangenen Wohltaten, von denen wir keine Kenntnis haben oder die wir aus Nachlässigkeit nicht zur Kenntnis nehmen. [605]

Gott soll in der Wahrheit und im Verspüren des Herzens in Christus täglich Dank gesagt werden, im besonderen für eine einzelne Wohltat, dann für alle Menschen, die entweder in der Herrlichkeit oder im Stand der Heilsgnade sind, und vor allem für die Heiligen und für dich selbst; in der angegebenen Weise soll täglich für eine bestimmte Wohltat im besonderen Dank gesagt werden, zugleich aber für alle in summarischer Weise:
am Sonntag für die Erschaffung
am Montag für die Erhaltung und das Gedeihen, besonders des Geistes
am Dienstag für die Berufung zum Glauben

am Mittwoch für dessen Bewahrung und Wachstum
am Donnerstag für die Berufung zum Ordensstand
am Freitag für dessen Bewahrung und Wachstum
am Samstag für einzelne Gaben und Wohltaten. [965]

Die Danksagung gründet in der Betrachtung der Gnade, der Gaben Jesu Christi, im Licht des geistlichen und göttlichen Seins dieses Menschen, so daß wir im sinnenhaft erfaßbaren Christus seine Gottheit, seinen Geist, die Gaben der Gnade verspüren und verkosten. Aus dieser Betrachtung, aus diesem Verspüren des Geistes eröffnet sich alles im Licht: Göttliches und Menschliches, Geschaffenes und Ungeschaffenes, und von hier erstrahlt das Licht auf die Heilige Schrift und in den ganzen theologischen Bereich und überdies in den natürlichen. [235]

LITURGISCHES BETEN

„Du sollst in der Betrachtung Andacht suchen aus dem täglichen Beten der Kirche." Dieser Grundsatz Nadals steht in der Mitte des „Geistlichen Notizbuches". Vielfältig sind die Aussagen, die zeigen, wiesehr er danach gelebt hat. Vor allem die hohen Feste, an denen die Geheimnisse der Erlösung gefeiert werden, aber auch die Gedenktage der Heiligen finden ihren Widerhall. Treu betete er auch in aller Arbeitsfülle und auf den vielen unbequemen Wegen sein Brevier. Zur liturgischen Frömmigkeit ein paar grundsätzliche Überlegungen. Manche konkrete Zeugnisse stehen in anderen Zusammenhängen.

Du sollst in der Betrachtung Andacht suchen aus dem täglichen Beten der Kirche. [523]

DIE FRÖMMIGKEITSÜBUNGEN DER KIRCHE. Man soll sich nach den Frömmigkeitsübungen der Kirche in ihren Gottesdiensten richten; denn der Geist wird stärker verspürt, wenn die ganze Kirche für diesen Geist offen steht und die Heiligen in ihm sich freuen. Ein Heiliger findet, bei sonst gleichen Voraussetzungen, an seinem Fest mehr Erhörung. Daneben widme dich der Betrachtung des hl. Paulus. [116]

Beim Stundengebet, bei den Psalmen besonders, ziehst du die Person Christi an, das heißt Christus selbst, auf daß du in ihm bittest, leidest und Kraft findest, als spräche er selbst in dir und du in ihm im Heiligen Geist. Ziehe die Person der Kirche an, ziehe andere Personen an, wie sie dir die Situation selbst nahelegt. [244]

Bei den einzelnen Teilen des kirchlichen Stundengebets gib darauf acht, was zu welchem Teil des Gebetes gehört, was zur Erhebung des Geistes, wie das Gebet genannt wird, was zur Danksagung, was zum Flehgebet, was zum Bittgebet. Du wirst dabei eine große Erleuchtung des Geistes und die Frucht des Gebetes verspüren.

Bei den einzelnen Teilen der Betrachtung gib darauf acht, woraus du Anlaß zur Danksagung und zum Flehgebet nehmen kannst, damit sie dir je an ihrer Stelle zur fruchtbaren Bitte dienen können. [809]

Sei, wenn du betest, aufmerksam und wende alle Anstrengung an, besonders beim Psalmengebet, wo Gott zu dir spricht, wo du zu Gott, wo du zu dir selbst, wo du zu anderen sprichst, wo der Prophet zu dir oder zu allen spricht; und bemühe dich um die gebührende Aufmerksamkeit, Ehrfurcht und Andacht. So wird dir aus dem Gebet reichere Frucht zuteil werden. [821]

Suche in den Psalmen die Freude und Frucht des Geistes. Diese wird dir der Herr geben; überdies wird er dir gewähren, daß es dir nicht nur nicht lästig fällt, so häufig das kirchliche Stundengebet zu verrichten, sondern daß du sehnsüchtig auch die Zeit für das Gebet zu finden suchst. [795]

In der Schule des Ignatius hat Nadal gelernt, „Gott in allen Dingen zu suchen und zu finden". Er ist diesem Weg nicht nur in Treue gefolgt, sondern hat ihn auch theologisch reflektiert und immer wieder die Mitbrüder darin unterwiesen. So ist er zum geradezu klassischen Lehrer dieses Herzstückes ignatianischer Spiritualität geworden - in der unermüdlichen Auseinandersetzung mit pseudomonastischen und pseudomystischen Tendenzen, denen er auf seinen Visitationsreisen besonders in Spanien und Portugal begegnete. Einen eigenen Beitrag zu dieser Gebetsschule hat Nadal mit dem Bild vom Kreislauf (circulus) *zwischen Gebet und Arbeit entwikkelt: Das wahre ignatianische Beten drängt zum apostolischen Dienst; dieser in rechter Gesinnung getane Dienst drängt notwendig wieder zum Gebet zurück und so fort.*

Im „Geistlichen Notizbuch" begegnet uns aus dieser universalen Gebetspraxis vor allem das Element der „Transparenz": Die Geschöpfe werden in der Sicht des Glaubens „durchsichtig" auf Gott, ihren Schöpfer hin. Andere wichtige Aspekte des „Gott suchen in allen Dingen" entwickelt er ausführlich in den geistlichen Konferenzen.

Aus der Betrachtung der Geschöpfe erstrahlt ein Licht und ein Leuchten, wie wenn alle bekennen würden: Wir sind aus Gott, wir sind in Gott, wir sind wegen Gott. [975]

Lebe so in dieser sinnenfälligen Welt, daß du sie nicht bloß im natürlichen Licht erkennst, sondern auch im Licht des Glaubens. Wenn du aber das Licht der Weisheit und des Verstandes erfährst oder gar eine auserlesene Offenbarung oder Erleuchtung, dann nimm diese dankbar entgegen und lobe Gott. So wirst du zu einem neuen Menschen in Christus werden. [642]

Betrachte mit reinem Herzen Gott in den Spuren und im Spiegel der Geschöpfe, wie sie durch die Sinne Eingang finden in den Geist. Darin wirst du [zweitens] Gottes Macht, Gegenwart und Wesenheit verspüren, ebenso sein Wirken; drittens wirst du den dreifaltigen und einen Gott im Bild seines Geistes erkennen; viertens, nochmals in seinem Bild durch Glaube, Hoffnung und Liebe; fünftens durch Gottes Sein; sechstens durch die Betrachtung seiner Güte. Daraus erschließt sich der Weg durch die Dunkelheit, der Tod mit dem gekreuzigten Christus. Davon spricht der hl. Bonaventura im „Itinerarium". [249]

BETRACHTUNG UND BESCHAUUNG. Zur Beschauung Gottes werden wir von den Geschöpfen aus hingeführt. Denn wir schauen nicht das vollkommene Wesen der Geschöpfe, sondern nur ihre Erscheinungsweisen und ihre Tätigkeiten. Nur von Gott her erkennen wir die Wesensformen der Dinge, den Himmel, die Planeten, weil sie seine Werke sind; und wenn uns über all das hinaus ein höheres Licht und ein höheres Wirken zuteil wird, soll auch Gott auf eine höhere Weise betrachtet werden, damit wir immer im Glauben sagen: Wahrlich, du bist ein verborgener Gott, unser Erlöser (Jes 45,15), und ihm ewige Verherrlichung erweisen. [454]

WIE MAN DIE WELT BETRACHTEN SOLL. Du sollst die Welt betrachten, wie sie beurteilt wird durch die Offenbarung der Wahrheit beim Jüngsten Gericht. Dort wird keine Rolle spielen, was hier als wertvoll gilt. Umgekehrt aber wird herrlich aufstrahlen, was jetzt verachtet wird. Dieses Verständnis der Dinge sollst du immer vor Augen haben. [27]

WIE GOTT IN DEN GESCHÖPFEN IST. Gott ist in der ganzen Schöpfung wie die Seele im Körper, zwar nicht durch Formgebung, sondern durch seine Macht, Gegenwart, Wesenheit, jedoch ohne Sünde, auf göttliche und unaussprechliche Weise. [143]

IN DEN GESCHÖPFEN GOTT ANBETEN. In den geschaffenen Dingen selbst mußt du die Macht Gottes verspüren; in ihnen will er aus der Schöpfung erkannt, betrachtet, geliebt und angebetet werden. [134]

Suche Gott im Gebet nicht unmittelbar in sich (diese Betrachtung ist entweder nur natürlich, auch wenn sie in Ruhe geschieht, oder sie bewirkt in uns eine sonderbare Härte und Trockenheit des Geistes), sondern da, wo er gefunden werden will, nämlich in allen Geschöpfen, den geistigen wie den körperhaften, in den Heiligen Schriften, in den Sakramenten, in den Tugenden, in den Gaben, in den Werken, in den Heiligen, in der Jungfrau Maria, in Christus. Auf diese Weise wirst du Gott betrachten, wie er selbst es gewollt hat, der das unzugängliche Licht ist (1 Tim 6,16). Ihm sei die Ehre. [539]

Öffne, da du dich um ein geistliches Leben bemühst, die Augen und betrachte in allem Geschaffenen das göttliche Licht (das Gott dir erschließt); ein noch erhabeneres Licht wirst du in den Geheimnissen des Glaubens erfahren, das höchste in Christus. Bete mit Ausdauer zu Gott, und du wirst in Demut dieses Geschenk durch Christi Güte erhalten. [796]

AUFSTIEG DES GEISTES AUS DEN GESCHAFFENEN DINGEN. Verweile bei keinem geschaffenen Ding, ohne von ihm her zu Gott aufzusteigen, in einer Art himmlischer Betrachtung, im Erfassen der Beziehung, durch eine innere Bewegung; Christus wird das Verspüren im Geiste dazugeben. [77]

WER BIST DU? Betrachtung über die Geschöpfe. Besinne dich und sage zu den einzelnen: Wer bist du? Und die einzelnen und alle zusammen antworten: Ich bin nicht Gott. Was bist du dann? Die Stimme eines Rufenden, Spur Gottes, Leben in Gott, Licht aus Gott. Aber damit du diese Stimme hörst, mußt du in die Wüste deines Herzens gehen, wo es kein eitles und unvollkommenes Verlangen gibt; hier wirst du jene Stimme vernehmen und du wirst Gott in den Geschöpfen verspüren, das heißt den Hinweis auf Gott im Herzen durch das Geschöpf Gottes.

Deine Eigenliebe, Anmaßung und Prahlerei fragen dich nach jenen Gaben, die du nicht besitzest, und du antwortest: Ich bin es, ich bin es, sie sind mein Eigentum; oder von denen, die du von Gott erhalten hast, antwortest du so, als schriebest du sie dir, nicht Gott zu. Was ergibt sich daraus? Du wirst nicht die Stimme Gottes in der Wüste sein, sondern das Brüllen des bösen Geistes inmitten eines Haufens schändlicher Leidenschaften. Deshalb erkenne in der Wahrheit und Demut deines Herzens, daß du jene Gaben, die ein Irrtum deines Herzens fälschlicherweise dir zuschreibt, nicht besitzest; und jene, die du besitzest, falls du welche besitzest, schreibe Gott zu und nicht dir; lobe Gott ihretwegen, erniedrige und verdemütige dich ganz tief. Wenn du dich auf diese Demut und Wahrheit stützest, wirst du eine Stimme Gottes werden, die ruft in der Wüste deines Herzens und in der Demut, die wächst bis zu jenem Maß von Wüste, in dem du endlich verspürst, daß du nichts bist, wie Paulus, und beginnst, dich und Gott zu erkennen, dich in Gott (vgl. 1 Kor 15,10; 2 Kor 12, 9). Alle Geschöpfe verkünden mit unaussprechlicher Stimme Gottes Erhabenheit und Licht in ihnen selbst. [932]

Gott wird zuweilen gesucht, als wäre er abwesend ; er ist es aber nicht, sondern er ist in uns und in allen Dingen höchst gegenwärtig. Und in besonderer Weise gibt er ein Zeichen seiner Gegenwart, seines Lichtes und seiner Kraft in den Geboten und in all dem, was wir aufgrund unseres Verdienstes und unserer Berufung zu tun haben; ebenso in dem, was uns der Ordensgehorsam vorschreibt.

Klarheit und Fülle der Beschauung in allen Dingen mit Danksagung. [940]

Ich will nicht, daß du nur ein geistlicher und frommer Mensch bist, wenn du die Messe feierst oder sonst betest; ich will, daß du auch geistlich und fromm bist, wenn du dich der Tätigkeit widmest, damit die volle Kraft des Geistes und der Gnade und der Andacht in deinem Wirken aufleuchte. [735]

Tag für Tag suchen, was Gott wohlgefällig ist, und es sogleich entschieden in die Tat umsetzen. Ich erbat im Gebet von der Jungfrau Maria, was ich tun soll, um Gott mehr zu gefallen. Ich verspürte, daß ich für Christus leiden und mich ganz in die Nachfolge Christi übergeben soll; dazu kam ein Verkosten des Lebens und der Werke Christi. [246]

Wir sollen unsere Fähigkeiten hochschätzen, die Glieder des Körpers, die Seele, den Leib, die ganze Natur, da sie Gott gehören usw. Man soll sie gebrauchen mit Furcht und Hingabe in Christus; das ist ein geistliches Verspüren in unseren Handlungen in Christus; man soll es täglich üben. [980]

Ich verspürte, daß Gott auch dann als unmittelbar wirkend verstanden werden muß, wenn er durch die Geschöpfe wirkt, sei es auf natürliche oder übernatürliche Weise, und dies aus dem Gespür für seine unendliche Macht und Wirkkraft; und weil wir in Christus leben, uns bewegen und sind (Apg 17, 28). [263]

Es ist eine große Gnade, sich Gott gegenwärtig zu halten in seiner Gottheit und in Christus. Diesen auch im Geiste in seiner Menschheit und ganz wahrhaft auch im Sakrament der Eucharistie. [562]

DAS VATERUNSER

Das Gebet, das Jesus Christus selbst gelehrt hat, nimmt einen bevorzugten Platz im Beten Nadals ein. Schon auf den ersten Seiten des „Geistlichen Notizbuches“, also aus dem Jahre 1546, steht die knappe Zusammenfassung einer „Betrachtung über das Gebet des Herrn nach dem hl. Franziskus“. Im Laufe der Jahre hat er mehrmals in einem geschlossenen Zyklus das ganze Vaterunser betrachtet. Noch häufiger erscheinen Notizen zu einzelnen Bitten, in die er sich betrachtend vertieft hat. Nicht selten bilden durch Tage hindurch auch mehrere Bitten des Herrengebets das Thema seiner Betrachtung. Dabei hat der erste Teil des Vaterunsers den Vorrang: Gott der Vater und sein Reich.

BETRACHTUNG ÜBER DAS GEBET DES HERRN NACH DEM HEILIGEN FRANZISKUS.

VATER UNSER. Unser heiligster Vater, unser Schöpfer, unser Erlöser, unser Tröster, unser Heiland.

DER DU BIST IM HIMMEL. In den Engeln, in den Heiligen. Du erleuchtest sie zu deiner Erkenntnis, denn du bist das Licht; du entflammst sie zur Liebe zu dir, denn du, Herr, bist die Liebe; du wohnst in ihnen und erfüllst sie zu ihrer Seligkeit, denn du Herr bist das höchste und ewige Gut, von dem alles Gute herkommt und ohne das es nichts Gutes gibt.

GEHEILIGT WERDE DEIN NAME. Es möge in uns aufleuchten die Erkenntnis von dir, damit wir die Breite deiner Wohltaten erkennen, die Länge deiner Verheißungen, die Höhe deiner Majestät und die Abgründe deiner Urteile.

DEIN REICH KOMME. Herrsche du in uns durch deine Gnade und laß uns zu deinem Reich gelangen, in dem wir dich unverhüllt schauen, mit dir in ewiger Gemeinschaft sind und dich ewig verkosten.

DEIN WILLE GESCHEHE. Möchten wir dich lieben aus ganzem Herzen, immer über dich nachsinnen, aus ganzer Seele ständig nach dir verlangen, all unser Streben auf dich richten und immer deine Ehre in allem suchen, aus aller Kraft sämtliche Sinne und Fähigkeiten des

Leibes und der Seele hinschenken für den Dienst der Liebe zu dir und für nichts anderes. Und möchten wir unsere Nächsten lieben wie uns selbst, indem wir alle nach Kräften zu deiner Liebe hinziehen, uns über das Glück der anderen freuen wie über unser eigenes, im Unglück mitfühlen und niemanden beleidigen.

UNSER TÄGLICHES BROT GIB UNS HEUTE. Laß uns deinen geliebten Sohn, unseren Herrn Jesus Christus, immer im Gedächtnis behalten, ihn erkennen und die Liebe verehren, die er uns erwiesen hat, wie all das, was er für uns getan, gesprochen und gelitten hat.

UND VERGIB UNS UNSERE SCHULD. Durch deine unaussprechliche Barmherzigkeit und durch die Kraft des Leidens deines vielgeliebten Sohnes, wegen der Verdienste und der Fürsprache der allerseligsten Jungfrau Maria und aller Heiligen.

WIE AUCH WIR VERGEBEN UNSEREN SCHULDIGERN. Und weil wir nicht voll verzeihen, mache du Herr, daß wir ganz verzeihen; daß wir unsere Feinde um deinetwillen lieben und für sie bei dir mit aller Hingabe eintreten, niemandem Böses mit Bösem vergelten, sondern allen deinetwegen von Nutzen zu sein suchen.

UND FÜHRE UNS NICHT IN VERSUCHUNG. Nicht in eine geheime noch in eine offene, überraschende oder gefährliche.

SONDERN ERLÖSE UNS VON DEM BÖSEN. Vom vergangenen, gegenwärtigen und zukünftigen.

AMEN. Von Herzen und voll Dank. [18]

Sprich täglich wenigstens einmal gesammelt und andächtig in besonderer Weise das Gebet des Herrn. Mit der Frucht dieses Gebetes würze die anderen Gebete des Tages, sowohl die mündlichen wie die innerlichen. [702]

Im Gebet des Herrn, andächtig gebetet oder in der Seele erwogen, empfand ich volles Verspüren und eine selige Anbetung Gottes. [629]

Im Gebet des Herrn ruft Christus alle zur Vollkommenheit des evangelischen Lebens: In der Anrede wird der irdische Vater verlassen und damit alles Irdische. In der ersten Bitte wird als Ziel die Vollkommenheit vorgestellt und erbetet. Die zweite verweist auf die höhere Vollkommenheit der Gnade, aus der das neue Reich hervorgeht. Die dritte zeigt die Vollkommenheit des Handelns. Die vierte erfleht die göttliche Hilfe in der Armut der zeitlichen Dinge und die Fülle der geistlichen Güter. In der fünften, sechsten und siebten Bitte erfleht man die Überwindung der Hindernisse, die der Vollkommenheit eines geistlichen Lebens entgegenstehen. [699]

Christus befiehlt dir in seinem Gebet, für alle zu beten; so sollen, während ich für alle bete, alle für mich beten, damit durch die Gemeinschaft der ganzen Kirche und durch alle, die in ähnlicher Weise beten, eine wirksame Fürsprache zustande kommt. [830]

Im Eingang des Herrengebets werden drei Formen des Gebetes geübt: die Erhebung des Geistes, die Danksagung und das Flehgebet. Gott erhebt uns zur Teilnahme an der göttlichen Natur in Christus; daraus gewinnen wir Danksagung, daraus Vertrauen in Christus usw.

Wenn das Vaterunser mehrmals zu beten ist, bemühe dich, es wenigstens einmal so andächtig wie möglich zu beten, in voller Teilnahme des Geistes; gelingt es dir nicht, einen derart kraftvollen Akt beim weiteren Sprechen des Gebetes durchzuhalten, so bemühe dich, wenigstens ein Verspüren oder Verkosten zu bewahren, in jedem Fall die Haltung und Willensrichtung, sicher das Gedächtnis. [857]

Bete: Vater unser usw. mit Christus, der dieses Gebet unablässig gebetet hat und noch vor dem Vater betet, indem er es an unserer Stelle tut. Er hat ständig gebetet vor der Passion, auf die nachhaltigste Weise in der Passion und nach der Passion; dann im Himmel bis zum Weltgericht, nachher wird er bei der ersten Bitte verharren, wie auch wir es mit ihm tun werden. Dieses gleiche Gebet beten die Heiligen, indem sie es an unserer Stelle tun. [929]

Stelle das Gebet des Herrn in Beziehung zur Frucht deiner Berufung. In der Anrede bekräftige den Verzicht auf alle Güter und den Anfang deiner Berufung.

In der ersten Bitte soll der erste Grundsatz unseres Zieles erbetet werden: daß alles zur größeren Ehre geschehe.

In der zweiten wird der andere Teil des Zieles erbetet: das Heil und die Vervollkommnung unserer selbst sowie aller Nächsten.

In der dritten wird für uns und alle die Vollkommenheit des Gehorsams erfleht, damit unsere Dienstämter treu erfüllt werden.

In der vierten Armut an irdischen Dingen, die die Fülle der geistlichen Dinge zur Folge hat.

In der fünften, sechsten und siebten die Reinheit des Herzens und die Freiheit von allen Sünden und Versuchungen und allem sonstigen Übel; ausdrücklich aber die Reinheit des Herzens und des Leibes, was zum Wesen der Keuschheit gehört. [701]

SIEHE, ICH BIN DIE MAGD DES HERRN, MIR GESCHEHE usw. In gleicher Weise wollen wir im Herrengebet bitten, daß wir mit Hilfe der Gnade Gottes und der Gaben des Heiligen Geistes antworten können: Siehe, wir sind unnütze Knechte (Lk 17,10), in uns geschehe dein Wille; mit diesen Worten, mit diesem Gebet wollen wir unsere Zustimmung und unsere Mitarbeit ausdrücken in der Demut und Freude unseres Herzens in Christus. [998]

Verbinde das geistliche Verspüren der göttlichen Kraft, in der du wirken sollst, mit jenem Verspüren, das dir geschenkt wird, wenn du betest: Vater unser, der du bist im Himmel. Jenes ist die Kraft Gottes in dir, dieses der

Same, die göttliche Zeugung aus dem Vater, die von Christus empfangen und in ihm wirksam geworden ist; richte darauf dein praktisches Handeln aus. [856]

In den ersten Worten des Herrengebets liegt höchste Kraft des Geistes, um die Seele zu erheben und mit Gott zu vereinen; deshalb kann man meist nur mit Mühe von diesen ersten Worten weitergehen, wenn man mit größerer Sammlung und Andacht betet. [619]

Die drei letzten Bitten des Herrengebets können wir auf die Gesellschaft beziehen, indem wir jene Gaben nicht für uns erbitten, sondern Gott anflehen, er möge sie durch unseren Dienst unseren Nächsten schenken und erwirken. [808]

Hüte dich vor Nachlässigkeit bei den beiden letzten Bitten des Herrengebets, damit du nicht jene starke Hilfe verlierst, die Gott in ihre andächtige und eifrige Verrichtung gelegt hat; sonst werden dich deine schlechten Gedanken ständig verwirren und Versuchungen und schlimme Dinge dir zum Hindernis werden. [923]

VATER UNSER, DER DU BIST IM HIMMEL. Was wir so sprechen, greifen der Glaube, die Weisheit und der Verstand auf und geben uns Anteil an der Erkenntnis des himmlischen Vaters und seiner Güter und versetzen uns in den Himmel unter die Heiligen. Daher gibt es nichts, wozu die Seele mehr hingezogen wird, so als könne sie sich zu nichts anderem hinneigen als zur Verherrlichung Gottes. [665]

VATER UNSER, DER DU BIST IM HIMMEL. So mögen mit uns und für uns Christus und die Heiligen bitten; so die streitende Kirche für sich und für uns. Wir sind ja ein einziger Leib in Christus. Mit ihnen zusammen bete ich: Vater unser. [805]

DEIN REICH KOMME. Komm Herr, zögere nicht; die Tyrannei der bösen Geister möge überwunden, die Zahl deiner Vorherbestimmten erfüllt werden. Mögen von Tag zu Tag deine Macht, deine Herrschaft, dein Reich in uns wachsen. [804]

GEHEILIGT WERDE DEIN NAME. In sich und durch sich und aus sich. Wer kann denn Gott vollkommen loben, verherrlichen und heiligen außer Gott allein? Deshalb wird er auch geheiligt über das hinaus, was wir zu erreichen oder zu verstehen vermögen; wenn wir aber sagen, er werde von uns geheiligt, dann ist das so zu verstehen, als sagten wir, der Name Gottes müsse von uns über alles gelobt, über alles verherrlicht und über alles geheiligt werden usw. [753]

GEHEILIGT WERDE DEIN NAME. Der Name Gottes ist Gott selbst. Es gibt nämlich nichts anderes, durch das Gott in größerer Fülle bezeichnet oder gedeutet wird. Weil Gott aber nicht von einem anderen auf volle Weise geheiligt wird, sondern nur durch sich selbst, erbitten wir einen vollkommenen Akt der Liebe, nämlich das, was wir im Akt der Liebe ausdrücken durch die Liebe der Freundschaft, in der wir Gott um seinetwillen lieben. [555]

GEHEILIGT WERDE DEIN NAME. Laßt uns erkennen das Lob, die Glorie, die Heiligkeit und Heiligung der unendlichen Güte Gottes und seiner unendlichen Macht in sich und ihretwegen. Diese sollen uns über alles wohlgefallen; darin wollen wir mit ganzem Sinn und Geist unseren Trost finden, darüber wollen wir uns freuen und jubeln, darin unsere Befriedigung finden; wir wollen überdies erkennen und betrachten, wie diese Haltung auf überaus vollkommene Weise nach dem Maß ihrer Heiligkeit von Christus als Mensch, von der Jungfrau Maria, von allen Heiligen und Engeln gelebt wird; wie sie Gott loben und preisen und ihn heiligen; und nicht nur sie, sondern auch die ganze Schöpfung lobt Gott, wenn nicht mit Stimme und Geist, so doch gewiß durch ihr Sein und Wirken. Wir wollen betrachten, wie die Kirche und alle Heiligen, die noch auf dem Wege sind, schon seit Erschaffung der Welt Gott gelobt und verherrlicht haben. Laßt uns dieses Lob nachahmen, laßt uns Gott, den Vater unseres Herrn Jesus Christus, verherrlichen und heiligen, und in ihm, der auch unser Vater ist, den Sohn Gottes Jesus Christus, unseren Herrn und Bruder, und zugleich in beiden den Heiligen Geist, den Beistand. Amen. [775]

ZU UNS KOMME DEIN REICH. Es wird uns eine unendliche Kraft mitgeteilt, mit deren Hilfe Gottes Wille von uns getan wird. Glücklich, wer davon ein Verspüren des Geistes erlangt. Dieser wird im Geiste das Maß des Verdienstes erkennen. [934]

ZU UNS KOMME DEIN REICH. Mögen alle Heiden und Ungläubigen zur Erkenntnis deines Namens und zum Gehorsam gegen dein Gesetz gelangen. [981]

ZU UNS KOMME DEIN REICH. Auf diese Weise wollen wir stets die Gnade erbitten zum Tun des Willens Gottes; wir wollen unsere früheren Werke vergessen und uns ausstrecken nach den künftigen (vgl. Phil 3,13) und darin die Heiligen nachahmen, die immer sagten, sie würden erst anfangen Gott zu dienen. [928]

DEIN REICH KOMME. Lasset uns wünschen, daß Christus so schnell als möglich komme und das ewige Reich dem Vater übergebe, nachdem alle feindlichen Mächte entmachtet sind, die Sünde vollkommen überwunden und der Tod zugleich mit der Sünde in der Hölle begraben ist; daß in kürzester Zeit die Zahl der Erwählten erfüllt und das Buch, das Gott geschrieben hat mit den Namen der Geretteten, abgeschlossen werde; daß überdies im Himmel, in der Kirche, in uns die Herrlichkeit Gottes gemehrt werde und Gott herrsche auf ewig. [776]

DEIN REICH KOMME. Wir bitten um die Gnade, die uns zuvorkommt und in uns wirkt, und wir bitten darum, daß Jesus mit größerer Kraft an die Türe unseres Herzens klopfe. Ihm wollen wir antworten in demütigem Verspüren des Geistes, indem wir die Gnade aufnehmen und ihr aus freien Stücken zustimmen, da sie uns zuvorgekommen ist und wir von ihr unterstützt werden. [917]

Das Reich Gottes im Herrengebet,
das Reich Gottes im Garten der Tugenden, in seinem Glanz und seiner Schönheit,
das Reich Gottes in der Anbetung des gekreuzigten Christus,
das Reich Gottes in der Anbetung des verherrlichten Christus, der zur Rechten des Vaters thront,
das Reich Gottes im Schlagen des Herzens zu Gott hin, wovon Augustinus im 9. Buch, Kapitel 10 der „Confessiones“ spricht,
das Reich Gottes im Vers: Im Glanz der Heiligen, vom Mutterschoß an (Ps 109),
das Reich Gottes im durchdringenden und beglückenden Strahl der Gottheit,
das Reich Gottes im Glanz der Gottheit im himmlischen Licht,
das Reich Gottes aus der Abtötung und der Übergabe in den Tod Christi,
das Himmelreich allerorts durch das beglückende Licht der Beschauung und der Andacht,
das Reich Gottes in der Trübsal. [927]

DEIN WILLE GESCHEHE WIE IM HIMMEL SO AUF ERDEN. Gott Vater, es soll nicht nur dein Reich und deine Gnade in uns wirken, sondern auch mitwirken mit uns und wir mit dir in dieser Gnade. Aber wir erbitten dies in aller Bescheidenheit. Denn die ganze Kraft des Verdienstes und der guten Werke, die auf das ewige Leben zielen, ist ganz deine Kraft, unser Vater. Wir bitten aber, sie möge ganz die unsere werden und wir möchten erkennen und verspüren, daß sie ganz deine Kraft ist, wir sie aber nicht nur in Freiheit empfangen, sondern auch aus freien Stücken mit ihr zusammenwirken, du aber darin zugleich mitwirkst. Da dies die höchste Würde und erhabene Stellung der Sterblichen ist, können wir sie am allerbesten damit erklären, als würden wir gar nicht mitwirken, obwohl wir dies in höchstem Maß tun in dir und durch dich. Ähnlich hat auch die Jungfrau auf erhabene Weise dem Engel zur Antwort gegeben: Mir geschehe nach deinem Wort (Lk 1,38) und dennoch hat sie selbst mit jenem göttlichen Wirken mitgewirkt bei der Empfängnis des Sohnes. So hat sie Gott und den Menschen empfangen und ist wahrhaft Mutter Gottes und des Menschen geworden. [917]

UNSER TÄGLICHES BROT usw. Wenn wir nach der Bitte um das übernatürliche Brot auch um die Ernährung und die Erhaltung des Leibes und der Seele bitten, sollen wir zugleich um die vollkommene Tugend der Mäßigkeit und der Nüchternheit bitten, ebenso um die Gesundheit von Leib und Geist, damit keine Maßlosigkeit der Säfte und der Geister und keine andere schädliche Erregung, sei es im Fleisch, sei es im Geist, aufkomme; sondern es sollen in uns sowohl der Geist des Herrn und die inneren Kräfte des Geistes und jene des Körpers genährt werden, damit zugleich die Keuschheit gefördert und bestärkt wird. [773]

VATER. Danksagung für die Schöpfung, ebenso für die Erlösung; zugleich inniges Flehgebet durch die Gnade der Schöpfung und der Erlösung, durch Christus, durch den der Vater uns erschaffen, durch ihn uns auch erlöst hat. Reiches Verspüren, das sich im Wort bekundet, gibt uns ein Erfahren von beidem, von der Danksagung und vom Flehgebet.

UNSER. Es beten für uns, in uns und mit uns Christus, die Engel, die Heiligen, die Kirche; wir sind ja durch den einen Geist in Christus der eine Leib (Eph 4,4). Er ist das Haupt der Engel und Menschen, das Haupt und der Herr von beiden, nämlich der triumphierenden und der streitenden Kirche; die Gemeinschaft mit Christus, den Engeln, den Heiligen, das ist die vollendete Fürsprache.

DER DU BIST IM HIMMEL. Gebet heißt Erhebung des Herzens zu Gottes Sein und Unendlichkeit, seiner Allmacht und Unermeßlichkeit, zur ersten Ursache von allem.

GEHEILIGT WERDE DEIN NAME. Wohlgefallen des Willens daran, daß Gott unendliche Heiligkeit und Vollkommenheit ist. Gott nämlich ist die Heiligkeit und unendliche Heiligung, die unser Ziel ist, das wir ersehnen. Aus dieser Heiligung in dir gewähre, Herr, daß du auch in uns geheiligt werdest und wir uns durch dich heiligen.

DEIN REICH KOMME. Deine unendliche Kraft und Herrschaft leite uns, offenbare sich uns, teile sich uns mit.

DEIN WILLE GESCHEHE WIE IM HIMMEL SO AUF ERDEN. Deine Herrschaft schenke uns Sterblichen ein vollkommenes Wirken, wie sie es den seligen Geistern gibt.

UNSER TÄGLICHES BROT GIB UNS HEUTE. Nähre und vermehre in uns dieses Reich, dieses Wirken.

UND VERGIB UNS usw. Nimm von uns unsere Sünden, die uns vom Höheren trennen oder es doch hindern.

WIE AUCH WIR usw. Deren Vater du bist, in Christus nämlich, in dem auch wir Söhne sind.

UND FÜHRE UNS NICHT usw. Bewahre uns auch vor der Gefahr der Sünde.

SONDERN ERLÖSE UNS. Vom Feuer, vom Teufel, von der Welt. Diese drei werden aber deshalb hier genannt, weil wir bekennen, daß uns von ihnen Gefahr droht und uns der Schutz Gottes hilfreich bereitsteht. [247]

DIE JUNGFRÄULICHE GOTTESMUTTER

Unter diesem Titel, der die Mitte ihres Geheimnisses bekennt, steht Nadals Marienverehrung. Ausgewählte Zeugnisse aus dem „Geistlichen Notizbuch“ bestätigen die katholische Selbstverständlichkeit seiner Liebe zur

Mutter des Herrn. Besonders verbunden ist er mit ihrem Heiligtum von Loreto. Ausführlich hat er eine Betrachtung zum Fest ihrer Aufnahme in die ewige Seligkeit festgehalten.

Wir müssen zu Gott beten, daß er uns die Verehrung der Jungfrau Maria schenkt. Es gefällt Christus, wenn wir zu seiner Mutter Zuflucht nehmen; es ist so, als ob, wenn du dich an Christus wendest, er dich an die Mutter verwiese. [581]

Erbitte von der jungfräulichen Gottesmutter, aus dem Eifer der Verehrung für sie, daß sie dir kundgibt, was du ihr zu Gefallen tun kannst. Dadurch wird deine Verehrung gemehrt werden. [70]

Betrachte und verehre die hochheilige Jungfrau und Gottesmutter Maria; daraus wirst du erkennen und im Herzen verspüren, daß sie die Mutter der Barmherzigkeit ist, der göttlichen Güte, der Liebe, unseres Heiles, der Erlösung, der Seligkeit usw., weil sie die Gottesmutter ist und darum auch unsere Mutter durch die Annahme an Kindesstatt im Sohn. Deshalb können wir all das, was uns Christus verdient hat, als von ihr empfangen ansehen, da die Sterblichen Christus durch sie erhalten haben. Welch hervorragende Würde Marias, die von allen Zungen der Engel und Menschen gepriesen werden soll. [656]

All ihr Völker lobet Maria; denn Maria äußert ihre tiefste und vollkommenste Demut, wenn wir sie loben; sie wendet nämlich all das ihr erwiesene Lob in selbstloser Freude auf die Verherrlichung des Schöpfers zurück; oder sie wiederholt ständig jenes herrliche Lied, das sie gesungen hat, als sie das Lob Elisabeths vernahm: Hochpreise usw. Denn er hat mir Großes getan usw. Denn er hat herabgeschaut auf die Niedrigkeit der Magd usw. (Lk 1,46ff). Je größer sie also in allen Gaben ist, in um so reicherer und überfließenderer Weise lobt sie Gott, der Maria sein eigenes Lob erweist. Dieses Verhalten Marias ahmen, je nach ihrer Stellung, die Heiligen Gottes nach, wenn sie ihr eigenes Lob vernehmen oder darum wissen. [741]

DIE FÜRSPRACHE DER JUNGFRAU MARIA. Die Fürsprache der Jungfrau Maria ist zur Erlangung aller Gaben und Gnaden von großer und überragender Wirksamkeit. Sie schenkt großes Gottvertrauen, wenn man mit ihrer Fürsprache ins Gebet geht. [85]

DAS GEBET ZUR JUNGFRAU. Wenn du die jungfräuliche Gottesmutter bitten willst, für dich Fürsprache einzulegen, rufe zuerst alle Engel und Heiligen an und dann gehe zu ihr. Das ist eine Huldigung an die Jungfrau und ein fruchtbares Gebet. [87]

Empfiehl dich und alle deine Handlungen der jungfräulichen Gottesmutter auf die demütigste und ergebenste Weise, die dir möglich ist; und bitte sie besonders, daß sie dein Leben lenke. Alle Lebensalter haben gewöhnlich ihre eigenen Schwierigkeiten und Gefahren. Die gütige Jungfrau wird dafür die Schutzherrschaft übernehmen. Es wird dir sehr von Nutzen sein, eine Wallfahrt zum Haus der heiligen Jungfrau von Loreto zu geloben, falls der Gehorsam es dir gestattet, und zu einer Zeit, da du in Italien weilst; oder in anderen Ländern, wenn es dort ein berühmtes Heiligtum gibt, das der jungfräulichen Gottesmutter geweiht ist. Die heilige Jungfrau wird dir eine überaus gütige Fürsorge zuwenden, manchmal durch sich selbst, manchmal durch die Engel und Heiligen; und nicht selten wird es geschehen, daß sie dich zum Sohn führt und zum Vater. [884]

Lege in der Einfalt und Demut des Herzens die Sorge um deine inneren und äußeren Schwächen in die Hände der seligsten Jungfrau Maria, der Gottesmutter von Loreto, die selbst die Heilung schenkt in Christus und dich Christus zur Heilung übergibt; dabei sollst du nichts unterlassen von dem, was der Geist und die rechte Vernunft fordern, daß du dafür Sorge trägst. [621]

Ohne Zweifel haben die nach der Gefangennahme Jesu zerstreuten Apostel, dann auch Petrus und später Johannes in den Schutz der seligsten Jungfrau Zuflucht genommen und sind gegen ihre Furcht gestärkt worden; Petrus wurde überdies zur Hoffnung auf die sichere Verzeihung geführt. Daraus müssen wir erkennen, daß wir zur jungfräulichen Mutter Maria gehen sollen, wenn wir einmal wegen einer Nachlässigkeit oder wegen eines Vergehens Christus verlassen haben und nicht mehr durch die Liebe des Kreuzes bewegt werden oder wenn wir beim Gebet Trostlosigkeit verspüren oder Trockenheit des Geistes. Das hat uns Christus vom Kreuz herab empfohlen, als er zur Mutter sagte: Siehe, dein Sohn; zu Johannes: Siehe, deine Mutter (Joh 19, 26f). Da hat er uns gleichsam in Johannes ihr anempfohlen und uns gelehrt, daß wir zu ihr wie zu einer Mutter Zuflucht nehmen. [845]

Christus übergibt dir vom Kreuz aus die Mutter. Was zögerst du, zu ihr als zur Mutter zu eilen? Sie zu verehren, ihr zu huldigen, sie anzurufen nicht sosehr als deine Mutter, sondern vielmehr als die Mutter Gottes, die Königin des Himmels und die Herrin. [831]

Offenkundig zeigt sich im Evangelium, das die Kirche am Fest der Aufnahme der Jungfrau Maria liest (Lk 10, 38-42), daß die Vollkommenheit des christlichen Lebens weder im aktiven noch im kontemplativen Leben besteht. Vollkommen ist nämlich nur das Ganze; Christus aber nannte das kontemplative Leben einen Teil: Den besten Teil hat sie erwählt usw. Wenn er aber sagt: Nur eines ist notwendig, versteht er unter diesem Einen, in dem die Vollkommenheit besteht, die Einheit der Liebe mit Gott, die ja notwendig ist und in der, wenn beide Teile verbunden sind und vollzogen werden, die Vollkommenheit des christlichen Lebens besteht. Weil dieses Eine in der Jungfrau Maria vollkommen war, findet sich in ihr das kontemplative Leben auf vollkommene Weise mit dem aktiven verbunden. Ferner richtet der aktive Teil sein Tun auf Gott und überhaupt auf alles aus, was nach den Theologen zur Kontemplation gehört. Denn alles wird in dem ihm entsprechenden Rang auf das Tun bezogen; deshalb besaß die Jungfrau Maria beide Teile auf vollkommene Weise. Es wird aber an ihrem Todestag dieses Evangelium verwendet, weil in ihm auf mystische Weise ihr überaus strahlender Übergang zur Unsterblichkeit erklärt wird. Denn da sie im Laufe ihres ganzen sterblichen Lebens beide Lebensformen in vollkommener Weise gelebt hat, vollbrachte sie, als sie die Gegenwart des Todes erkannte, einen höchsten Akt von beiden; in aktiver Weise, indem sie ständig in der Person der Martha betete, daß dem Dienst der Kirche Hilfe zukommen möge: Herr, kümmert es dich nicht usw., worin sich eine Weise des Sterbens durch Liebe, durch die Verzückung des Geistes und durch eine Entrückung, mit einem heftigen Verlangen nach der wirklichen Trennung der Seele ausdrückte; zugleich betete sie aus dem vollkommenen Verspüren des aktiven Lebens, daß Gott sie nicht verlasse, da sie allein gelassen nicht dienen oder leben könne. Nicht erhörte Christus, von der Liebe zur Mutter bewegt, dieses Verlangen, wodurch Maria viel für die Kirche leiden wollte, da schon zu jener Zeit wütende Verfolgungen die Kirche bedrängten; vielmehr erhörte er das andere Verlangen in der Wahl des kontemplativen Lebens, in dem sie verlangte, gelöst zu werden von den Fesseln der Sterblichkeit und mit dem Sohn ewig zu leben. Überdies kann darin auch das Gebet der Kirche verstanden werden, die nicht der körperlichen Gegenwart Marias beraubt werden wollte, um von ihr Hilfe zu empfangen. [301]

In Nadals Beten und Leben haben auch die Heiligen - als Vorbilder und Fürbitter - ihren Platz. Ihre Verehrung ist, theologisch gesund, immer eingeordnet in das Gehen mit Jesus Christus zum Vater, wie er es selber bezeugt. An einigen Beispielen wird sichtbar, welche Heiligen er besonders verehrt hat.

Reiche Frucht aus der Lesung von Geschichten der Heiligen und eine fromme Liebe dazu; durch sie prägt Gott uns die Gaben des Geistes ein, wie er sie jenen geschenkt hat, oder eine ähnliche Kraft. [862]

Rufe täglich mit Andacht alle Heiligen dieses Tages an, nicht nur jene, die die Kirche ausdrücklich feiert, sondern auch all die Seelen, die an diesem Tag entweder unmittelbar oder aus dem Fegfeuer in die Seligkeit aufgestiegen sind. Du wirst durch ihre Fürbitten eine einzigartige Hilfe verspüren. [876]

WEISE DES GEBETES ZU DEN HEILIGEN. Die Heiligen werden verehrt und angerufen, damit sie für uns Fürsprache einlegen bei Gott. An erster Stelle erweise den Heiligen deine Verehrung, lobe und preise sie; zweitens bitte sie um ihre Fürsprache; drittens gehe mit ihnen zu Gott, unterstützt von ihren Gebeten. [64]

ART UND WEISE DER HEILIGENVEREHRUNG. Alle Heiligen sind durch die Gnade Christi gerettet worden. Über das Mitwirken der Heiligen mit der Gnade empfing ich einmal eine überaus kostbare Erleuchtung und eine ganz herrliche Gabe, doch ganz aus Gnade und durch die Gnade. Und wir loben und ehren in den Heiligen die herrliche Gabe Gottes, die sie selbst sind. [65]

Beim Lesen der Heiligen Schrift oder beim kirchlichen Stundengebet muß man sich um ein gleiches geistliches

Verspüren und um die gleiche Andacht des Herzens bemühen, wie sie nach unserer Vorstellung die Heiligen, denen die Heilige Schrift offenbart wurde, erfahren haben. Dazu wirst du durch die Gnade Gottes geführt werden, wenn du das Verspüren deiner Andacht und Tröstung darauf richtest. [243]

WENN ZWEI VON EUCH AUF ERDEN ÜBEREINSTIMMEN in einer Sache, um die sie bitten, dann wird es ihnen von meinem Vater zuteil werden (Mt 18,19). Was wird dann erst geschehen in unserem Glauben, wenn im Himmel alle Heiligen für uns beten? Die Pflege des Gebetes zu allen Heiligen ist also von allerhöchstem Nutzen. [616]

DIE FÜRSPRACHE DER HEILIGEN. Rufe einen beliebigen Heiligen zu deinem Schutz an; eile zu ihm in deinen Nöten und mit deinen Gebeten. Er wird dir besonders verbunden sein neben deinen ständigen Fürsprechern: der heiligen Jungfrau, deinem Schutzengel und jenem der Gesellschaft, den Aposteln Petrus und Paulus nebst dem Tagesheiligen, den die Kirche nach ihrer Gewohnheit feiert. [55]

Niemand soll verlangen, die Heiligen nachzuahmen in ihren Privilegien, die ihnen Christus schon in diesem Leben geschenkt hat; sondern die wahre und fruchtbare Nachahmung besteht darin, die Mittel nachzuahmen, durch die sie jene Privilegien erreicht haben. Dieser Gedanke half mir, als mich danach verlangte, den Vater Ignatius nachzuahmen in seiner Kontemplation und in seinem Verspüren der göttlichen Dinge. [326]

Gib acht, daß Verehrung und Anrufung der Heiligen nicht die Verehrung und Anrufung Gottes beeinträchtigen, während sie diese mehren müßten, weil sich die Gottesverehrung in ihrem ganzen Wesen von der Heiligenverehrung unterscheidet und sie auf der ganzen Linie übertrifft. Bei jener allein sollst du dauernd ausharren; zu dieser sollst du dich hinwenden um der Fürsprache willen; doch sollst du es nicht unterlassen, mit ganzem Glauben, ganzer Hoffnung und ganzer Liebe deine Gebete vor Gott zu tragen. [878]

Am Fest der Enthauptung Johannes des Täufers [24. Juni] wünschte ich mir in der Messe, daß mir das Haupt meiner Eigenliebe und des Hochmuts abgeschlagen werde. Ich verspürte, daß sie mir weggenommen und Christus mir als Haupt gegeben werde; ihm sei Ehre in Ewigkeit. [497]

Nimm Zuflucht zum hl. Paulus, erflehe seinen Beistand und seine Unterweisung; er wird dir jenes großartige Geschenk der Abtötung erlangen, ohne die die Vollkommenheit weder erlangt noch bewahrt werden kann. [950]

DIE FÜRSPRACHE DER HEILIGEN PETRUS UND PAULUS UND DES SCHUTZENGELS. Die Fürsprache des hl. Paulus vermittelt die Glut des Geistes und die Erhebung des Gemütes; jene des hl. Petrus erwirbt die Ordnung im geistlichen Leben und die Beharrlichkeit. Die Fürsprache des Schutzengels oder des Engels der Gesellschaft schenkt das Verlangen, sich um das Heil der Nächsten zu sorgen und, ohne diese Sorge zu vernachlässigen oder gar zu unterlassen, die Beschauung zu suchen, die auf diesem Weg und durch dieses Bemühen zur gegebenen Zeit umso reicher geschenkt wird; und zu Zeiten, in denen wir nicht von diesen Aufgaben in Anspruch genommen werden, können wir geistliche Freuden gewinnen, um die Seele zu nähren, zu kräftigen, mit Freuden zu erfüllen und anzuspornen. Aber vor allem ist es notwendig, daß du die Stufe der Beschauung überhaupt erreichst. [59]

DIE FÜRSPRACHE DES HEILIGEN JOHANNES. Die Fürsprache des heiligen Evangelisten Johannes erwirbt die Reinheit des Herzens, so daß Jesus gern darin verweilt. [63]

FÜRSPRACHE DES HEILIGEN ANDREAS. STARKMUT, HÖCHSTE DEMUT. Die Fürsprache des hl. Andreas hilft uns, starkmütig zu sein und zu erfassen, was Starkmut für unser

Handeln bedeutet, was Demut ist und ihre Wirkung. Dies ist so zu verstehen: Je weniger wir in unseren Handlungen spüren, daß sie von uns kommen, desto mehr gelten sie vor Gott. Du begreifst in der Demut die Armut der eigenen Kräfte wie eine Wohltat, und dann beginnt unser wahres und starkes Handeln, wenn wir nicht mehr aus uns wirken, sondern in Gott, der auf besondere Weise mitwirkt. Das meint der Weise mit dem Wort: Wenn der Mensch am Ende ist, dann fängt er an (Koh 18,6). [68]

DIE FÜRSPRACHE DES HEILIGEN JAKOBUS. Die Fürsprache des hl. Jakobus, des Bruders des Herrn, hilft uns, daß wir zu Beginn der Betrachtung göttliche Kraft empfangen und mit ihr mitwirken, daß wir den Anfang der Versuchungen erkennen (die meist erst erkannt werden, wenn sie schon stärker geworden sind) und sie, wenn sie in ihrem Anfang erkannt werden, auch gleich überwinden. [93]

Auf weise und fruchtbare Art sind die drei Feste nach der Geburt Christi miteinander verbunden: hl. Stephanus, hl. Johannes und die heiligen Unschuldigen Kinder; in ihnen zeigen sich drei besondere Gnaden Gottes, nämlich die Glut des Geistes und des Glaubens, die Gottesliebe und die Unschuld. Betrachte darüber, und du wirst Frucht und eine gewisse Mitteilung dieser besonderen Gnaden verspüren in der Demut deines Herzens durch das Gebet zu diesen Heiligen im neugeborenen Christus. [935]

Am 4. Mai, dem Fest der hl. Monika, begann meine chirurgische Behandlung; da Patres und Brüder für mich Messen gefeiert und gebetet hatten, war ich voll großer Hoffnung und Ruhe des Herzens. Am gleichen Tag verspürte ich im Geiste, daß ich die hl. Monika zur Mutter erhielt und sie eine gütige und mütterliche Sorge um mich bekundete. Am Tag darauf in der Messe ein Verspüren und Ruhe, ich solle nicht mehr ängstlich um meine Gesundheit besorgt sein und mir nicht weiter darum

Kummer machen. Es überkam mich eine große Tröstung und ein Verspüren im Geiste, als ob ich die jungfräuliche Gottesgebärerin zur Mutter erhielte, die in der liebenswürdigsten und mütterlichsten Weise für mich sorgen werde. Lob sei dir Christus Jesus. [480]

Lerne vom hl. Antonius [dem Einsiedler] die Abtötung, das Gebet und den Sieg über die bösen Geister; lerne die Demut in Christus gegen die Anmaßung und Frechheit der bösen Geister. Rufe in Christus den Namen des Antonius an, wie man es zu seinen Lebzeiten zu tun pflegte.

Eine starke und tiefe Demut hilft zur Überwindung des bösen Geistes in Christus. Denn wenn du etwas Eigenes zurückbehältst, wird gerade darin der böse Geist etwas gegen dich vermögen, wenigstens um dich zu quälen, wenn er dich sonst in keiner Weise verwirrt. [944]

Eine besondere Hilfe erfuhr ich durch die Heiligen am Fest Allerheiligen. [977]

Wir sollen uns um die Verehrung und die Vertrautheit mit unserem Schutzengel bemühen und sie üben und das Verspüren seines Schutzes, seiner Führung und der ständigen Wohltaten in die Tat umsetzen; ebenso sollen wir mit großer Ehrfurcht seine Gegenwart betrachten, verspüren und gleichsam sehen. Du sollst dein Gebet zu ihm eifrig pflegen wie die Danksagung und andere Formen des Gebetes. [979]

2. Kapitel

JESUS CHRISTUS - LICHT DER WELT

Nadal ist schon immer ein christusgläubiger Mensch gewesen. Wie sehr ihm bereits in Paris das Evangelium die oberste Lebensregel bedeutete, zeigt jene denkwürdige Szene, in der er sich gegen das beharrliche Werben des Ignatius und seiner Freunde zur Wehr setzte: „Ich will diesem Buch Gefolgschaft leisten (ich hatte das Neue Testament in der Hand). Wohin euer Weg führt, weiß ich nicht." Der Weg, auf dem Ignatius ihn führen wollte, war der Weg der Exerzitien.

Erst zehn Jahre später wurden die beiden Wege, die er damals noch als Gegensätze betrachtet hatte, zur unauflöslichen Einheit. In den Exerzitien vom November 1545 entdeckte er nicht nur den Reichtum der Geistlichen Übungen, sondern diese erschlossen ihm das Neue Testament auf eine bisher unbekannte und für die Zukunft äußerst fruchtbare Weise. In diesen Wochen leuchtete ihm Jesus Christus als das Licht der Welt und seines eigenen Lebens auf. Von diesem Licht wurden seine 35 Jahre in der Gesellschaft Jesu geprägt. In seiner „Wahl" hatte er sich der hochherzigen und unteilbaren „Gefährtenschaft Jesu" verschrieben. Davon war fortan sein geistliches Leben inspiriert, davon sein unermüdlicher apostolischer Dienst getragen.

Jesus Christus ist darum auch die geheime Mitte seines „Geistlichen Notizbuches", der Brennpunkt, von dem alles Licht ausgeht und wieder in ihm gebündelt wird. Die beiden fundamentalen Exerzitienbetrachtungen „Vom Ruf des Königs" und „Von zwei Bannern" sind ihm zum Lebensprogramm geworden.

DIE ÜBUNG VOM KÖNIG. Die Übung vom zeitlichen König (EB 91- 98) und von den Bannern (EB 136-147) zielen, wenn die Exerzitien zum ersten Mal gemacht werden, für gewöhnlich auf die Berufswahl; wenn einer schon zur Gesellschaft berufen ist, sollen sie besonders auf die apostolischen Dienste der Gesellschaft ausgerichtet werden. In der ersten Übung soll man verspüren, wie man von Christus zur Nachfolge gerufen wird, indem man sein Todesleiden trägt (2 Kor 4,10) und sich zur vollkommenen Nachfolge Christi entschließt. Die zweite Übung will uns lehren, täglich nach Jerusalem unter das Banner Christi zu ziehen, um dort zu hören, welchen Auftrag Christus uns gibt. Wir erfüllen ihn, wenn wir durch diese Vorbereitung des Herzens im Geiste den Gehorsam unseren Vorgesetzten gegenüber auf uns nehmen. Wer nicht unter dem Gehorsam steht, möge in diesem Gebet Christus selbst um Rat bitten; dieses können auch alle tun in Dingen, die nicht vom Gehorsam abhängen, wie die Ausführung von Aufträgen und deren Methode, die nur in allgemeiner Weise von den Oberen befohlen werden. [158]

Du mußt mit einem anderen, demütigeren Anfang in Christus von neuem beginnen, gerade so, als würdest du jetzt in die Gesellschaft aufgenommen. [522]

Wir wollen uns mit Eifer bemühen, die Gnade unserer Berufung zu erneuern durch Danksagung, glühendes Verlangen und treue Pflichterfüllung und sie so aufleben lassen; all dieses fromme Verlangen wollen wir nicht nur festhalten, sondern uns auch anstrengen, es in Christus wachsen zu lassen. [783]

In Christus den Anfang jeder Initiative zu jedem beliebigen Werk sehen und verspüren, nämlich Gott selbst und seine Gnade. [220]

Die Betrachtung und die Beschauung des Lebens Christi im Verspüren des Geistes ersetzen, was die Apostel und Jünger Christi leibhaft geschaut haben. [391]

Aus der Betrachtung des Lebens Christi mit Hilfe einer Evangelienkonkordanz wachsen uns große und zahlreiche geistliche Erleuchtungen zu; wollte man sie beschreiben, würde das viel Zeit beanspruchen; Christus möge gewähren, daß ich es zustandebringe. [557]

Verbinde in vertrauter und täglicher Betrachtung das eine Geheimnis der Demut Christi mit dem anderen seiner Würde und seiner Herrlichkeit; beginne bei der Menschwerdung, wo du die Demut betrachtest, daß Gott Mensch geworden ist, daß Gott leidensfähig, sterblich usw. geworden ist; die Würde, da dies zugleich geschehen ist durch das Wirken des Heiligen Geistes aus der Jungfrau voll der Gnade, durch die sehr erhabene Vereinigung des Wortes des ewigen Vaters, des wesensgleichen Sohnes, durch die Botschaft des Engels usw. [875]

Bemühe dich, im Geiste mit Furcht und Zittern zu sagen: Ich lebe, doch nicht mehr ich, Christus lebt (Gal 2, 20) und wirkt in mir, so wenn du dich der Betrachtung deiner Tugenden von Glaube, Hoffnung und Liebe, der Früchte des Geistes, der Seligpreisungen widmest, beim Kreuzzeichen, mit dem du dich unter Anrufung der heiligsten Dreifaltigkeit bezeichnest, bei den vier Kardinaltugenden, bei der Betrachtung der Sieben Gaben, dann wirst du für gewöhnlich göttliche Kraft erfahren. [827]

Lerne im Geiste zu leben in Christus; so wirst du in Christus beten und mit Christus handeln, vollbringen, verdienen, selig sein mit Christus in Gott.

Bei deinen Handlungen wirf dein Nichts auf Christus, in dem und durch den du dein Sein und überdies dein Handeln finden wirst. [812]

Handle im Namen Jesu. Das wirst du tun, wenn du dich zuerst vereinst mit seiner Menschheit, den Geheimnissen seines sterblichen Lebens, seiner Passion, seinem Verdienst; dann mit den Geheimnissen seines unsterblichen geschaffenen Lebens, dann mit seiner Gottheit und der heiligen Dreifaltigkeit. [832]

DIE PERSON CHRISTI IN SICH VERSPÜREN. Es ist nützlich, in der Person Christi zu handeln, als ob du Christus in dir spürtest. Aus dieser Haltung und diesem Gespür wirst du die Anfechtungen beurteilen und sie in ihm überwinden. Christus hat unser Herz bei der Himmelfahrt mitgenommen und hat es bei sich. [31]

Zuerst wird ein Verspüren des Geistes und der Kraft in Christus geschenkt, bevor man zu Gott gelangt; wir gelangen durch Jesus und in Jesus zu Gott, wir ziehen Gottes Kraft an und verkosten sie.

Es wird ein inneres Verkosten verspürt, wenn uns eine neue Schwäche anfällt oder die alte wieder erfahren wird, und darauf ein neuer Schmerz. Jene innere Freude gibt der Geist Christi, auch wenn die Sinne Schmerz empfinden und sich ängstigen; es kann auch vorkommen, daß er schwächer oder überhaupt nicht mehr verspürt wird, damit man nach größerem Schmerz oder schwererer Krankheit verlangt. [839]

So wie Christus unsere Rolle beim Vater übernommen hat, indem er unter uns lebte und starb und im Himmel für uns betet, so müssen wir seine Rolle übernehmen, in seiner Rolle leben, in ihm handeln, in ihm beten. Meint nicht Paulus dies, wenn er im Römerbrief mahnt: Ziehet Christus an (Röm 13,14)? Dies wollen wir in besonderer Weise verspüren beim Beten der Psalmen Davids, daß nämlich Christus in unserer Rolle betet, unsere Sünden zu den seinen macht, unsere Armseligkeiten, Gefährdungen und Anfechtungen. Verbinden wir deshalb unsere

Hingabe mit ihm, gestehen wir offen, daß dies alles das Unsere sei. Danken wir ihm aber, daß er das Unsere sich zu eigen macht, bitten wir ihn, daß er es von uns nehme. [820]

Göttliche Kraft und Fülle finden wir im Menschen Christus, wenn wir ihn mit den Sinnen betrachten; dieser Mensch, den ich im Glauben sehe, den ich betrachte, ist der allmächtige Gott, in ihm ist der Vater, in ihm der Heilige Geist, in ihm wohnt alle Fülle der Gottheit (Kol 2, 9). Höchste Freude, höchster Jubel, sichere Hoffnung, ein heilsamer Anker der Seele. [695]

CHRISTUS. So sollen wir Christus finden, indem wir bei jeder Sache erspüren, was Christus hier täte oder welchen Rat er gäbe. Das bedeutet der Satz: Wir haben den Sinn Christi (1 Kor 2,16). Wie wenn wir verspürten, daß Christus in uns wohnt. [41]

Große Klarheit des Herzens und ein starker Glaube in der Vereinigung mit Christus, große Hoffnung auf die Mehrung der Ehre Gottes in der Gesellschaft und in der Kirche. Es ist, als sähest du die Macht Gottes in die Welt ausziehen zum Kampf und seine Feinde zerstreuen. Gott sei gelobt in Ewigkeit. Demut, Nachfolge Christi.

Die Gesellschaft ist ein Licht und eine Gnade, die in auserlesener Weise zur Vollkommenheit des ganzen Evangeliums führt. [357]

CHRISTUS WIRD GEFUNDEN IN SEINEN WERKEN. In dem, was Christus getan und gelitten hat, kannst du Christus leicht finden. Und das wird für gewöhnlich in Einfachheit und Demut die Betrachtung sein: Das hat Christus getan, das hat er gelitten. [38]

Die Übung des Gebetes verschafft ein Verspüren des Lebens, des Sterbens und der Herrlichkeit Christi; gerade für jene, die sich eifriger im Gebet geübt haben, erzeugt es eine Freiheit, wohin immer sie sich wenden, um aus dem Licht des Evangeliums und des Reiches Gottes, das in ihm verkündet und mitgeteilt wird, die Fähigkeit zu gewinnen, bald die Mühen und Leiden, bald die anderen Taten Christi nachzuahmen, bald seinen Tod, bald die Auffahrt zum Himmel usw. Sie geben jedoch jenem Verspüren, in dem sie den leidensfähigen und leidenden Christus nachahmen und verspüren, den Vorzug vor dem Verspüren, das von seiner Auferstehung und Verherrlichung herrührt; dennoch werden jene, die dies in bereitwilliger Demut und Hingabe wünschen, besonders wenn andere Übungen vorausgegangen sind, auch göttliche Tröstungen aus der Herrlichkeit Christi in überreichem Maß erhalten. Dasselbe ergibt sich aus der frommen Betrachtung des Glaubensbekenntnisses. [751]

Jesus offenbart den Vater und die Dreifaltigkeit; betrachte sie in Jesus, und es entzündet sich das Licht und das Feuer der hochgelobten Dreifaltigkeit. [748]

Von der Kraft Gottes wird uns alles geschenkt durch Christus, wie durch einen göttlichen, lebendigen und verdienstvollen Aquädukt oder Kanal; er ist wirksam in den Engeln, den Heiligen, den Gaben, Sakramenten, Tugenden, im freien Willen, in den Werken, durch die wir Hilfe finden.

Wenn wir die jungfräuliche Gottesmutter anrufen, können wir ihre Hilfe verspüren, wie diese gleichsam durch alle Engel und Heiligen zu uns gelangt.

Daß Gottes Kraft und Güte unendlich sind, können wir im Buch der Schöpfung lesen, in der Heiligen Schrift, in den Gnaden, in den Engeln, in den Heiligen, in der Jungfrau Maria, in Christus selbst. Es ist aber der Geist, der liest; das Herz aber empfängt die Frucht oder das Verspüren der Gnade. [253]

DAS GEBET CHRISTI FÜR UNS. Christus betete in der Person der Kirche und jedes einzelnen von uns, ja er betet auch jetzt. Mit ihm bete ich zum Vater in der Einheit des Geistes und des Gebetes. Er, gleichsam schwach geworden, nimmt unsere Person an; ich vertraue und stütze mich auf seine Kraft, ich gehe ein in seine Güte und sein Verdienst, gleichsam in seine Kraft, in die unsere Schwachheit eingegangen ist. [144]

Ich war einmal in geistlicher Trostlosigkeit, dazu auch körperlich krank; überdies wurde ich vom Geist der Versuchung bedrängt. In meiner Herzensnot nahm ich zu Christus die Zuflucht im Gebet; da erfuhr ich Gnade und Licht im Herzen, die meinen Geist stärkten; in dieser Gnade verschwanden die Dunkel der Versuchung. Es folgte eine Freiheit des Geistes und ein süßes Verkosten. [334]

Wer wird mich befreien aus dem Leibe dieses Todes (Röm 7, 24)? Nichts ohne Christus, alles in Christus; die Gnade Gottes hat nämlich unendliche Kraft in Christus und durch Christus; in ihr trägt dies alles dazu bei, daß denen, die Gott lieben, alles zum Guten gereicht (Röm 8, 28); dies schenken die Gnade und die Liebe. [816]

Wir müssen wünschen, länger zu leben, damit wir länger für Christus und für unsere Sünden leiden können; Kreuz und Betrübnisse dürfen wir nicht abweisen, sollen sie vielmehr umfassen; wir sollen nur Gott bitten, daß er uns die Geduld gebe und einen guten Ausgang aus der Bedrängnis schenke zu seiner größeren Verherrlichung. [838]

GEHEIMNISSE DER KINDHEIT

MENSCHWERDUNG. In der Menschwerdung stieg das Licht vom Himmel herab auf die Erde und breitete sich auf ihr aus, die göttliche Kraft wurde den Menschen gegeben und wurde zur Freude des Erdkreises, der Engel, zum Schrecken der Teufel, zur Erneuerung der Schöpfung im Verspüren des Geistes.

GEBURT. Die Geburt Christi ist Ausfluß der Gnade in unser Wirken; daraus wächst das Gebet der Gesellschaft, das sich ausweitet in die apostolischen Dienste.

DIE GEHEIMNISSE DER GEBURT. Die Geheimnisse der Geburt sollen uns teuer sein als etwas, das in der Welt verachtet wird: Armut, Trauer; diese hat Gott angenommen, die Engel loben sie. Den Hirten, das heißt den Vorstehern der Kirche, verkünden die Engel das Wohlgefallen Gottes, nämlich die höchste Gnade der hypostatischen Union und die Annahme der Verdienste Christi für das Heil der Menschen. Dieses Zeugnis bestätigt der himmlische Vater bei der Taufe (Mt 3,17) und bei der Verklärung (Mt 17, 5).

BESCHNEIDUNG. Die Beschneidung Christi lehrt uns, für was man an erster Stelle Sorge tragen muß, nämlich das Fleisch nicht herrschen zu lassen. Man muß schon von jung auf um eine spürbare Buße besorgt sein, um dem anmaßenden Verlangen des Fleisches zuvorzukommen und es zu meistern; dieses Zuvorkommen ist von großer Bedeutung und Heilkraft. [152]

AM FEST DER GEBURT CHRISTI JESU. Gebet. Die Lesung des Evangeliums und die Betrachtung eines Bildes geben die Geschichte wieder. In schlichter Besinnung auf die Umstände betrachte den Ort Nazareth im Stamm Zabulon, in der Nähe des Berges Tabor auf einem Berg gegen Norden gelegen; dann den Weg durch Isachar, Manasse, Ephraim und Samaria, durch den Stamm Benjamin, durch Jerusalem und den Stamm Juda bis Bethlehem in Ephrata, das auf einem Hügel liegt. Betrachte das Haus und bei ihm den Stall und in der Höhle die aus dem Fels gehauene Krippe; den bald ebenen, bald steinigen Weg. Diese Orte, dieser Weg sollen in dir ein frommes Gefühl erwecken, wenn du betrachtest, welchen Weg die jungfräuliche Gottesmutter gegangen ist, wie sie in ihrem Schoß Christus Jesus, das Wort Gottes getragen hat, wie

Joseph ein Rind getrieben und einen Esel, auf dem die jungfräuliche Mutter saß, geführt hat. Schließe dich dieser heiligen und göttlichen Reisegesellschaft an, küsse ihre Spuren, betrachte die Engel, die in der Höhe vorausziehen und nachfolgen. Kann es etwas Erhabeneres geben als diese Reisegesellschaft, etwas Göttlicheres? Im Gegensatz dazu: Gibt es etwas Ärmeres und Schlichteres? Besinne dich gleicherweise im Geist und im Herzen auf das Ziel der Betrachtung, daß du nämlich aus der Geburt Kraft des Geistes und Licht gewinnst und an der Weise der Geburt ein Beispiel findest; öffne den Zugang zu deinem Herzen, damit Christus Jesus es mit reicheren Gaben erfülle, als du es dir in deinem Geist vorstellen kannst. [849]

Betrachte aufmerksam und andächtig die Personen; da ist der Sohn Gottes, der geboren wird, unendliches Licht und Kraft, unermeßlich, ewig, unsterblich, Gott; gewinne daraus das Licht des Geistes in ihm, göttliche Kraft, Starkmut der Seele; umfasse das ewige Leben, laß dich sanft von der Gottheit dieses kleinen Kindes anziehen in der Freude und Schlichtheit deines Herzens. Hier ist Gott selbst ein wahrer Mensch, leidensfähig, schwach, ein Kind, das wimmert, friert, in Windeln gewickelt ist, aus dem Schoß der Mutter ins Heu gelegt, aller Dinge bedürftig; die Erscheinung der menschlichen Dinge, ihre Einschätzung und ihre Würde haben sich gewandelt; juble in all deinen Schwachheiten und Nöten. O Mensch, deine Menschheit ist teilhaft geworden der Gottheit Christi; deine Sterblichkeit ist unsterblich geworden, deine Schwäche stark, deine Kindheit weise, deine Trauer und Tränen sind in Freude des Geistes verwandelt, deine Kälte zur Glut der Liebe und des Geistes, deine Nacktheit und deine Armut sind mit göttlichen Schätzen bereichert. Erkenne dies alles, ergreife es mit frommem Sinn, nachdem du alle schädlichen und verwirrenden Ängste aus deiner Seele vertrieben hast. Du darfst wahrhaft mit einem gereinigten Herzen hinzutreten. [850]

Betrachte zugleich das innere Leben dieses Kindes, das zu seinem Menschsein gehört. Betrachte die Seele dieses Gotteskindes, die selig ist in Gott, die alles Vergangene, Gegenwärtige und Zukünftige sieht in dessen eigenem Wesen, in den Dingen selbst, durch göttliche Bilder; wie diese Seele voll ist der Gnade, der Weisheit, der Wahrheit, aller Gaben, und wie sie zugleich lernt durch die Erfahrung mit den Dingen, die ihr gegenwärtig begegnen. Denn es war bei ihm nicht so wie bei den anderen Kindern, die von ihren inneren Fähigkeiten noch keinen Gebrauch machen können; vielmehr erkennen wir, daß es schon vorzeitig seinen Verstand brauchte, im Schoß der Mutter und in der Krippe, daß es sich in seiner Kindheit auf vollkommene Weise ständig des Verstandes und Willens bediente und in seinem Herzen das Heil der Sterblichen wirkte. Nimm noch dazu, daß es damals durch Kälte und andere Widerwärtigkeiten gelitten hat; ebenso litt es daran, in eine Welt einzutreten, die von so viel Elend erfüllt war, und besonders den schmachvollsten Tod zu sterben. Es bedachte, wie all diese Mühen und selbst der Tod bei vielen, ja beim größten Teil der Sterblichen so wenig Frucht tragen würde. Daraus kannst du dich mit den höchsten Erleuchtungen Christi vereinen und dein Herz mit seiner Liebenswürdigkeit tränken.

Wenn du dich mit Christus vereinigst, vereinige dich mit seinem Verdienst, das heißt mit der Annahme, mit der Gott den Tod, die Leiden, alle seine Handlungen für dich und für alle angenommen hat; und gehorche dem Willen Christi, bewegt von jener Annahme und von Christi Hingabe usw. [851]

Am Fest der Geburt Christi erfuhr ich zuerst ein inneres Verspüren der ewigen Geburt, dann der Menschwerdung, das heißt der Empfängnis im Mutterschoß, dann der Geburt aus dem Mutterschoß; durch diese Geburten wird die ganze Schöpfung geheiligt. Das Göttliche vereinigt sich mit dem Menschlichen und das Licht Christi erhellt den Erdkreis.

Sein Leben schenkt uns das Leben, sein Atem den Geist, seine Gottheit die Vergöttlichung, die Vollkommenheit; der Hervorgang des WORTES bewirkt den Hervorgang der Tugenden; sein aktives Leben wird wirksam in unseren Taten.

Dies alles geschah und geschieht täglich; es wird aber neu ins Bewußtsein gerufen beim Gedächtnis der Geburt des Herrn. Mildes Licht aus den Mysterien der Geburt Christi wird verspürt in der Seele Christi, in der Seele Marias, des Stephanus, des Johannes, der Unschuldigen Kinder, des Thomas [Becket] und des Silvester. In der Seele Christi das weitaus reichste Licht; nach ihm ein großes in Maria; diese Lichter erfüllen in ähnlicher Weise unsere Seelen im Licht und in der Kraft des neuen Menschen, des neugeborenen Christus. [905]

DER STERN, DER DEN MAGIERN ERSCHIEN, übertraf mit seinem überaus hellen und strahlenden Licht die Sonne. Er wurde nämlich auch gesehen, als diese schien und den Horizont erleuchtete. Die Sonne wurde zwar äußerlich wahrgenommen, der Stern aber mit dem Herzen und im Geiste; die Kraft des Sternes, die Wonne seines Lichtes und seine Wirkung waren so groß, daß er nicht nur den Schein der Sonne entkräftete, sondern er erfüllte mit seiner Stärke, Kraft, Schönheit und Freude nicht nur die Seelen der Magier, sondern auch ihre Augen.

Die Sonne, die den äußeren Augen sichtbar ist, erhellt von außen den Erdkreis, gibt den anderen Sternen das Licht, der Erde die Fruchtbarkeit, den Lebewesen durch ihr Wirken das Leben, erhält dieses und erfüllt es mit Freude und läßt die Eigenschaften der Dinge aufleuchten;

kurz: die Sonne ist ein großes und wunderbares Geschöpf. Bedenkt man dies, warum erhebt man dann seinen Geist nicht zur Beschauung der Sonne der Gerechtigkeit, zur Quelle der Gnade, der Wahrheit und des göttlichen Lichts, die Christus ist sowohl seiner Gottheit nach, die er mit dem Vater und dem Heiligen Geist besitzt, als auch in seiner Menschheit durch das Verdienst seiner Passion und seines Kreuzes? Christus ist das allerhellste Licht und erleuchtet jene, die Augen zum Sehen haben, mit einem himmlischen geistlichen Licht, das zwar nicht erklärt, aber innerlich im Geiste verspürt werden kann; er stärkt mit göttlicher Kraft, schenkt ewiges Leben auch schon hier durch die Liebe und die Gaben des Geistes. Er erhält und mehrt das Leben und macht es fruchtbar an guten Werken sowohl in dir selbst als auch in anderen. Es gibt dem Herzen eine unaussprechliche Schönheit und Wonne; welches Gut schenkt er nicht, welches Übel wendet er nicht ab? Sein Name sei gelobt in Ewigkeit. Amen.

Warum war der Stern den Magiern in Jerusalem verborgen? Weil das göttliche Licht in der Heiligen Schrift und bei den kirchlichen Führern zu suchen ist. Warum aber ist der Stern ihnen wieder erschienen? Weil Gott aus seiner Güte ein außerordentliches Licht denen schenkt, die das gewöhnliche nicht vernachlässigen. [941]

ALS JESUS ZWÖLF JAHRE ALT WAR. Christus Jesus lehrt uns, wie wir uns in unseren Arbeiten verhalten sollen. Von der Gegenwart Christi, nämlich der Beschauung und dem Gebet, gehen wir zum Handeln über und sind uns dabei bewußt, daß er in unserer Reisegesellschaft ist, nämlich in unserer Arbeit mit seiner Kraft; es geschieht daher durch unsere Nachlässigkeit, daß wir dieses Verspüren und geistliche Zeichen bei der Arbeit verlieren. So kehren wir nach Jerusalem zurück zum Gebet, suchen Christus mit Schmerzen und finden ihn, nämlich in der Tröstung des Geistes. Sanft und fromm beklagen wir uns und eröffnen Christus unseren Schmerz. Er aber zeiht uns nicht des Kleinmuts, weil wir in unserem Handeln, auch wenn wir kein aktuelles Verspüren und keine Tröstung des Geistes erfahren, beharrlich vertrauen, daß Christus mit uns ist in dem, was seines Vaters ist, das heißt in unseren Dienstleistungen, die er selbst uns aufgetragen hat, um mit uns zu wirken. Wir handeln zwar, aber nicht mehr wir, Christus handelt in uns und wir wirken mit ihm mit. Herr und Gott, präge unseren Herzen jenes Verspüren des Geistes ein, daß alle Handlungen Christi Jesu, seine Passion, sein Tod, seine Geheimnisse und Verdienste zwar Werke dieses Menschen sind, zugleich aber Werke Gottes. Daraus erwächst eine göttliche Kraft, daraus Freude des Geistes, daraus himmlische Stärke vor Gott, dadurch wird die Pforte zu den Gaben Gottes aufgetan. [942]

Christus hört uns im Gebet, dann befragt er uns und bringt den Erweis unserer Unwissenheit und Unvollkommenheit. Fragen auch wir, er wird uns antworten im Innersten unseres Herzens; dann werden wir staunen über seine Klugheit und seine Antworten. Als Gott ist er verborgen im Schoß des Vaters, das heißt in unendlichen Vollkomenheiten. Wir suchen ihn in der Kirche; er wird sich uns zeigen und uns tadeln, aber nachher steht er uns zu Diensten und ist in den Tröstungen uns zu Willen, gleichsam uns untergeben. [909]

BILDER AUS DEM ÖFFENTLICHEN LEBEN

Christus sitzt am Quell der Gnade und spricht mit der Samariterin (Joh 4,4ff), um uns zu lehren, daß, wenn wir einer äußeren Sache bedürfen und Christus darum bitten oder anderswie danach verlangen, wir ein wenig den Geist erheben und auf Christus hören sollen, der innerlich zu uns spricht und von uns verlangt, von ihm geistliche

Gaben zu erbitten, zu denen uns gerade jene irdischen Gaben, die wir erflehen, hinlenken wollen. [275]

JOHANNES 4: FRAU, GIB MIR ZU TRINKEN (Joh 4, 7). Christus bittet mit großem Verlangen um unsere Werke; wir aber müssen von ihm die Gnade erbitten und die göttliche Kraft, damit wir sie vollbringen können. [674]

ZWEI BESESSENE LIEFEN IHM ENTGEGEN usw. (Mt 8, 28ff). Wer von der Versuchung befreit oder aus der seelischen Trostlosigkeit aufgerichtet oder aus irgendeinem Sturm der Seele gerettet wird, der wird kräftiger, um schwerere Versuchungen zu überwinden oder auch um die entfesselten Kräfte der Menschen zu besänftigen und zu beruhigen.

WAS HABEN WIR MIT DIR ZU TUN? Am Anfang ertragen solche, die in ihre Wollüste und Laster verstrickt sind, nicht einmal den Blick jener, die ihnen zu Hilfe kommen wollen; aber später werden sie allmählich milder gestimmt durch die Sanftmut und die Kraft des Wortes.

SIE BATEN IHN. Sie baten erst, als ihnen zu bitten gestattet wurde. Denn die Teufel sind in der Hölle und in ihrem Feuer und können darum ihre Fähigkeiten nicht entfalten, außer Gott gestattet es ihnen zur Prüfung für jene, die in diesem Leben pilgern.

SCHICKE UNS IN DIE SCHWEINE. Gleicherweise betrachten und behandeln uns die bösen Geister als kleine Schweine. Damit wir dies verstehen, hat Jesus gestattet, daß sie in die Schweine fuhren. [1006]

EIN GEWALTIGER STURM (Mt 8, 24ff). Christus fährt mit uns im Schiff; gelegentlich aber entzieht er uns seine besondere Hilfe und die spürbaren Tröstungen; dann werden die Sinne verwirrt und die Versuchungen bedrängen den Geist. Darum muß man am Glauben festhalten, das Gebet pflegen und sich daran gewöhnen, innerlich im Herzen zu verspüren, was es heißt: Herr, rette uns, wir gehen zugrunde. In der Tat würden wir ständig zugrunde gehen, wenn uns Christus nicht mit seinem Heil umfinge. [1006]

UND DIE SCHAREN VERWUNDERTEN SICH usw. (Lk 11,14ff). Eine reiche Frucht fällt dem gläubigen Volk zu, wenn jemand mit dem Sprechen von göttlichen Dingen das Verspüren des Geistes verbindet. Dieser dringt nämlich in das Innere ein und bewirkt, daß der Mensch eine Sprache hört, die er nicht kannte.

DIE PHARISÄER ABER (Mt 12, 24). Die Böswilligen, die dem Geist widersprechen und der Gnade keinen Raum geben, erlangen jene Frucht nicht. [988]

KLEINGLÄUBIGER, WARUM HAST DU GEZWEIFELT? (Mt 14,31ff). Das gleiche hören wir innerlich in unseren Herzen, wir, die meistens ängstlich sind, wenig Vertrauen haben, wenig Glauben, als hörten Gott und Christus uns nicht, als würden wir nicht erhört, als verspürten wir ständig unsere Übel; Gottes Kraft und Wille sind doch bereiter, uns aufzurichten, als wir bereit sind, um Hilfe zu bitten. Im Gegenteil dürfen wir nicht ängstlich sein wegen der Erhörung; vielmehr sollen wir aufmerksam beobachten, ob etwas in unserem Gebet nicht auf rechte Weise getan wurde, damit wir es besser machen. Gott ist gut, er ist unendlich gut und hilft uns aus seiner Güte.

Unser Mitwirken sei mutig, beharrlich und stark; von seiten Gottes mangelt es nämlich an nichts, weder an Kraft noch an Gaben noch an Wissen. Je mehr du versagst im Mitwirken, um so mehr gerätst du in Gefahr, Gott zu versuchen, als wolltest du, Gott solle alles ohne dich in dir vollbringen.

Jene, die in der Verfolgung durch die Feinde Christi sterben, werden offensichtlich von Gott liebevoll und zart behandelt; so lesen wir es im Hymnus der Laudes am Fest der Unschuldigen Kinder. In dieser Hoffnung müssen wir alle unsere Bedrängnisse annehmen. [976]

SIE GLAUBTEN, ES SEI EIN GESPENST (Mk 6,49). Wer das Verspüren und die Vollkommenheit des Glaubens nicht besitzt, verspürt die Gegenwart Christi nicht, sondern sieht gleichsam ein Gespenst usw. [711]

ICH HABE KEINEN MENSCHEN (Joh 5, 7ff). Wir müssen einen innerlichen Menschen zur Verfügung haben, der uns zur Heilung führt. Denn das Wasser ist in unserer Zeit immer in Bewegung; stets sprudelt das Wasser der Gnade. Wir wollen Christus bitten, daß er diesen Menschen in uns bilde und er selbst sich als dieser Mensch erweise, der uns zum Verdienst seiner Passion führt, denn es gibt keinen anderen, durch den wir dahin geführt werden können. Wir befinden uns mitten im Teich des Blutes Christi, aber wir werden nicht geheilt, wir werden nicht eingetaucht, weil unsere Schuld uns daran hindert. Herr, nimm diese Hindernisse weg; laß dein Blut in mich einströmen, dein Wasser, deine Gnade. [981]

DA WURDE EIN TOTER HINAUSGETRAGEN (Lk 7,12ff). Christus weckt die Toten auf, das heißt, er führt jene, die in der Todsünde leben, zur Rechtfertigung; diese schenkt er auf die Fürbitte der Heiligen und der Kirche und aus Mitleid mit dem Sünder.

Herr, du hast mich auferweckt, da du den Schmerz und die Trauer der Kirche, meiner Mutter, gesehen hast, bewegt von Mitleid mit ihr und zugleich mit mir. Du hast zuerst die Hoffnung auf mein Heil geweckt; dann bist du näher zu mir herangetreten, hast die Fähigkeiten, in denen ich tot dalag, berührt, und hast ihnen göttliche Kraft eingeflößt; dadurch fand das, was meinen Tod festhielt und förderte, ein Ende, überwunden von deiner Kraft. Aber noch konnte ich mich nicht erheben ohne das Wort des Sakraments. Herr, du hast durch deinen Priester gesagt: Junger Mann, ich sage dir usw. Ich bin aufgestanden, mein Geist konnte hören, ich, der ich tot war, bin zum Leben gekommen, ich habe mich aufgesetzt, ich habe Ruhe gefunden durch den Empfang der Gnade; ich habe dir, Herr, Dank gesagt; du hast mich meiner Mutter Kirche zur Leitung übergeben. Es ist dies in mir geschehen, ich bekenne und anerkenne es. Aber ich liege wiederum auf dem Bett meiner Unvollkommenheiten und Sünden; es tragen mich meine Sinne, meine Versuchungen; wohin schließlich, wenn nicht zum Tod und zum Grab? Und das bedrückt mich ständig.

Bewahre du, Herr, von deiner Seite und mehre unablässig in mir jene Gaben, durch die du mich zum Leben zurückgerufen hast, und mache, daß jene schlechten Träger mir nicht auf unverschämte Weise Schaden zufügen und nicht ihre bösen Absichten gegen mich durchsetzen; und gewähre, daß ich entschieden an deiner Gnade festhalte, in ihr ausharre, in ihr wachse durch die Führung deiner heiligen Kirche. [996]

DEINE SÜNDEN SIND DIR VERGEBEN (Mt 9, 2ff). Die Heilungen Christi waren gleichsam Sakramente; denn er schenkte jenen, die er äußerlich heilte, zugleich innerlich das Heil, das durch die äußere Heilung angezeigt wurde. An dieser Stelle vergibt er auch ganz offen die Sünden durch ein sinnenfälliges Zeichen, nämlich durch das Wort, dem, der sich als Kranker bekannte; überdies schenkt er ihm die leibliche Gesundheit; damit zeigte Christus an, daß es notwendig ist zu glauben, und er selbst durch die Sakramente als auch ohne sie bloß durch ein Wort Sünden vergeben könne. Beides ist für ihn in gleicher Weise leicht. Das erklärt er nachher: Was ist leichter zu sagen: Deine Sünden sind dir vergeben, oder zu sagen: Steh auf und wandle? Denn es ist für mich gleich leicht, ohne die Sakramente und Zeichen oder äußere Heilungen die Sünden zu vergeben, wie mit deren Hilfe. Deshalb wendet er ein äußeres Zeichen an und schenkt die Gesundheit. Aber höre, du Novatianer und du Lutheraner: euch verurteilen jene, die dieses Wunder Christi, vom göttlichen Geist geführt, feiern. Jene priesen nämlich Gott, der den Menschen solche Vollmacht gegeben hat, durch äußere Zeichen Sünden zu vergeben; ihr aber leugnet es. [1007]

LAHME GEHEN, AUSSÄTZIGE usw. (Mt 11, 5ff). Christus heilt alle unsere geistlichen Krankheiten. Er gibt, daß wir innerlich sehen und hören, bewirkt, daß der Aussatz der Begierde und der schlechten Gewohnheiten uns nicht schadet, vielmehr durch die Haltung der Tugenden und des Geistes nützt ; er vertreibt die bösen, Geister, damit sie uns nicht in Versuchungen verstricken und nicht besiegen; daß wir den Weg der Gebote Gottes laufen, das Evangelium und die Gabe des Geistes im Geiste aufnehmen, von den Sünden befreit werden. Gelobt sei der Herr. [898]

ALS JESUS DIE MENGE SAH (Mt 8,18ff). Oft zog sich Christus vor der Menge zurück, nicht weil sie ihm lästig war, nicht weil er sich der Menge verweigerte oder Mühe hatte, sie zu lehren; vielmehr gab er dadurch ein größeres Beispiel dafür, daß jene, die den Dienst am Wort ausüben oder sich ganz allgemein frommen Werken widmen, sich bewußt bleiben, daß sie sich zum Gebet und zur Erneuerung ihrer Seelenkräfte zurückziehen müssen, und dies nicht aus Angst, die geistliche Frucht der Nächsten könnte dadurch Schaden leiden, zu gegebener Zeit unterlassen. Man muß jedoch wieder hinausziehen, um Frucht zu gewinnen, auch dies nach dem Beispiel Christi.

DIE FÜCHSE HABEN IHRE HÖHLEN (Mt 8, 20). Mit einem starken Gleichnis preist er die Armut und zeigt, daß, wer ihm nachfolgen will, arm sein muß, und jene, die nicht auf ihren Besitz verzichten, Christus nicht im Stand der Vollkommenheit nachfolgen können. Und davon ist der Schriftgelehrte offensichtlich abgeschreckt worden.

FOLGE MIR UND LASS usw. (Mt 8, 22). Dem Schriftgelehrten hat er kein Gebot gegeben; er hat nur den Weg der Vollkommenheit, den er selbst ging, aufgezeigt, falls er vielleicht dem Vorbild seiner Armut und ihm selbst nachstreben wollte. Ganz anders beim Jünger, der schon im Stand der Vollkommenheit war: Folge mir (sagte er) und deiner Berufung; laß auch den frommen Liebesdienst für den Vater, folge mir, gehorche mir, verkündige das Wort Gottes; du hast den Vater meinetwegen verlassen; schaue nicht zurück zu den fleischlichen Gelüsten, nachdem du dem Geist gefolgt bist. Deshalb müssen, was die Liebesdienste den Eltern gegenüber angeht, jene, die im Stand der Vollkommenheit leben, dem Gehorsam und Willen ihrer Oberen folgen. [1006]

WORTE JESU

UND ES FIEL DER REGEN usw. (Mt 7,25). Der Regen meint die Anfechtung der Dämonen und des Hochmuts; die Ströme das Verlangen des Fleisches; die Winde jenes der Welt.

An der gleichen Stelle: BITTET UND IHR WERDET EMPFANGEN (Mt 7,7). Hier wird der Weg zum vollkommenen Gebet aufgezeigt. Denn im Bitten erkennen wir, was wir suchen und was wir nachher finden; wir bemühen uns, zur Hochzeit des Lammes (Offb 19,9) zu gelangen. [710]

ZWEI MÄNNER GINGEN HINAUF ZUM TEMPEL, UM ZU BETEN (Lk 18,10ff). Die Anmaßenden und Prahler weist Gottes Kraft zurecht und verwirft sie; gleichzeitig macht sie den Demütigen und Bescheidenen Mut und gibt ihnen Kraft, verbindet sie miteinander.

Es ist eine unerträgliche und barbarische Anmaßung und Verachtung zu sagen: Ich bin nicht wie die übrigen Menschen; ich allein bin gerecht; ich bin ein Engel unter den Menschen. Was heißt das denn anderes, als sich als den schlechtesten und bedauernswertesten aller Menschen zu verraten? Dieser bist du, o Mensch, der du dich im Hochmut überhebst; ahme den Zöllner nach; bekenne, daß du schlechter bist als der Zöllner und als jeder Sünder; trauere in der Demut deines Herzens, stelle dich vor Gott; sprich die fünf Worte zu den fünf Wunden Christi: Gott, sei mir Sünder gnädig. Auch sollst du das andere nicht vernachlässigen, von dem du weißt, daß es zur Vergebung deiner Sünden notwendig ist, und vertraue, daß dein Gebet erhört wird. [724]

EIN SÄMANN GING AUS (Lk 8,4-15). Gebt acht auf euer Verhalten, die ihr euch zum geistlichen Leben bekennt. Wie oft kommt es vor, daß wir so nachlässig auf die göttlichen Einsprechungen hören und sie gleichsam von anderen Gedanken zertreten und sie von teuflischen Räubern plündern lassen. Wie oft empfangen wir ein Verkosten und eine Frucht in unserer Seele, sei es aus göttlichen Eingebungen, sei es in der Betrachtung und im Gebet oder sonstwie; und doch, wenn wir in irgendeiner Sache nur ein wenig Widerspruch erfahren oder etwas gegen unseren Willen geschieht, hilft uns die gute Anregung der Seele, die wir empfangen haben, nichts mehr. Wie oft kommt es auch vor, daß wir ganz innerlich eine geistliche Frucht gewinnen, die aber verdorben wird durch einen verkehrten Gebrauch der Tröstungen oder durch die Zerstreuung in äußerliche Dinge. Diese Hindernisse müssen wir in Christus ausräumen und in lauterer Gesinnung, demütig und beharrlich auf die Anregungen des Geistes eingehen. So werden wir Frucht gewinnen, die zur Vollkommenheit reift. [949]

KOMMT AN EINEN EINSAMEN ORT UND RUHT EUCH EIN WENIG AUS (Mk 6, 31). Nach dem Dienst ruft Christus die Arbeiter und lädt sie zur Ruhe ein, doch nur sie allein und für sich. Groß ist die Güte Christi gegen jene, die um der Dienste willen die Einsamkeit, die Ruhe der Beschauung und die Heimsuchung des Geistes verlassen. Denn in gleicher Weise ruft er sie durch jenes Tun zu sich und schenkt ihnen darin Einsamkeit, Ruhe des Geistes, wahre Tröstung und das Verspüren der geistlichen und göttlichen Dinge. [992]

BITTET (Mt 7, 7ff). Man soll nicht nur bitten im Gebet, sondern wir sollen das Bitten auch pflegen im Studium, bei der

Arbeit, bei aller Tätigkeit. Und nicht nur das, sondern wo Gott gefunden und verspürt wird, wo er wohnt, da soll man anklopfen, das heißt mit Beharrlichkeit und größerem Eifer bitten. Dann öffnet Gott die Tür und schließt den Weinkeller (Hld 2,4) auf. So soll man am Anfang des Gebetes bitten, dann in der Betrachtung suchen, drittens wiederum mit noch größerem Eifer anklopfen.

ALLES DARUM (Mt 7,12). Er fügt dies all dem hinzu, was sich oben auf den Nächsten bezog. Ihr sollt also in diesem Geist, den ihr von mir empfangen habt, und gemäß meiner Lehre auch in allen anderen Dingen den Nächsten liebend umfassen wie euch selbst; ihr sollt euch ihm widmen in der Liebe, in den Dienstleistungen, in den Wohltaten, mit allem Wohlwollen. [1005]

DAS LICHT DES LEIBES (Mt 6, 22). Ein herrliches Gleichnis. Gott hat dem leiblichen Auge ein inneres Licht gegeben; wenn dieses nicht verdorben ist, macht es mit Hilfe des äußeren Lichtes den ganzen Leib hell und erleuchtet ihn gleichsam. Wir haben ein inneres Licht: Glaube, Hoffnung, Liebe. Wenn diese mit Hilfe eines besonderen Beistandes und durch unsere Handlungen vollkommen sind, machen sie den ganzen Leib des geistlichen Lebens hell und leuchtend. Anders gesagt: Wie das Vermögen des unversehrten und reinen Auges das Licht empfängt, das den ganzen Leib erleuchtet, so empfängt die reine und aufrichtige Absicht des Geistes ein göttliches Licht, durch das alle Handlungen leuchtend und lichtvoll werden vor Gott. [1004]

MEINE LEHRE STAMMT NICHT VON MIR (Joh 7,16). Ähnliche Erfahrung macht in seiner Demut, wer von Gott belehrt wird. Darum bekennt er in der Ruhe des Geistes, daß er das Licht und die Gaben , die er erhalten hat, nicht aus sich hat, sondern vom Vater Christi Jesu, und sie ihm zu eigen geworden sind in Christus; er kann aber nicht wie Christus sagen: Meine Lehre stammt nicht von mir. [994]

MEINE SCHAFE HÖREN AUF MEINE STIMME (Joh 10,16). In gleicher Weise sollen wir die geistliche Heimsuchung erfahren, sie in der Schlichtheit des Herzens aufnehmen und ihr Folge leisten ohne jede Neugier und uns der geistlichen Speise und Frucht zuwenden. Lehre mich, heiliger und glorreicher Jesus, wie wir mit dir auferstehen im Geiste.

Auch ihr müßt, mir gleich, leiden und sterben wollen durch Buße und freiwillige Verdemütigungen, die für euch den Tod und die Abtötung der Sünde und der fleischlichen Begierden bewirken. Ihr werdet das zustande bringen, wenn ihr in die Pein meiner Passion und meines Todes eintretet und daraus die Kraft zu euren Abtötungen gewinnt, in Demut zwar, aber auch mit Großmut. Wenn nämlich schon aus dem Dunkel der Beschauung Licht und himmlische Kraft aufleuchten, um wieviel mehr dann aus der Passion und dem Sterben Christi? [999]

ICH BIN DAS LICHT DER WELT (Joh 8,12). Die sinnenhaft wahrnehmbare Sonne erleuchtet alle sinnlich wahrnehmbaren Dinge; sie ist das ursprüngliche Licht, das Gott am ersten Tag erschaffen und am vierten Tag der Sonnenwelt eingeordnet hat (Gen 1,3.14-19). Dann wollte er, daß die Planeten und die übrigen Sterne ihr Licht erhielten.

Auf entsprechende Weise ist Christus durch seine Menschwerdung zum Licht für die innere und wahrere Welt geworden. Dieses Licht und das WORT waren im Anfang (Joh 1,1.4). Doch nicht am ersten Tag vor der Sintflut noch am zweiten nach der Sintflut, vor dem geschriebenen Gesetz, noch am dritten zur Zeit des mosaischen Gesetzes, sondern erst am vierten Tag, das heißt in der Zeit des evangelischen Gesetzes, ist das WORT der Menschheit geschenkt worden und erleuchtet mit seinem Licht jeden Geist, die ganze innere Welt, jedes Haus Gottes, jeden Menschen, wenn einer nicht die inneren Augen vor der Beglückung und Klarheit dieses Lichtes verschließt; dieses WORT, dieses Licht, das grenzenlos leuchtet, das WORT und das Licht des ewigen Lebens erleuchten das Herz, durchdringen das Herz, nehmen das Herz in Besitz und erfüllen es mit aller Wonne. Amen. [997]

WER MEIN JÜNGER SEIN WILL, VERLEUGNE SICH SELBST, NEHME SEIN KREUZ AUF SICH UND FOLGE MIR NACH (Mt 16, 24). Es folgt einer Christus nicht nach, wenn er nicht das Kreuz auf sich nimmt, das Christus noch jetzt in der Kirche trägt; und keiner trägt das Kreuz, wenn er nicht sich selbst verleugnet, wenn er sich nicht mit einem tatkräftigen Willen dem Tod seiner Fehler, der Ehre, der zeitlichen Güter, des eigenen Willens und Urteils und zuletzt auch dem leiblichen Tod überantwortet und opfert und das Kreuz dieser Dinge, das heißt den Wunsch und den Willen dazu, soweit als möglich in die Tat umsetzt. [484]

SORGET EUCH NICHT (Mt 6, 25). Es wird jene Sorge untersagt, die überheblich macht, wie Lukas erklärt (12, 32-34); nicht die demütige, die auf Gott vertraut. Jene besitzen die Heiden, die diese nicht haben.

IST DIE SEELE (Mt 6, 25)? Auf überaus freigebige Weise hat uns der gute Jesus unterwiesen mit äußerst eindrücklichen Beispielen, mit deren Hilfe wir unser Vertrauen auf Gott bestärken können. Es wird aber vom Größeren her argumentiert. Die Seele ist mehr als die Speise, der Leib mehr als das Kleid; beide aber erhält Gott, ohne daß ihr sorgt. Gleicherweise soll uns das Vertrauen auf Gott erfüllen, damit es die Sorge um die anderen Dinge vertreibt usw. [1004]

WENN JEMAND DICH SCHLÄGT (Mt 5, 39). Das ist eine hohe Vollkommenheit der Sanftmut und ein strenger Rat. Ihr müßt mit einer solchen Sanftmut ausgerüstet sein, daß ihr, selbst wenn ihr in ungerechter Weise geschlagen werdet, nicht nur nicht auf Vergeltung sinnt, sondern von neuem gleiches erdulden wollt, wenn es notwendig ist. [1003]

SUCHET ZUERST DAS REICH GOTTES UND SEINE GERECHTIGKEIT, UND ALLES WIRD EUCH DAZU GEGEBEN (Mt 6, 33). Es wird gezeigt, was an erster Stelle, was einzig gesucht werden muß und woher alles andere kommt, auch die äußeren Dinge; es wird nicht verboten, andere Dinge zu suchen, aber es wird bedeutet, sie so zu suchen, daß sie niemals an erster Stelle begehrt werden. Es wird also zugestanden, daß man auch andere Dinge suchen darf, aber an ihrem Platz. [721]

DER MICH GESANDT HAT, IST MIT MIR (Joh 8, 29). Ein Verspüren des ewigen Vaters in einer mystischen Erkenntnis des Sohnes im Heiligen Geist beider. [983]

ER WIRD DIE WELT DER SÜNDE ÜBERFÜHREN (Joh 16, 8). Der Heilige Geist weist nach, daß jene sündigten, die nicht an mich [den Herrn] geglaubt haben; er weist nach, daß ich gerecht bin und rechtfertige durch den Glauben usw.; er weist nach, daß ich der Richter bin, weil ich den Fürsten dieser Welt schon überwunden habe. [714]

ER WIRD DIE WELT DER SÜNDE ÜBERFÜHREN (Joh 16, 8). Damit wird das Verspüren der Kraft des Heiligen Geistes in der Kirche angezeigt. Zuerst wirkte dies der Heilige Geist durch die Apostel. Er überführte die Welt der Sünde des Unglaubens; der Gerechtigkeit, weil er zum Vater aufstieg; daraus wurde offenbar, daß Christus gerecht ist und jene, die an ihn glauben, rechtfertigt; des Gerichtes, denn er offenbart, daß der Teufel besiegt ist und Christus offensichtlich über ihn triumphiert und ihn überführt hat. Das gleiche bewirkt der Heilige Geist durch die Heiligen bis zur Vollendung der Welt. Wiederum folgt daraus, daß der Heilige Geist jene der Gerechtigkeit überführt, die sie nicht erfassen, und der Strafe, die sie sich, den bösen Geistern gleich, zuziehen. [712]

ERKLÄRUNG DES WORTES: ICH BIN DER WEG, DIE WAHRHEIT UND DAS LEBEN (Joh 14, 6). Christus ist der Weg durch den

Glauben, durch den und in dem wir wandeln; die Wahrheit ist er ebenfalls durch den Glauben, in dem wir uns auf die erste Wahrheit stützen. Beides ist er auch durch die Hoffnung. Denn was der Verstand durch den Glauben, das empfängt das Herz durch die Hoffnung. So geschieht es, daß sich das eine durch das andere erklärt. Das wird von Paulus bestätigt, wo er im Hebräerbrief den Glauben beschreibt (11,1). Das Leben ist er durch die Liebe, die allein durch sich rechtfertigt. Wiederum ist Christus der Weg für die Stufe der Reinigung, wenn der Sünder drei Tage in die Einsamkeit geht zu Reue, Bekenntnis und Genugtuung; er müht sich ab, sucht Ruhe, sucht Christus, verläßt die Erde, begehrt den Himmel. Daraus folgt die Wahrheit, die den Weg der Erleuchtung bildet, wo Christus seine Wahrheiten offenbart.

Zuletzt ist er das Leben auf dem Weg der Einigung, wo die Erleuchteten, die Gott seiner Gaben würdigt, durch heilige Liebe in Gott ruhen. Und doch ist es mit den drei Wegen so, daß in diesem Leben in jedem von ihnen alle sind. Im Weg ist nämlich die Wahrheit und das Leben. Ebenso ist der in der Wahrheit, der auf dem Weg vorangeschritten ist und Kraft empfangen hat. Überdies gibt die Wahrheit selbst das Leben.

Das Leben schließlich ist in diesem Pilgerstand ein Weg zur vollkommenen Liebe und zur Herrlichkeit. Es ist die Wahrheit, weil Gott durch nichts besser erkannt wird als durch die Liebe. Kurz: Wer in einem von diesen [dreien] ist, der ist in Christus, der alle diese ist. [37]

BETRACHTUNG NACH JOHANNES 14: ICH BIN DER WEG, DIE WAHRHEIT UND DAS LEBEN (Joh 14, 6). In Christus ist der Weg der Buße und Abtötung, darüber mache die Betrachtung am Abend. Am Morgen betrachte in ihm die Wahrheit der Dinge, sowohl der göttlichen wie der menschlichen. Mittags verspüre das Leben in ihm und nimm es innerlich auf. Gehe ein in Christus und in seine Wahrheit und Gnade (Joh 1,17), dort wirst du diese Schätze finden und leicht zu einer fruchtbaren Betrachtung gelangen. [135]

In Christus wird seine unendliche Wahrheit geschaut und sein Leben verspürt, und beide sind in uns wirksam.

Christus ist der Weg. Die Betrachtung über ihn öffnet die Türe zur Gottheit und führt im Geiste zu ihr hin.

Christus ist der Weg für unseren Geist; er ist voll Leben und Freude, führt zu Gott und sättigt den Geist. Wo sonst wird die Wahrheit gefunden, wo der Weg? [958]

PASSION UND HERRLICHKEIT

UND SIE SPRACHEN ÜBER SEIN ENDE (Lk 9, 31). Im Licht der Beschauung und der göttlichen Heimsuchung werden in fruchtbarer und überragender Weise das Licht und die Kraft der Passion Christi wahrgenommen. Das Licht der Verklärung hat seinen Grund im Licht der Herrlichkeit und der Seligkeit der Seele Christi; es war also voll göttlicher Kraft, Tröstung und Wonne.

ER WUSSTE NICHT, WAS ER SAGTE (Mk 9, 5). Mose und Elija sprachen über das Kreuz Christi; Petrus über die Flucht vor dem Kreuz. Lassen wir uns in der Tröstung nicht dazu verleiten, sie genießen zu wollen, sondern wenden wir uns vielmehr zur Geduld und zur Nachfolge Christi durch unser Kreuz.

AUF IHN HÖRT (Mt 17, 5). Das Ziel jeder Heimsuchung, auch der erhabensten, ist der Gehorsam.

DIESER IST MEIN SOHN (Mt 17, 5) usw. Daraus gewinnen wir das Verspüren der göttlichen Annahme an Kindesstatt in uns, die Kraft zum göttlichen Leben und Handeln.

AUF IHN HÖRT. Christus spricht zu uns nicht nur durch die Gebote und Räte; sondern Gott kann in allen Dingen gefunden werden, wohin Christus, wohin das Wort Gottes in den Dingen führt; dahin wollen wir ihm folgen und wir werden in Wahrheit hören. [982]

SIE WAREN AUF DEM WEG NACH JERUSALEM HINAUF (Mk 10, 32). Wer zur Höhe der Beschauung aufsteigen will, muß die Passion Christi betrachten, denn darin liegt eine wirksame Kraft zum Gebet.

ER SCHRITT IHNEN VORAN. Niemand steigt auf zur Vollkommenheit der Beschauung, niemand zum Tragen des Kreuzes, wenn ihm die Gnade Christi nicht vorangeht.

IM GEHEIMEN. Es ist ein großes Geheimnis der göttlichen Weisheit, daß Gott Schmähungen und den Tod erleidet und dadurch den Sterblichen das ewige Heil erwirbt. [985]

SEHT, WIR ZIEHEN HINAUF NACH JERUSALEM (Mk 10, 33). Zur Höhe der Beschauung und des Gebetes gelangt man nicht ohne die Betrachtung und die Kraft der Passion Christi. So gelangt man auch nicht in vollendeter Weise zum Kreuz außer durch Betrachtung und Gebet.

SIE ABER VERSTANDEN NICHTS DAVON. Es gibt ein zweifaches Verstehen, ein äußerliches und ein innerliches, das verbunden ist mit dem Verspüren des Geistes; diese zweite Weise fehlte den Aposteln völlig.

Guter Jesus, präge du im geheimen unseren Herzen ein Verspüren deiner heiligen Passion und deines Kreuzes ein, damit wir dadurch zur Beschauung fortschreiten und durch sie gerüstet werden, dir das Kreuz nachzutragen. Wirke dies, du guter und heiliger Jesus. [985]

LUKAS 18, 35. Sie [die Apostel] verstehen das Wort vom Leiden nicht, und sogleich wird dem Blinden, der ruft und bittet, das Augenlicht geschenkt, damit wir im Herzen verstehen, daß wir zuerst in vollkommenem Glauben blind werden müssen und dann rufen und beharrlich bitten, daß uns die Augen des Herzens aufgetan werden. [566]

ALS ER DIE STADT SAH, WEINTE ER ÜBER SIE UND SPRACH: WENN DU ES DOCH ERKANNT HÄTTEST (Lk 19,42). Heftig ist die Erschütterung des Herzens bei dem, der diese Worte gläubig und demütig auf sich anwendet. Christus Jesus sah damals auch mich, als er sich mir näherte, das heißt sich meiner erbarmte; er sah mich, sah die Blindheit meines Herzens, dessen Bosheit und Torheit; er weinte wahrhaft über mich; er beweinte mein Elend, meine Gefährdung, damit ich nicht ganz und für immer verlorenginge; er rüttelte mich auf mit der strengen Mahnung: Wenn du es doch erkannt hättest; du hast es nicht erkannt; erkenne, anerkenne, öffne die Augen deines Geistes und Herzens, erfasse das Licht Gottes, übe dich in der Reue, vergieße Tränen usw. Erkenne, was dir zum Frieden dient, der ich dein ewiges Heil bin. Schau zu, daß dies deinen Augen nicht verborgen bleibt; ich bin der Ich bin (Ex 3,14), der ich zu dir spreche, der ich dich aufrüttle, dich ermahne, der ich helfe, der ich an der Tür stehe und anklopfe (Offb 3, 20). Wenn du mich nicht hörst, dich nicht von Herzen besinnst, wenn du nicht zu mir und zu dir zurückkehrst, siehe, dann werden Tage kommen usw., an denen ich dich endlosen Bedrängnissen übergebe, dich dem Teufel überantworte, dich in die Hölle stürze. Wende dies ab, Jesus Christus, der du deshalb gestorben bist, damit ich dies nicht erleide. Ich will in deinem Dienst sein, in deinem Gehorsam; ich glaube, ich verlange, ich hoffe, ich liebe dich, ich will deinen guten und vollkommenen und Gott wohlgefälligen Willen erfüllen; komm meiner Schwachheit zu Hilfe und nimm mein Elend von mir. [723]

Strenge dich mit allem Eifer und aller Sorgfalt in Christus an, dahin zu gelangen, eifrig und ausschließlich zu wünschen, mit Christus Pein und innere und äußere Schmerzen zu erdulden für deine Sünden und für jene der anderen, zur Nachfolge Christi und zur Verherrlichung Gottes. Das sei deine Tröstung, deine Bitte, dein Leben; wenn du dahin gelangst, darfst du hoffen, einen guten Anfang des geistlichen Lebens erreicht zu haben. [891]

DAS KREUZ. Wer Christus findet, findet das Kreuz; Christus kann nicht anders gefunden werden als mit dem Kreuz, das er für uns getragen hat und das er uns ständig anbietet. [147]

Ich betete zu Christus, er möge mich des Kreuzes würdigen. Ich verspürte aber, daß ich fehlgehe, wenn ich ein Kreuz erbitte und das Kreuz, das ich schon habe, abweise, nämlich den Überdruß an einem schlechten Gesundheitszustand und an der Trostlosigkeit. Dieses Kreuz ist so leicht, und du willst es nicht auf dich nehmen? Was wäre, wenn dir ein schwereres gegeben würde? Darum verlange nicht nach Hohem, sondern sei zufrieden mit dem Niedrigen (Röm 12,16). [149]

CHRISTUS. Der gekreuzigte Christus ist ein Spiegel der Sünden; denn in seiner Passion und seinem Tod werden meine Sünden sichtbar. [136]

DAS BLUT CHRISTI. Das Blut Christi ist ganz dir geschenkt worden und in ihm das Leben Jesu Christi. Darüber sollst du regelmäßig betrachten, um die Kraft des Geistes zu gewinnen. [107]

Der Weg zu einem geistlichen Leben, zum Verspüren des Geistes, zur Überwindung der Versuchungen ist die Betrachtung des Kreuzes und der Passion Christi; darin werden alle Schätze der Gnaden, der Gaben, der Tugenden, kurz: wird alles Gute gefunden.

In der Passion Christi liegt das Verspüren des Glaubens, der Hoffnung und der Liebe sowie deren Wachstum.

Aus dem Kreuz Christi versteht man die Kirche und die Gesellschaft.

Zugang zum Gebet aus dem Verspüren der Passion Christi. Wenn dieses nicht gegeben wird, muß man sich an die Heiligen oder an die Engel wenden. Wenn auch dies nicht gelingt, soll man sich auf andere Betrachtungen über den Tod, die Sünde, die Hölle und andere beliebige

Themen ausrichten. Alles aber aus Glaube, Hoffnung und Liebe, gleichsam wie aus einem nicht mit den Sinnen erfaßbaren Ursprung in Gott. [501]

CHRISTUS. Man muß Jesus Christus lieben in all seiner Schmach und Verspottung, in seinen Schmerzen und seinem Tod; daraus wächst die Liebe zu all dem, was die Welt verabscheut, ein großes Verlangen danach und höchste Geduld, ja sogar Freude und Jubel. Das gebieten uns so oft Paulus (Röm 5, 8; 2 Kor 1, 4 u.a.), Jakobus (1, 3.12) und Petrus (1. Brief 1, 21; 3,14), nämlich sich zu freuen in der Trübsal. [184]

In einem Verspüren des Geistes wurde mir das Kreuz gezeigt, das äußere und innere Bedrängnis, Verachtung und Schmach umfaßt, und zwar ohne Tröstung; ich erkannte aber auch, daß wir auf diesem Weg schwer verwundet werden und uns in großer Gefahr für unser Heil befinden. Deshalb erkannte und verspürte ich die Gnade, mit der ich dem Kreuz Christi nachfolgen kann; als er es erlitt und bis zum Ende trug, entfernte er sich in nichts vom Zustand seiner Seligkeit oder der Tugenden oder der ganzen Vollkommenheit. Das Verspüren war aber so, als sähest du dich am Kreuz und könntest durch seine Kraft in Christus in der früheren Vollkommenheit feststehen oder sogar nach einer höheren verlangen und fortschreiten und nicht zu niedrigeren Dingen hinneigen; doch wird uns kaum das reine Kreuz aufgebürdet. [524]

Es hat eine überaus große Wirkung für eine fruchtbare Betrachtung des Leidens Christi, wenn du es zuinnerst verspürst und damit das Verspüren der Würde Christi verbindest. Es ist eine Wirkung des Geistes, des Gebetes und aller Tätigkeiten, wenn du die Tugenden verspürst, die Sakramente, die Fürbitten der Heiligen usw., die benetzt sind vom Blut Christi, und daß du in ihnen alles vermagst und daraus alles Gute hervorgeht. Wenn du noch hinzufügst, daß Christus selbst in seinem Sterben am Kreuz den erwähnten Dingen ihre Wirksamkeit schenkt und sein ganzes Blut und sein ganzes geschaffenes Leben hingibt, um jenen eine göttliche Kraft einzupflanzen, dann wächst daraus sowohl die reichste Tröstung als auch ein demütiges Vertrauen. [919]

Lebendige und innerlich spürbare Vergegenwärtigung des Leidens Christi in der Messe, gewissermaßen neu und gegenwärtig. [319]

Der Tod Christi lehrt uns die Buße im Geiste, seine Auferstehung das geistliche Leben, seine Himmelfahrt die Beschauung und alle Erhebung des Herzens; die Sendung des Heiligen Geistes lehrt uns jenes geistliche Leben, das höher ist als das rein aktive oder das rein kontemplative Leben. In ihm leben wir nicht nur selbst auf eine geistliche und kontemplative Weise, sondern wir können auch andere darin unterrichten und ihnen die Wege des geistlichen Lebens zeigen; so wird die Liebe in den Herzen entzündet und weitet sich aus zur Sorge um das Heil und die Vervollkommnung der Nächsten. [661]

ES IST VOLLBRACHT (Joh 19, 30). Christus gibt alles hin, sein ganzes Blut, seinen ganzen geschaffenen Geist und sein Leben; er gibt dem ganzen Geheimnis seiner Sterblichkeit die Vollendung; sein Verdienst, das immer äußerst vollkommen war, findet hier seine Fülle; es wird den Vorherbestimmten die Herrlichkeit gesichert, das Urteil über den bösen Geist und die Menschen, die sich die Verdammung zugezogen haben, bekräftigt; der Tod wird vernichtet, die Welt erstrahlt in neuer Kraft und neuem Licht Gottes und wird so wiederhergestellt. Christus hat bis zu diesem Punkt gelitten. Nun aber vollendete er die letzte Empfindung seines Leidens und äußerte ein einziges Mal ein Zeichen der Traurigkeit, um anzuzeigen, daß nun alle Traurigkeit überwunden sei; er setzte das göttliche Siegel auf unser Heil und besiegelte es auf sicherste Weise. In diesem „Es ist vollbracht" erhielt unsere Seligkeit ihre Sicherheit und das ewige Zeugnis Christi Jesu.

Hört das Wort; es ist das Wort unseres göttlichen Bruders; sterbend ruft er mit göttlicher Kraft; dieses Wort bewegt den ganzen Erdkreis; auf dieses Wort hin strömen die Engel zusammen, durch dieses werden die bösen Geister aufgeschreckt und fliehen auseinander; auf dieses Wort hin werden sie von den Engeln mit Füßen getreten; auf das Zeichen dieses Wortes hin wird der Satan, die gewundene Schlange, gebunden und gefesselt. Und das Wort ist nicht nur im Himmel gehört worden, sondern es hat auch in der Hölle die Teufel und die Gefährten ihrer Pein, die Menschen, niedergeworfen; es hat die Väter im Limbus gestärkt und sie aufgerufen, den Herrscher, der in ewiger Herrlichkeit triumphiert, zu empfangen, und die Erwählten unter ihnen machen sich bereit, ihren Leib mit ihm, dem Auferstehenden, zusammen zu empfangen. Schließlich verspüren die heiligen und frommen Menschen im Geiste, daß in diesem überaus machtvollen Ausruf des göttlichen Wortes die Vollendung aller Weltzeiten angezeigt ist.

Dies alles bewegt und ermuntert uns stark, da jenes Wort bewirkt, was Christus uns gebracht hat, daß nämlich in uns nicht nur jede Schuld getilgt wird, sondern auch jede Unvollkommenheit und Nachlässigkeit, die kaum frei von Sünde sein kann, ausgerottet wird. Denn wer kann schlaffen Geistes sein, wenn er den sterbenden Gott im Ohr des Herzens rufen hört: Auf, ich habe die Sünde vernichtet, ich habe den Teufel besiegt, ich habe den Tod getötet; und zwar für dich, wenn du nur willst, wenn du nur gehorchst, wenn du dem Geist und der Gnade Folge leistest. Aber nicht nur dies ruft Christus aus, sondern zugleich und gleichsam mit größerer Kraft der Stimme: Für alle ist die Vollkommenheit des Lebens vollendet, für uns sind die vollkommensten Tugenden, die Gaben, der Schmuck der Seelen erworben und bereitet, uns zu eigen geworden, uns geschenkt, wenn wir nur das Wort Gottes hören, wenn wir nur dem Wort und der Gnade, die uns erlöst und ruft, folgen. Mit ihm wollen wir zusammenwirken in Christus Jesus, der Gott ist, gelobt in Ewigkeit. Amen. [824]

In gleicher Weise wie die Frauen suchen auch wir die Auferstehung Christi; jene waren traurig in ihrer Ungewißheit; wir glauben zwar, aber wir glauben so, daß wir fast kein Licht des Glaubens besitzen, nichts an Gaben der Weisheit noch des Verstandes noch des Wissens. Deshalb müssen wir trauern wegen dieser Unvollkommenheit; darum sollen wir den von den Toten auferweckten Christus suchen, damit er unseren Tränen und unserem Kummer das heilige Licht der Auferstehung schenke. Die Betrachtung der Auferstehung verschafft ein Verspüren der himmlischen Dinge und die erhabene Frucht der Tugenden; auf dieses Verspüren verweist die Kirche im Gebet vom Osterfest, wo sie betet: Gott, du hast uns durch deinen Eingeborenen den Zugang zum ewigen Leben erschlossen usw. [1000]

MIT CHRISTUS AUFERSTEHEN. Mit Christus auferstehen heißt, seinen Tod durch beständige Abtötung in geistlicher Kraft und Freude umfassen. Denn wir wollen nicht nur die Auferstehung Christi verspüren, sondern auch sein Leiden und Sterben (vgl. Kol 2,12; 3,1-5).

MUSSTE NICHT CHRISTUS DIES ALLES ERLEIDEN (Lk 24, 26)? Es gibt keinen Zugang zur Beschauung als über die Betrachtung der Passion Christi und über das Verkosten und Umarmen des Kreuzes: Wer mir nachfolgen will usw. (Mt 16, 24; Lk 9, 23). [131]

Im hellsten Licht wird Christus erscheinen, wenn er zum Gericht kommt, in der überaus strahlenden und leuchtenden Herrlichkeit seines Leibes; diese seine

Herrlichkeit und dieser Glanz werden zur endlosen Offenbarung seiner Gottheit führen und den Geist erleuchten. [260]

DRITTER TEIL

DER WEG DER EINIGUNG

Nadals geistliches Leben und seine davon genährte geistliche Lehre sind, auf dem Boden einer alten und gefestigten Tradition, orientiert an den „Drei Wegen". Im Sinn dieser Tradition bleibt ihm auch stets bewußt, daß die „Drei Wege" nicht im zeitlichen Vorgang abgegrenzte Etappen bezeichnen, sondern Schwerpunkte in dem einen geistlichen Weg des Christen anzeigen, und daß sich diese Schwerpunkte gegenseitig bedingen und durchdringen. So notiert er einmal: „Doch ist es mit den drei Wegen so, daß in diesem Leben in jedem von ihnen alle drei sind" [37]. Im gleichen Atemzug verweist er auf ihre Einheit in Christus: „Wer in einem von diesen [drei] ist, der ist in Christus, der diese alle ist" [37]. Im besonderen ist er sich der Verbundenheit von „Erleuchtung" und „Einigung" bewußt: „Man übt sich auf dem Weg der Einigung meist gleichzeitig mit dem Erleuchtungsweg" [58]. Noch einmal sei deshalb erinnert an das Gleichnisbild von der dynamisch nach oben strebenden Spirale, das am besten die „Drei Wege" in ihrer Unterschiedenheit und Einheit deutet.

Trotz der grundsätzlichen Gleichzeitigkeit der „Drei Wege" zeichnen sich in Nadals Notizen, die volle dreißig Jahre umgreifen, auch im zeitlichen Ablauf Schwerpunkte ab. Seine Texte zur „Reinigung" haben ihr Hauptgewicht im ersten, jene zur „Einigung" im zweiten Teil des „Geistlichen Notizbuches", während die Aufzeichnungen zur „Erleuchtung" das ganze Werk durchziehen. Nadal war eben in seinem geistlichen Bemühen und in der Erfahrung der göttlichen Gnade ständig unterwegs im Aufstieg von der „Reinigung" über die „Erleuchtung" zur „Einigung" mit seinem Gott durch Jesus Christus im Heiligen Geist. Im Paradigma seines Lebens darf auch hier ein allgemein gültiges Gesetz gesehen werden. Ein- und untergeordnet unter die Gleichzeitigkeit der „Drei Wege" gibt es auch eine zeitliche Differenzierung. In diesem Sinn faßt der folgende Dritte Teil die Zeugnisse des „Geistlichen Notizbuches" zum Schwerpunkt der „Einigung" zusammen.

Mitten im Notizbuch, an einer Stelle, die sich auf das Jahr 1558 datieren läßt, schreibt Nadal: „Du sollst einen allgemein gültigen neuen Anfang machen“ [460]. Kurz vorher hat er im Gedenken an den Todestag des Ignatius notiert: „Am letzten Tag des Juli. Ich machte eine Geisteserneuerung, wie wenn ich zum ersten Mal in die Gesellschaft aufgenommen würde“ [428]. In dieser Sicht des stets neuen Anfanges, dem er auch auf dem Weg der „Einigung“ verpflichtet bleibt, stehen die folgenden Aufzeichnungen.

Du sollst einen allgemein gültigen neuen Anfang machen, nicht aus dem Überschwang des Herzens, sondern aus der Ruhe und Ausgeglichenheit des Geistes. [460]

Auch wenn dir große Gnaden des Geistes und auch große Leistungen und Tröstungen zuteil geworden sind, so versetze dich doch immer in jene Lage, in der dir diese Gaben zugefallen sind, das heißt in den Zustand des Elends und der Niedrigkeit usw. [461]

GOTT DIENEN IM GROSSEN UND KLEINEN. Wenn einer aus Schwäche oder wegen eines unüberwindlichen Hindernisses keine großen Werke vollbringen kann und es ihm schwer fällt, Gott in den ganz kleinen Dingen zu dienen, so ist das ein Zeichen von Hochmut. Denn Gott bedarf unserer Werke nicht und es steht einzig bei ihm, uns wegen kleiner oder großer Werke zur Herrlichkeit zu rufen. Deshalb verspürt ein geistlicher Mensch darin das Gleichgewicht von großen und kleinen Werken, sogar zwischen kleiner und großer Verherrlichung, da er einzig im Willen Gottes sein Verkosten und seine Ruhe findet. Wenn aber das Verlangen nach großen Werken erwacht, darf man ihm folgen, sofern aus einer vollen Abtötung einzig Gottes größere Ehre gesucht und erstrebt wird; doch wird man aus Demut wünschen, diese möchten eher von anderen vollbracht werden. Dabei muß man aber darauf achten, daß man sich in Beachtung der eigenen Berufung und des empfangenen Talentes mit der göttlichen Gnade einsetzt. [461]

ERKENNTNIS UNSERES WILLENS. Ich erkannte den Willen, wie ich vor einigen Monaten den Verstand im Geist erkannt hatte.

Damals glaubte ich, daß die Handlungen, die allein aus dem Verstand hervorgehen, gewissermaßen außer uns sind, und nur der Willensakt inmitten der Seele ist. Das sollst du mystisch verstehen. Das Organ des Willens ist im Herzen; der Wille aber ist die feinste und zarteste Fähigkeit, gewissermaßen das höchste Prinzip im Geschöpf und gleichsam ein Zufluchtsort, von dem aus der Mensch, wenn er mit der Gnade Gottes im Guten herrschen will, es auch kann; wenn er dagegen ohne Gott das Böse will, wird er mächtig in der Sünde. [118]

Man ist nicht schon ein geistlicher Mensch durch das Wesen der Seele und ihrer Fähigkeiten, denn ein solcher Mensch ist noch irdisch und fleischlich; wir können aber jenes Wesen gleichsam als ungeformten Stoff betrachten, den die Gnade Gottes mit den Tugenden und den Gaben des Heiligen Geistes durchformt. Doch auch das ist noch nicht seine ganze Vollendung in diesem Leben; diese kommt vielmehr zustande durch das göttliche Wirken in unseren Fähigkeiten und durch unsere von der Gnade durchformten Fähigkeiten. Darum besteht die wahre Tugend im Verstand aus dem Wirken Gottes durch den Glauben, im Willen durch die Hoffnung aus dem Streben nach dem eigenen Wohl und ebenso im Willen aus dem Verlangen nach Gerechtigkeit. Das sind die heiligen Wirkungen, von denen der selige Franziskus in seiner Regel spricht und auf die der Vater Ignatius so häufig verweist, wenn er sagt „in unserem Herrn“, „in seiner göttlichen Majestät“ und mit vielen ähnlichen Ausdrücken an zahlreichen Stellen. [392]

Man muß den inneren Menschen aufbauen, denn dieser ist ohne Zweifel wirklicher als der äußere. Dieser ist von Gott geschaffen in Christus (Kol 1,16); bei jenem ist Christus das Haupt, und so wie Christus das Haupt und der Leib des inneren Menschen ist, so ist er es auch für die Kirche (Kol 1,18). Christus ist nämlich der Ursprung jeder geistlichen Handlung und zugleich das Wirken, das Wesen, das Gespür und das Leben. In diesem Haupt sind Verstand und Wille und das geistige Gedächtnis stark im Geist, ebenso die inneren Sinne in demselben Geist. Aber dieser innere Mensch ist erst dann vollkommen, wenn er in nichts mehr dem niederen Menschen, der Fleisch ist, Folge leistet und diese niedrigeren Dinge ihn nicht mehr verwirren; das kommt freilich selten vor in diesem sterblichen Leben.

Ich hatte ein Verspüren von all diesen Dingen. Ich schien gleichsam die Seele zu sehen, wie sie von Gott geplant, wie sie im Stand der Unschuld geschaffen wurde, strahlend, von einem gewissen göttlichen Licht und von übernatürlichen Gaben erleuchtet, dann wie sie eingetaucht und angesteckt und gebunden wurde durch die Verderbnis des Fleisches. Von daher strebt sie nach jenem Licht und jener Freiheit, durch die aus Gottes Gnade in Christus der innere Mensch auferbaut wird, der aus eigener Kraft den ganzen Menschen leiten wird. Dieses wird in einem gewissen Licht des Geistes verspürt, als ob wir Christus anziehen mit ganzer Seele und ganzem Leib und seine Kraft allseits verspüren. [427]

Durch das Verspüren des Herzens wird im Geist klar erkannt, wozu der Mensch geschaffen ist. Der Akt dieses Verspürens aber wird erklärt in den Exerzitien (EB 23); in diesem Sinn kannst du sagen: Der Mensch ist geschaffen, um an Gott zu glauben, auf ihn zu hoffen, ihn zu lieben, ihm zu dienen und so sein Heil zu finden.

Alle geschaffenen Dinge sind dazu da, dem Menschen zu diesem Ziel Hilfe zu leisten. Dadurch bestärkt er sich im Ziel, indem er teils in ihnen Hilfsmittel sucht, teils jene Geschöpfe, die ihn hindern können, in die rechte Ordnung bringt und sie zu seinem Dienst verwendet. Wir müssen also alle Geschöpfe durchgehen und ihren Dienst zu unserer Hilfe verwenden. [537]

Gib acht, daß du die umsonst geschenkten Gnaden nicht mißbrauchst, besonders aber jenen Eifer, der offenbar aus der spürbaren Gnade der Berufung und aus ihrem guten Gebrauch hervorgeht. Sei vielmehr um so aufmerksamer in deinen Unternehmungen; und mache dich nicht nur aus diesem Eifer ans Werk, sondern gestützt auf jene Kraft, die nicht bloß nowendig ist, sondern auch zur Vollkommenheit deiner Handlungen und Unternehmungen beiträgt. [936]

Der Anfang der Beschauung gründet in der Weisheit und in der Einsicht; der Anfang der Tätigkeit in der Überlegung und im Starkmut, deren Ausführung im Wissen; die Übung und Bewahrung in der Frömmigkeit und in der Furcht des Herrn. [973]

Das Wasser sind unsere Betrachtungen; aber wenn die Heimsuchung Gottes dazu kommt, werden sie zu Wein und erfrischen unser Herz (vgl. Joh 2,1-11). [910]

Groß ist die Würde eines Christenmenschen, eine göttliche Kraft, weil er in der Gnade lebt; denn selbst wenn er keine erworbenen Tugenden besitzt, hat er doch die eingegossenen und die Gaben, woraus er auf vollkommene Weise handeln kann, auch wenn ihm die erworbenen oder die durch göttliche Kraft mitgeteilten Akte fehlen. So ist es oft vorgekommen, daß Neugetaufte eben an dem Tag, da sie getauft wurden, auf standhafteste Weise für die Wahrheit des Glaubens und für Gott den Tod erlitten haben. [888]

Es gibt sehr viele Zeichen für die Gegenwart der Gnade, nicht nur der spürbaren Gnaden, deren wir uns gewiß sind aus der Erfahrung, in der wir sie erkennen, sondern auch jener Gnade, die den Menschen vor Gott heiligt; diese Zeichen werden gleichsam getragen und erhalten ihre Wirksamkeit von jenem allgemeinen Glauben, in dem wir vertrauen, daß wir durch Christus gerechtfertigt werden usw., daß wir Kinder Gottes sind usw. Wenn jemand über diese Zeichen hinaus, von denen Paulus oft spricht und die von den geistlichen Lehrern ständig erwähnt werden, aus Gottes einzigartiger Güte zudem jene Gewißheit erlangt, die eine besondere Offenbarung ist, so soll er Gott dafür danken.

Große Beweise und Zeichen für die einwohnende Gnade sind unsere Tröstungen; ebenso aber auch die Trostlosigkeiten und die verschiedenen bitteren Trübsale, die mit beharrlichem, geduldigem und ausdauerndem Mut ertragen werden; das geistliche Verspüren; die Andacht des Herzens; nicht mehr an der Welt Gefallen finden; die innige Liebe zum Herzen Jesu; die Verehrung und das Verspüren der Passion Christi; beglückendes Verspüren der Demut und Geschmack an der Erniedrigung, Freude an der Schmähung; sich nicht mehr freuen am Lob, das einem zuteil wird, sondern vielmehr an der Beleidigung; die besondere Verehrung der seligen Jungfrau; die Verehrung der Heiligen; das Gefallen an den Gelübden, falls man in einem Orden lebt; die Freude darüber, nicht in der Sünde zu leben; die Andacht beim Empfang des Sakramentes der Buße; das geistliche Verspüren und die innere Erquickung bei der Kommunion; eine aufrichtige Feindesliebe; die Hingabe an die Katholische und Apostolische Römische Kirche; das Verspüren des Gehorsams gegenüber dem Papst; die gewohnte Andacht bei der Feier der Messe und bei der Teilnahme an ihr und noch sehr vieles andere, auch wenn wir uns dessen nicht bewußt sind. All das erquickt die

Seele und verschafft ihr Frieden und feiert gleichsam ein Gastmahl in ihr. Seele, was suchst du noch mehr? Sage Gott Dank dafür und erwirb dir von Tag zu Tag größere Demut in Christus, der dir diesen Garten der Wonne bereitet hat durch seinen Tod für dein Leben. [743]

Wir wollen betrachten und in starker Hoffnung erwarten, daß unsere Seele göttliche Vollkommenheit empfange aus der Gnade, die ein von Gott unserer Seele eingeprägtes Lebensprinzip ist; aus ihr und durch sie werden wir in Christus zuerst der göttlichen Natur teilhaftig (2 Petr 1,4), dann wird damit die Gabe der Liebe verbunden, in der unsere Seele durch den Empfang der göttlichen Kraft befähigt wird, mit ihren Fähigkeiten zu wirken und Verdienste zu erwerben in Christus. [784]

FREIHEIT DES GEISTES

Im Fortschreiten auf dem geistlichen Weg gewinnt der Mensch eine stets größere innere Freiheit, zu der uns Jesus Christus befreit hat (vgl. Gal 5,1.13). Diese Freiheit des Geistes ist eine Freiheit im Heiligen Geist.

DIE KRAFT DES FREIEN WILLENS IN EINHEIT MIT DER GNADE. Unsere Willensfreiheit, die durch die Gnade erneuert und ausgerüstet wird, ist überaus strahlend und mächtig, bewunderungswürdig und begehrenswert; sie erfrischt das Gemüt, stärkt das Herz, weckt Leben und erwirkt die Demut. Wenn du dieses Geschenk in dir verspürst, gib dir Mühe, daß es nicht fruchtlos bleibt. [66]

DIE ÜBERGABE VON VERSTAND UND WILLEN. Es wird nie ein wahres inneres, vom Geiste vollzogenes Handeln in Verstand oder Willen geben, wenn nicht zuvor der Verzicht auf die Selbstbehauptung dieser Fähigkeiten oder Handlungen in Gott geleistet wird. Das sollst du mystisch verstehen, nicht in dem Sinn, daß du nach dem

Verzicht auf diese Fähigkeiten nicht mehr handeln sollst, sondern daß vielmehr Gott in uns und wir in ihm im Geist und in der Wahrheit handeln. Gib acht, daß du nicht durch deine Schuld dieses Verspüren des Geistes verlierst. Das ist der geistliche Sinn des Wortes: Wo der Mensch aufhört, da beginnt er erst (vgl. Sir 18, 7), und das andere Wort: Ohne mich könnt ihr nichts tun (Joh 15, 5). [172]

Ich verspürte, daß die Freiheit des Geistes ein Vermögen des Geistes ist, durch das man wie durch eine Einwirkung von oben mühelos, freudig und vertrauensvoll die Haltungen der Tugend oder die rechte Methode ausübt sowohl in den Dingen, die sich auf die Vollkommenheit und die Verpflichtungen und Ausübungen des eigenen Standes beziehen als auch auf alles andere. [583]

Freiheit im Geiste, um Gott in vertrauter Weise anzusprechen; daraus wuchs die Freiheit, mit jedem beliebigen Menschen frei zu verkehren. [531]

Es ist eine große Gnade, in Freiheit von den Gaben Gottes und von seinen Kräften Gebrauch machen zu können, ja sogar von Gottes übernatürlichem Mitwirken selbst. So oft wir übernatürlich handeln wollen, können wir es. Das ist doch gemeint, wenn wir so häufig lesen, Gott habe uns seinen Sohn geschenkt (vgl. Joh 3,16), er habe uns den Heiligen Geist gegeben (vgl. 2 Kor 1, 22 u.a.), er habe uns die Fähigkeit gegeben, Kinder Gottes zu werden (Joh 1,12), wenn wir nur den Glauben leben, der Anfang und Wurzel aller übernatürlichen Handlungen ist. Das bestätigt auch das Wort im Buch der Weisheit: Die Weisheit kommt denen zuvor, die nach ihr verlangen, und zeigt sich ihnen zuerst (6,14). [545]

FREIHEIT DES GEISTES. Die Freiheit des Geistes führt zum Frieden, der eine Frucht des Geistes ist.

Freiheit des Geistes herrscht dort, wo man die Gaben Gottes gebraucht, ohne daran gehindert zu werden:

durch die Sünde oder die Folgen der Sünde, durch die Verderbnis der Natur oder überhaupt durch äußere Hindernisse. Wenn dieser Gebrauch in Frieden, Trost und mühelos geschieht, scheint zwar eine größere Freiheit vorhanden zu sein. Wenn sich aber dieser rechte Gebrauch bei Widerstand gleich bleibt und sich behauptet, bewahrt man nicht nur seine Freiheit, sondern es kann ihr noch größeres Verdienst zukommen. Doch gibt es in diesen Dingen vielerlei Wege. [631]

AUFSTIEGE ZU GOTT

Sehr zahlreich sind die Aussagen Nadals zum Thema und Anliegen des Glaubens, von denen im Zweiten Teil eine Auswahl zitiert wurde. Im Licht und in der Kraft des Glaubens bemüht er sich ständig um wachsende Gotteserkenntnis. Darin hat auch eine „negative Theologie" ihren Platz: Wir wissen von Gott mehr, was er nicht ist, als was er ist. Im Sinn der Exerzitien sucht und erkennt er Gott in seinen Werken, über die er zum Geheimnis Gottes aufsteigt und sich durch Christus diesem Gottesgeheimnis überantwortet.

WER GOTTES MAJESTÄT ERFORSCHT, WIRD VON SEINER HERRLICHKEIT ÜBERWÄLTIGT (vgl. Spr 25, 27 LXX). Man muß also im Forschen nach der Erkenntnis Gottes mit aller Demut vorangehen, vom Glauben, von den Heiligen Schriften und von jener Erkenntnis her, die die Heiligen - wie wir lesen und hören - erlangt haben. Und dann geht mir in der einzigartigen Güte Gottes und seines Christus eines Tages einiges Licht auf, wie wenn jemand Einsicht gewinnt in die göttliche Natur, daß sie in sich unendlich und von notwendiger Vollkommenheit und Wesenheit ist, daß sie notwendig in sich selbst tätig ist und Hervorgänge bewirkt, nach außen aber nicht notwendig, sondern aus freiem Willen handelt, zwar auf begrenzte Weise, aber aus seiner unendlichen Weisheit und Macht, und überdies eine vernunfbegabte Schöpfung schafft, die am göttlichen Wesen teilhat (2 Petr 1,4) durch Christus. [913]

Gott wird erkannt auf dem Wege, nach der Weise des Weges, wie Gott es will, wenn seine Kraft verspürt wird. Das ist gemeint, wenn wir in der Heiligen Schrift öfters lesen: Und ihr werdet erkennen, daß ich der Herr bin (Ez 6,13 u.a.). In ähnlicher Weise wird er von den Bösen erkannt, wenn sie Gottes Macht und Vergeltung erkennen und ihn wider Willen bekennen.

Zur Übung der Tugenden stehen Gottes besondere Hilfsmittel bereit; man soll sich mit Hingabe und Demut auf sie ausrichten und mit ihnen zusammenwirken. [931]

Trachte nach innigster Erkenntnis der Wahrheit, suche und erforsche sie; sie ist ein unaussprechliches Licht, das von Gott durch Christus und in Christus niederströmt; sie ist milde, wirksam und beständig; davon gehen alle Wahrheiten aus; daraus wird die Wahrheit eingepflanzt. Wenn du in fruchtbarer Weise in dieser Gabe verweilen willst, betrachte von jenem Ursprung der Wahrheit her die einzelnen Wahrheiten über Gott, die Dreifaltigkeit, die Menschwerdung, das Leben und Sterben Christi, die Sakramente, die Tugenden, Gaben usw.

Wir müssen aus innerstem Herzen beten; dieser Übung verleiht Gott ein Verspüren des Geistes. Aus dem höheren Teil der Seele muß man handeln im Geist, im Licht und in der Kraft Gottes in Christus. [876]

Ein sicherer und fruchtbarer Weg zur Beschauung Gottes ist jener der Verneinung, verbunden mit dem Glauben in frommer und demütiger Bitte; darin nämlich leuchtet die Wahrheit Gottes auf, wenn, wann und wie er selbst will. [931]

Bei den Negationen, in denen du im Glauben auf der Suche nach Gott alles aufgibst, halte doch die Menschheit Christi fest; denn in Gott findest du notwendigerweise auch den Menschen Christus, das WORT, das Mensch geworden ist; dadurch wird das ganze Bitten stärker und wirksamer. [907]

ABSTRAKTES NACHDENKEN ÜBER GOTT. Ich muß immer über Gott nachdenken in demütiger und ehrfürchtiger Abstraktion. Diese mündet auf den Weg der Negation in Vertrauen und schlichter Demut, die den Geist nicht ohne Frucht läßt, sondern ihn in die Dunkelheit hineinführt, in der Gott im Geist und in der Wahrheit gefunden wird. [100]

ALLES AUF GOTT ZURÜCKFÜHREN. Alles ist auf Gott zurückzuführen, alles Sein und alles Tun. Und achte darauf, in welcher Weise alles in Gott ist und wirkt. [43]

ALLES IST AUF DIE EHRE GOTTES HINZUORDNEN. Wenn du etwas Gutes siehst, hörst, begreifst, richte es auf die Ehre Gottes aus; erhebe von da aus dein Herz zu Gott; Gott wirkt es; an der Herrlichkeit Gottes haben alle Geschöpfe Anteil. Das wird dich in besonderer Weise erfreuen; dadurch wird der Geist des Neides überwunden. [44]

Gott wird gefunden in den Geschöpfen, in Glaube, Hoffnung und Liebe, in den Tugenden, in den Sakramenten, in der Kirche, in der jungfräulichen Mutter Maria, in den Engeln, in den Heiligen, in den guten Werken; hieraus wird er in sich gefunden, denn aus diesen Gegebenheiten wirst du Gott erkennen. Bemühe dich nicht, Gott unmittelbar zu finden, außer du seiest sehr geübt im Gebet und ganz demütig im Willen und ganz schlicht im Verstand. [837]

Gott ist bei dir, Gott ist in dir, Gott ist in deinem Innersten, Gott ist überall; in sich ist Gott in der Einheit, in der

Dreiheit der Personen. Wenn du weiter suchst: Gott ist anzubeten im Himmel, in Christus, im Sakrament der heiligen Eucharistie, in den Kirchen, in den Bildern Christi und in anderen Dingen, wenn sie uns auf irgendeine Weise Gott vergegenwärtigen, in den Namen Gottes und Christi usw. [601]

Du sollst Gott betrachten als den Unendlichen, Unermeßlichen, Allmächtigen, Ewigen. Wenn du ihn ohne diese Vollkommenheiten betrachtest, mußt du dich vorsehen, nicht einer Verhärtung deines Geistes zu verfallen noch in Versuchung zu geraten bezüglich der Gottheit, und du mußt dich davor hüten, verworfen zu werden, weil du das Wesen Gottes zu ergründen suchst (vgl. Spr 25, 27 LXX). [648]

Man soll Gott anrufen als gleichsam gegenwärtigen, was er ja ist; aber so, daß wir gleichzeitig das Herz zum Himmel zu ihm erheben, und wir sollen dieses Verspüren seiner Gegenwart hier mit jener himmlischen verbinden.

Gott verfügt in seiner unendlichen Güte über ungezählte beglückende und wunderbare Weisen, die er den Menschen auf dem Wege mitteilt und durch die er sich offenbart, wem er will. [931]

Im Licht soll man die Wohltaten Gottes betrachten, sowohl die allgemeinen und gemeinsamen als auch die persönlichen usw., und aus diesem Licht soll man in Liebe und Zuneigung Gott die Danksagung darbringen und ihm nicht nur den Willen, sondern vor allem den Verstand übergeben, damit man vor Gott in jeder Handlung von ihm abhängig ist und nichts außer durch ihn erkennt, so daß der Hochmut eines wankelmütigen Geistes und des falschen Selbstvertrauens überwunden wird. [159]

Das WORT Gottes, Gott selbst wird unser Heil, unsere Gesundheit, unsere Erlösung, Rechtfertigung, Heiligung und Weisheit (vgl. 1 Kor 1, 30). Wir wollen Gottes Barmherzigkeit empfangen, nicht nur im Glauben, sondern auch in der Hoffnung und in der Liebe, durch die Sakramente oder das Verlangen nach ihnen, durch die Tugenden und ihre guten Werke in der Fülle der Gnade. Wir wollen dieses Heil entgegennehmen; denn Gott hat uns dieses Heil gegeben, damit wir zuerst geheilt werden und dann mit ihm im Geiste wirken zur Verherrlichung Gottes und zu unserem Verdienst. [905]

Eine sehr gute geistliche Übung ist es, gelegentlich die Barmherzigkeit und andere göttliche Vollkommenheiten zu betrachten, zuweilen auch unsere Schwäche und unsere Sünden; beides sollen wir schließlich zusammenfassen, damit in unserer Armseligkeit gleicherweise das Verkosten und Verspüren der göttlichen Güte und Barmherzigkeit lebendig ist. [490]

GOTT ERWÄHLT DIE MENSCHLICHE NATUR. Gleichsam als seine überaus geliebte und süße, strahlend reine und makellose Braut erwählte Gott die menschliche Natur, an der er sein Wohlgefallen hatte und sich mit ihr [in der Menschwerdung des WORTES] verband. So habe ich es verspürt. [22]

GOTTES KRAFT. Gottes Kraft verspürt und erfaßt man in allen Einrichtungen der Kirche, wie in den Bildern, Altären, Gotteshäusern, gesegneten Gegenständen, kirchlichen Gebräuchen und Zeremonien. [145]

Es gibt ein dreifaches Studium der Theologie: Das erste ist spekulativ, auch in praktischen Fragen; das zweite ist praktisch-moralisch; das dritte ist mystisch und geistlich. Die erste Weise befolgen jene - und sie machen darin für gewöhnlich auch Fortschritte -, die sich der Wissenschaft widmen, mögen sie selbst gut oder schlecht sein, wenn sie nur eine spekulative Begabung haben, das heißt, wenn sie nur mit dieser Fähigkeit etwas zustande bringen. Die zweite Weise befolgen jene, die über ein praktisches Talent verfügen, auch wenn sie kein geistliches Leben führen und dessen mystische Erfahrung nicht gemacht haben. Die dritte Weise pflegen nur jene, die im Geiste weise sind in Christus, demütig und schlicht; für diese Weise trifft zu, was Hieronymus schreibt und die Heiligen verkünden, was aber für gewöhnlich nur von wenigen ergriffen und angewendet wird, daß nämlich die Schrift dann verstanden wird, wenn man sie tut, das heißt, wenn auch nach außen erfüllt wird, was zu erfüllen ist, und zugleich mit den inneren Sinnen erkannt und verkostet und in geistliches Tun umgesetzt wird. Christus meint dies, wenn er bei Johannes sagt: Wenn ihr in meinem Wort bleibt, seid ihr in Wahrheit meine Jünger, und die Wahrheit wird euch frei machen (Joh 8, 32f). Freilich kann sich auch in diesen inneren Sinnen einmal eine Täuschung einstellen; doch als unsere Richtschnur muß gelten, daß die Wahrheiten, die wir mit unseren inneren Sinnen erfassen, nicht in Widerspruch stehen zu den Wahrheiten, die wir in reiner Spekulation aus den theologischen Studien von den Doktoren empfangen; dies alles aber muß ganz bereitwillig dem Urteil der Kirche und dem Urteil der Gesellschaft und jedes aufrichtig Denkenden unterstellt werden. [464]

MYSTISCHE ERKLÄRUNG DES VATERUNSER. Vater unser, der du bist im Himmel. Ich kenne jemand,[1] dem durch fast zwei Jahre das mystische Verständnis des Herrengebetes verweigert wurde. Endlich wurde ihm auf seine Bitte um ein geistliches Almosen ein Licht geschenkt zum Verständnis der Worte: Der du bist im Himmel. Durch dieses Licht wurde der Geist, nach Absage an alles Niedrige, zum Himmlischen entrückt und freute sich, da dieses Licht einen himmlischen Ursprung hat und Erkenntnis im Geiste schenkt. Darauf erkannte er, was der Vater ist; er ist es zuerst im allgemeinen durch die Schöp-

[1] Selbstzeugnis Nadals

fung. In diesem Licht reifte dann [zweitens] die stärkende Vereinigung mit ihm als dem ersten Prinzip. Drittens wurde ihm die Einsicht geschenkt, daß Gott Vater ist durch die Annahme an Kindesstatt, und zwar eine Annahme, die in Christus Teilnahme an seiner Sohnschaft und Teilhabe an der göttlichen Natur ist. [111]

Am Fest der allerheiligsten Dreifaltigkeit machte ich die Betrachtung über die göttlichen Hervorgänge aus der göttlichen Unendlichkeit, in der ich alles leicht zu glauben und zu verstehen schien. Dann kam mir der Gedanke an die Unendlichkeit der Güte Gottes. So gab ich mich mit Leichtigkeit der Betrachtung darüber hin und fand darin eine milde Ruhe. Bei der Betrachtung der Wesenheit Gottes dagegen empfand ich Schwierigkeiten und Mißstimmung und wurde wie durch einen Widerstand von dieser Betrachtung abgehalten und verstand das Wort: Wer die Majestät erforscht, wird von der Herrlichkeit überwältigt (Spr 25, 27 LXX). [487]

Ein beglückendes Licht bei der Betrachtung der Hervorgänge der göttlichen Personen, zugleich höchste Tröstung darüber, daß das WORT Fleisch geworden ist.

Lästige Gedanken werden verscheucht, wenn sich im Herzen die Vereinigung mit Gott vollzieht, mit der Seele Christi, mit der jungfräulichen Gottesmutter, mit dem Schutzengel. [676]

VERTRAUTHEIT MIT GOTT. Die Vertrautheit mit Gott ist etwas Großes und überaus Liebenswertes, mehr als sich erklären läßt; sie gründet ganz auf seiner Barmherzigkeit und Güte und ist davon erfüllt; dabei verspürst du nichts Gutes in dir, sondern Gott wird für dich alles in allem (1 Kor 15, 28). Daraus wächst die wunderbare Innigkeit von Zwiegesprächen, wie von Freund zu Freund, Vertrauen, Hoffnung, Glaube, Tugenden, Gaben und Gnaden. Was denn nicht? Kurz, du wirst in Wahrheit erfahren, was David sagt: Er tut den Willen derer, die ihn fürchten (Ps 145,19). [81]

Vor allem übereigne alle deine Fähigkeiten, Verstand und Willen, dein Herz, alles andere, womit du zu wirken vermagst, an Christus und Gott; und verrichte nur in ihm und durch ihn die Werke der Tugenden. Wenn dann alle Kräfte zu Gott erhoben sind, wirst du, gestützt auf Christus, in göttlicher Kraft ans Werk gehen; so wirst du auf göttliche Weise fruchtbar wirken. [924]

MIT GOTT MITWIRKEN

Sowohl in den eigenen Besinnungen und Betrachtungen als auch in seinen Konferenzen befaßt sich Nadal oft mit dem Thema des menschlichen Mitwirkens mit Gott, von Gottes Mitwirken mit den menschlichen Handlungen. In diesem gegenseitigen Mitwirken geschieht wachsende „Einigung".

All unseren Handlungen soll jenes Verspüren vorausgehen, daß die größere Bewegung von Gott kommt: zur größeren Verherrlichung Gottes. [977]

Höchste Gnade: Gott selbst wirkt mit mir und ich mit ihm, mit seiner Gottheit, Unendlichkeit, Unermeßlichkeit, Ewigkeit. [974]

Verspüren der höchsten Wohltat, daß Gott selbst Sorge trägt für meinen Leib, für meine Seele, für all meine Fähigkeiten und Handlungen und für meinen Geist. Darum ist die Übergabe an seine Kraft und an seinen Willen friedlich und voll süßer und starker Ruhe; darin wird das Selbstvertrauen und die Sorge um sich selbst aufgehoben: Der Herr leitet mich und nichts wird mir fehlen (Ps 23,1) und: Wirf die Sorge auf den Herrn (Ps 55, 23) usw. [974]

WIRKEN IN GOTT. Ich verlangte zu verspüren, was es bedeutet, in Gott zu wirken. Ich erkannte, in Gott wirken bedeutet, aus der Bereitschaft der eigenen Kräfte mit der göttlichen Kraft mitzuwirken. Das ist die Gnade der gewöhnlichen Ordnung; außerhalb dieser Ordnung verfügt Gott aber zuweilen aus eigenem Wollen und ergreift die Seele, daß sie in einer ausgewählten Weise mit ihm wirkt. [292]

Übe dich darin, in Gott zu handeln. Was heißt aber in Gott handeln anderes als: aus der Kraft Gottes durch Christus handeln zur Ehre des dreifaltigen und einen Gottes; das bedeutet in Gott handeln. Für die Praxis aber gilt dies: Nachdem du einen Akt des Glaubens, der Hoffnung und der Liebe zu Gott erweckt hast, gib dich dem Werk hin, als ob Gott handeln würde; du handelst zwar, aber nicht du, sondern Gott und Christus in dir, du in Gott und Christus. Und wir erfahren ein Verspüren dieses unseres Handelns, wenn Gott uns eine spürbare Tröstung des Geistes schenkt. Wenn diese aber ausbleibt, so genügt ein Akt der Theologischen Tugenden und der Demut beim Vollzug des Werkes und und die Abtötung der eigenen Kräfte und ein Akt des Starkmutes in Demut und Furcht und Zittern, wie Paulus lehrt und vorschreibt (Phil 2,12). [807]

Eine einzigartige Hilfe ist das Wandeln mit Gott (vgl. Gen 5, 22 - Henoch), das heißt das Wandeln im Geist (Gal 5, 16); wir verstehen dies aus dem Wort des Petrus: Wer redet, der rede mit den Worten, die Gott ihm gibt; wer dient, der diene aus der Kraft, die Gott verleiht (1 Petr 4,11). Füge du das übrige hinzu, handle nicht aus dir, sondern aus Gott in Gott durch Christus; in nichts sollst du dich auf die eigene Kraft verlassen, sondern auf die Kraft Gottes in dir; das Verspüren dieser Kraft oder deines Mitwirkens aber, obwohl du in Wahrheit mit der Kraft Gottes mitwirkst, soll aufgehoben werden in die

Verherrlichung der unendlichen Kraft und Majestät Gottes. Daraus wirst du verstehen, daß wir nicht uns selbst etwas zuschreiben dürfen, sondern unsere Befähigung vielmehr aus Gott stammt (2 Kor 3, 5), und jenes andere Wort: Gott ist es, der in euch das Wollen und das Vollbringen bewirkt noch über euern guten Willen hinaus (Phil 2,13); und noch viele andere Stellen usw. [693]

Es ist nicht zu verwundern, daß der Mensch, wenn Gott auf übernatürliche Weise in seiner Seele wirkt, von diesem Wirken keine unmittelbare Einsicht oder Gewißheit hat, außer in einem Zeichen oder einem Hinweis; denn übernatürlichen Handlungen ist eine Art Unendlichkeit eigen, besonders jenen, durch die der Mensch das ewige Leben verdient; wo aber dieses Wirken der Seele sich mit dem unendlichen Wirken verbindet, geht es ohne Zweifel in diesem Wirken auf. Deshalb ist dies alles im Glauben verborgen, bis einst, was Stückwerk ist (1 Kor 13,10), aufgehoben wird, indem wir Gott schauen, wie er ist (1 Joh 3, 2); dann werden wir zugleich schauen, wie er in uns und wie wir in ihm gewirkt haben und wirken. [297]

Die höchste Würde des Menschen liegt im verdienstlichen Mitwirken mit Gott, der die Wirkursache aller Rechtfertigung ist, und mit Christus, der als Mensch ihre Verdienstursache ist; dieses Zusammenwirken, diese Zusammenarbeit, dieses Verdienst wird dem Menschen, der im Stand der Gnade ist und mit dieser Gnade mitwirkt, gewährt. Dadurch wird der Mensch fähig (da er es aus sich selbst nicht ist, weil solches Wirken die Natur übersteigt), mit Gott mitzuwirken zu einem verdienstlichen Akt; da ferner unsere Handlungen von uns aus unrein sind, ergießt sich auf uns die Güte Gottes durch Jesus Christus. Diese bewegt uns nämlich an erster Stelle im Geiste und im göttlichen Wirken zu Akten des Glaubens, der Hoffnung und der Liebe, des Gehorsams, der Buße usw., die zwar noch unvollkommene Akte sind, ohne die wir aber nicht gerechtfertigt werden können. Durch diese Bewegung bereitet sich Gott im Heiligen Geist die Werkzeuge, mit denen er zum Verdienst wirken kann. Damit dies möglich wird, gießt er unserem Geist seine Gaben ein, den Glauben nämlich, die Hoffnung und die Liebe. Dies geschieht zuerst in der Taufe, in der zugleich die Tugenden eingegossen werden; dann, falls wir aus dieser Gnade herausgefallen sind, erhalten wir die Gnade und die Liebe wieder durch das Sakrament der Buße, sei es in seinem wirklichen Empfang, sei es im Verlangen danach; unter Umständen auch die Hoffnung, den Glauben und die Tugenden, wenn wir sie verloren haben.

Wenn wir dieser Befähigung, die zwar von Gott gegeben und uns ohne unser Verdienst von Gott eingegossen und innerlich zu eigen geworden ist, Folge leisten, wenn wir aus ihr handeln, wenn wir durch sie mit Gott und seiner wirkenden Kraft vereint sind, dann handeln wir in Gott, aus Gott und durch Gott in Christus und gewinnen Verdienst, und durch nichts anderes sind wir inniger mit Gott vereint und tragen wir mehr Frucht als durch diese Gaben; vor allem aber und einzigartig geschieht dies durch die höchste Gabe, die Liebe. Das bezeugt die ganze Heilige Schrift; das legt diese Stelle bei Paulus nahe: Ich vermag alles in dem, der mich stärkt (Phil 4,13). Und das gleiche an anderer Stelle: Wir vermögen nichts aus uns selbst, sondern all unser Vermögen ist von Gott (2 Kor 3, 5). Das sagt Christus Jesus öfters: Ich bin der Weinstock, ihr seid die Rebzweige (Joh 15, 5). Und: Dieser trägt viel Frucht (ebd.); es wird eine Quelle lebendigen Wassers aufbrechen usw. (Joh 4,14); Ströme werden aus seinem Leibesinneren strömen (Joh 7, 38); selig seid ihr, wenn ihr dies tut usw. (Joh 13,17); tu dies, und du wirst das Leben haben (Lk 10, 28); ich hungerte, und ihr habt mir zu essen gegeben (Mt 25, 35). Wo lehrt Christus dies nicht?

Die Art und Weise, durch die wir mit Gott wirken im Heiligen Geist, lehrt Paulus: In Furcht und Zittern wirkt euer Heil (Phil 2,12). Wir wirken aber unser Heil, wir verdienen das ewige Leben durch unsere Werke, durch unser Mitwirken und durch die göttliche Kraft, die uns gegeben ist und in uns wirkt durch die Liebe. Darum müssen wir in höchster Ehrfurcht vorangehen, in höchster Demut und Selbstentäußerung, indem wir die ganze Kraft Gott und Christus zuschreiben. Denn von ihnen kommt die ganze Befähigung zum Verdienst und zu unserem Mitwirken. Wir selbst verdienen zwar, aber nicht wir, vielmehr verdient Christus in uns; die ganze Befähigung zur Verherrlichung und zur Gnade und zum Gewinn von Verdienst ist Gottes Sache und nicht unsere; der ganze Grund des Verdienstes liegt bei Christus und in der Wirksamkeit der Gnade in Christus; ebenso gründet unser ganzes Können in der Gnade in Christus. Es ist nicht so, daß für den einen Teil des Werkes das Verdienst Christus zukommt, für den anderen uns; sondern einerseits kommt das ganze verdienstliche Handeln Christus zu; zugleich kommt es mir als Zweitursache in teilnehmender Kraft zu usw. [729]

Unser Mitwirken sei mutig, beharrlich und stark; von seiten Gottes mangelt es nämlich an nichts, weder an Kraft noch an Gaben noch an Belehrung. Je mehr du versagst im Mitwirken, um so mehr gerätst du in Gefahr, Gott zu versuchen, als wolltest du, Gott solle alles in dir ohne dich tun. [976]

Bei deinen Tätigkeiten brauchst du nicht zu fürchten, deine Kräfte zu sehr auszugeben, wenn nur entweder das Verspüren dafür bleibt, daß Gott in dir handelt, oder du dich offen dazu bekennst; im Gegenteil sollst du mehr befürchten, das, was du tust, nachlässig zu tun. Gib besonders darauf acht bei schlechten Gedanken und Versuchungen, denen du Widerstand leistest. Kurz:

Was Gott dir gebietet durch den Ecclesiastes [Kohelet], das tue: Was immer deine Hand tun kann, das tue sogleich (Koh 9,10), natürlich nach dem Maß deiner Fähigkeit und deiner Kraft. [975]

In Gott und aus Gott handeln, ohne zuerst zu verspüren. Gott finden in sich und in ihm einfach zur Ruhe kommen. Suche dasselbe in allem. Du aber, Herr, bist immer derselbe (Ps 102, 28). [125]

Dem Geist wird göttliche Kraft eingepflanzt, wenn man jene Gabe erlangt, die dazu befähigt, in einem wahren inneren Verspüren des Geistes im Licht Gottes seine Macht zu verherrlichen und in uns wirksam werden zu lassen. Das meint doch das Wort, daß Gott in uns das Wollen und das Vollbringen bewirkt (Phil 2,13), und: Ich vermag alles in dem, der mich stärkt (Phil 4,13). [696]

Das Verspüren unseres eigenen Nichts zeigt uns, daß wir nicht aus uns selbst etwas zu denken vermögen, sondern unser Vermögen von Gott stammt (2 Kor 3, 5), und wir ohne Gott, ohne Christus nichts zu tun vermögen (Joh 15, 5), daß wir aber alles vermögen in dem, der uns stärkt (Phil 4,13); daraus geht ein mildes und lichtvolles Verspüren der göttlichen Kraft hervor, mit der wir mitwirken und die in uns wirkt und mit der wir zusammenwirken im Heiligen Geist. [703]

Es ist eine große Leichtfertigkeit der Menschen, wenn sie, die so viele und so hervorragende Gaben von Gott erhalten haben, nicht mit ihnen arbeiten und von ihnen Gebrauch machen; und es gibt Leute, die geistliche Menschen zu sein scheinen und wohl einen großen Teil ihrer Übungen für die Betrachtung geistlicher Dinge aufwenden, aber darüber vernachlässigen, das in der Tat zu leisten, was sie wissen oder auch lieben und auszuführen wünschen. Man muß nämlich das Herz bezwingen, die Laster ausrotten, die Tugenden erwerben, in Christus handeln. [598]

Die Liebe durchformt als innerste Kraft die „Drei Wege". Sie beginnt mit der Reue der „Reinigung", schreitet auf dem Weg der „Erleuchtung" fort in der Liebe als höchster der Theologischen Tugenden und krönt schließlich alle „Einigung".

GOTT IST DIE LIEBE (1 Joh 4,16), eine Liebe nämlich, die sich um ihrer selbst willen liebt, alles andere aber aus sich und ihretwegen. Unsere Liebe *(caritas)* gleicht jener Liebe in verhältnismäßiger Weise. Betrachte darüber; so wirst du lernen, Gott und den Nächsten zu lieben. [600]

GOTTES LIEBE ZU UNS. Gott liebt uns, das heißt, er schenkt uns sein Wohlwollen und nur Gutes; wie groß ist doch unsere Torheit, wenn wir diese Liebe nicht annehmen wollen. [117]

DU SOLLST GOTT DEN HERRN LIEBEN AUS GANZEM HERZEN usw. (Mt 22, 37). Die göttliche Kraft kommt auch dem Sünder zuvor, damit er sich zu Gott bekehre und sein Herz an Gott ausliefere. Wenn er diesem Impuls zustimmt, wenn er ihn aufnimmt, erwächst daraus die Kraft, daß auch die anderen Fähigkeiten gehorchen und dem Herzen Gefolgschaft leisten. Wenn dies geschieht, kommt es schließlich doch aus der höchsten Kraft der Liebe und der Gnade; dadurch wird und ist alles göttlich und findet das Gebet seine Erfüllung. [834]

Du wirst eine überaus starke Kraft des Geistes erlangen, wenn du das Verspüren der Liebe im Geiste festhältst und betätigst, ebenso die fromme Erinnerung an den Namen Jesu.

Die Gnadengabe des Gebetes erreichen jene, die ein reines Herz haben und reine Akte des Glaubens und der Hoffnung, die von der Liebe durchglüht sind. [862]

Wir wollen beten, der Herr möge uns ein geistliches Verkosten oder Verspüren seiner Gegenwart schenken, seiner Gnade, seiner göttlichen Kraft, die uns sowohl dazu hilft, daß das Verspüren unserer Kraft nicht vorausgehen und in ungehöriger und widerwärtiger Weise die erste Rolle spielen will, als auch dazu, daß wir mit größerer Leichtigkeit handeln aus der Kraft Gottes und seiner Gnade, die wir in jener spürbaren Tröstung erfahren haben. [826]

Ich empfing aus einem Geschenk der Gnade das beglükkende und wirksame Verlangen nach der Freundschaft Gottes, das Verlangen und die Liebe zum Kreuz und zur Nachfolge Christi. [222]

LIEBE. Da doch, wer in der Liebe lebt, das göttliche Sein und die göttliche Kraft zum Handeln seinshaft besitzt, bedarf er nicht ständig eines besonderen Antriebes Gottes, damit er voller aus dieser Kraft wirke. Auch wenn er den gewöhnlichen Antrieb erfährt, der vom göttlichen und vom menschlichen Gebot, das er zu beobachten hat, herkommt, und wenn er überdies mit Hilfe der Räte, zu denen er ohne Zweifel durch jene Gnade bewegt wird, nach dem Vollkommenerem trachtet, so geschieht es, auch während er sich anderen Aufgaben widmet, daß sich damit ein Antrieb der Liebe verbindet, die nicht nur alles erträgt, alles glaubt usw. (1 Kor 13, 7), sondern auch alles tut, sich nach allem ausstreckt in einer göttlichen Weite, alles gebietet, alles kann und muß; das spricht das Gebot der Liebe deutlich aus, da wir darin geheißen werden, Gott zu lieben aus ganzem Herzen, aus ganzem Gemüt, aus ganzer Seele, mit allen Kräften (Mt 22, 37); und Christus stellt es uns vor Augen, wenn er zeigt, daß man mit dem Herzen verstehen, sich bekehren und Buße tun müsse zu unserem Heil (Mt 4,17); und Paulus lehrt, man müsse mit dem Herzen glauben zur Rechtfertigung (Röm 10,10). Obwohl dies alles sich so verhält, geschieht es dennoch aus einer reicheren Erbarmung Gottes, daß Gott über alles hinaus noch eine besondere Hilfe hinzugibt, durch die er den, der in der Liebe lebt, in spezieller Weise zu heiligen Handlungen bewegt; dieses besonderen Antriebes oder dieser Hilfe bedürfen wir angesichts unserer Schwachheiten. Diesen besonderen Beistand müssen wir im Gebet eifrig erflehen und sollen auch nicht unterlassen zu beten, daß auch andere Anregungen und das göttliche Tun der Liebe uns in Christus zuteil werden. [449]

IM WEHEN DES HEILIGEN GEISTES

Wie der Heilige Geist im Mysterium der heiligen Dreifaltigkeit das einigende Band zwischen Vater und Sohn ist, so ist er auch das Band der Einheit zwischen dem erlösten Menschen und seinem Gott. Zugleich ist das heilige Pneuma aus dem Herzen des durchbohrten Gekreuzigten die Quelle des Lebens für jeden Glaubenden.

Der Heilige Geist wird vom Vater und vom Sohn gesandt; so geschieht es durch diese Sendung, daß im Geist sein ewiges und unendliches Hervorgehen auf unaussprechliche Weise verspürt wird.

Als ich darüber betrachtete, wie die Apostel, nachdem sie den Heiligen Geist empfangen hatten, von den Großtaten Gottes kündeten (Apg 2,11), fiel mir nichts anderes ein, von dem ich vor allem sprechen sollte, als die Sünden, von denen Gott mich befreit hat. [483]

Gleiches geschieht jetzt in uns, was an Pfingsten mit den Jüngern geschehen ist, wenn wir in gleicher Weise dafür bereit sind; dieses Verspüren wird geschenkt durch die Betrachtung und die Beschauung der Herabkunft des Heiligen Geistes.

Ein geistliches Verspüren wird ganz innen im Herzen geschenkt und ist voll Kraft im Heiligen Geist; es läßt uns beten im Heiligen Geist und ihn mit uns durch unaussprechliche Seufzer (Röm 8, 26).

Verspüren im Geist eines inneren Menschen, der sich von allem Niedrigem freigemacht hat und es tapfer beherrscht in der Demut in Christus; aus seiner Kraft verachtet dieser innere Mensch im Heiligen Geist die unreinen Geister und vertreibt nicht nur diese, sondern auch die verwirrenden Gedanken usw. [959]

Der spürbare Geist, der aus dem Brausen kam und sich auf die Apostel niederließ, wird im Lateinischen *spiritus vehemens,* im Griechischen, *pnoé biaia* (gewaltiger Geist) genannt (Apg 2,2). Hier verspürte ich das wunderbare Wirken des Heiligen Geistes, eine Art überaus süßer und göttlicher Gewalt, in der die Gnade Gottes erkannt wurde, die uns zuvorkommt und in uns das Böse ausrottet. Um diese Gewalt des Geistes sollst du stets beten, voll Demut und mit großem Vertrauen. [383]

Der Tröster aber, der Heilige Geist usw. (Joh 14, 26). Der Heilige Geist unterweist und gibt ein Erinnern (griechisch: *hypomniskei).* Denn die Liebe und die Einigung in der Liebe unterstützen und erleuchten den Verstand und das Gedächtnis, ebenso die Neigung zu einer Sache, mit der sich der Verstand oder das Gedächtnis befassen sollen. Deshalb muß man die rechte Neigung in allen Dingen üben und eifrig verwirklichen. [385]

Der gesandte Heilige Geist trägt in sich im göttlichen Wirken der Liebe den Vater und den Sohn aufgrund der frei geschenkten Sendung. Das sagt Johannes mit dem Wort: Und wir werden zu ihm kommen (Joh 14, 23). [386]

Verlasse dich bei deinen Handlungen nicht auf die eigene Kraft, auch da nicht, wo du glaubst, du würdest von einem guten Geist angetrieben. Denn selbst wenn es möglich wäre, daß nichts, was nicht aus dem Geist Gottes hervorgeht, sich in dein Handeln einmischt, wie dies bei den Heiligen für gewöhnlich der Fall ist, so geschieht es doch in der Regel angesichts unserer gefährdeten Schwachheit und des feindlich gesinnten bösen Geistes, daß sich bei deinem Versuch zu einem Akt der Tugend, solange du noch unreine Kräfte in dir hast, eine Unvollkommenheit und Unreinheit einmischt und so das Fleisch als auch der Geist zu jenem Werk fast gleichzeitig zusammenkommen und zusammenwirken. Deshalb muß man in der Milde des Geistes darüber wachen, daß sich nicht jene fleischlichen Antriebe einschalten, sondern der lautere Geist handelt. Das geschieht durch die Übung und die erworbene Haltung der Selbstverleugnung und der Abtötung seiner Kräfte und durch das Verspüren des eigenen Nichts. Es hilft überdies den Geübten, uns bei unseren Unternehmen anzugewöhnen, gleichsam von oben die Kraft zu erhalten und von Gott den Geist zu empfangen, aus dem unsere Werke hervorgehen; schließlich sollen wir, wenn wir verspüren, daß sich etwas Unreines und Unvollkommenes einmischt, dieses augenblicklich abtöten. Dann nämlich werden wir im Geiste wandeln, wie Paulus befiehlt (Gal 5,16); dann werde ich im Herrn handeln, wie der Vater Ignatius sagt. [823]

NIEMAND KANN SAGEN: JESUS IST DER HERR, AUSSER IM HEILIGEN GEIST (1 Kor 12, 3). Niemand kann Jesus bekennen, wenn er nicht von der Gnade und durch den Heiligen Geist geleitet wird; das bedeutet aber, daß im Namen Jesu eine besondere Hilfe und göttliche Gnade gegeben wird usw. [718]

FÜHRUNG DES HEILIGEN GEISTES. Beim Suchen nach Gott bist du zuweilen in größte Schwierigkeiten geraten; bemühe dich weiter darum, gib aber endlich deine Schwachheit zu; suche nicht dem Heiligen Geist zuvorzukommen, sondern lasse dich in Wahrheit von ihm führen und leiten und lerne, mit der Gnade mitzuwirken. [73]

Der Geist Gottes ist der bewegende Beistand unseres Geistes. Gott gibt aber in seiner Güte ein gewisses Verspüren davon, wie die Heiligen und die Engel im Himmel miteinander verkehren, und wie diese alle und ihre Handlungen überragt werden von der unaussprechlichen Schau Gottes und ihrer Beglückung, vom ewigen Leben und von der Seligkeit. Möge der Herr dieses Verspüren in uns mehren. [894]

Das WORT wird erklärt durch den Heiligen Geist; die Heilige Schrift durch die Liebe und die Hingabe in der Liebe des Herzens. Das meint Christus wohl im 14. Kapitel des Johannesevangeliums: Der Beistand aber, der Heilige Geist, den der Vater in meinem Namen senden wird, er wird euch alles lehren usw. (Joh 14, 26). [485]

Die Kraft des Evangeliums kann mit unseren äußeren Worten nicht erklärt werden; aber sie kann verspürt und verkostet und erkannt werden im Geist und mit dem Herzen. [610]

DAS VERSPÜREN DES HEILIGEN GEISTES. Der Heilige Geist wird in seinen Gaben in überreichem Maß verspürt; er ist unermeßlich und durchdringt alles ohne Grenzen; er schenkt den Ursprung alles Wissens, bändigt die Unruhe unseres Verstandes und bewegt uns auf sanfte Weise. [70]

Von Gott ist uns das Verspüren des Geistes versprochen. Denn die Frucht des Geistes ist die Freude (Gal 5, 22); die Frucht der Seligkeit ist Tröstung, Verkosten usw.

Alles ist im Herzen zu vollbringen, wie wenn da der Geist auf vollkommenere Weise einströmte, und von da aus alles andere. [357]

Die Seligpreisungen und ihre Früchte sind nicht nur Betätigungen der Tugenden und der Gaben, sondern sie bewirken durch ihre Betätigungen auch, daß die Haltungen der Seligpreisungen gewonnen werden; diese stärken den Geist und machen ihn eifrig zu heiligen Handlungen und zu solchen, die Geist und Herz vervollkommnen. Sie schenken eine Frucht, die zu freudigem Handeln verhilft und reichen Nutzen trägt. [818]

Bei den Früchten des Geistes (Gal 5, 22f) beachte, daß es förderlich ist, alles, was dem Guten entgegensteht, nämlich Bedrängnisse, Anfechtungen und Bitterkeiten, für gut hinzunehmen und sie als etwas Gutes anzusehen, zu verspüren und zu verkosten. Da aber Enthaltsamkeit und Keuschheit zu den Früchten des Geistes gezählt werden, verheißt der Geist allen die Gnade, mit der sie enthaltsam sein können. Was der Geist von Anfang an gibt, ist ein keusches Leben, nachdem man die Anfechtungen des Fleisches überwunden und zur Ruhe gebracht hat. Wer es fassen kann, der fasse es (Mt 19,12), sagte Christus; er gibt es uns nach unserem Vermögen. [236]

Von den Gaben des Heiligen Geistes erheben die ersten zwei zur Beschauung; sie erleuchten und festigen den Glauben und machen die Liebe vollkommen. Die zwei nächsten bewegen, unterstützen und stärken zum Tun; die zwei folgenden schenken das Handeln und seine Vollkommenheit. Die letzte bewahrt alles im Heiligen Geist; sie ist die Weisheit des Herzens, die Erleuchtung des Verstandes; da diese Gabe stets wirksam ist, bringt sie die übrigen Gaben hervor. [817]

Sei stets mit aller Sorge in Christus bedacht auf die Freude des Geistes; diese ist immer verbunden mit der Reinheit der Liebe zu Gott im Geiste seiner Liebe. Von dieser Freude her müssen alle Freuden des niedrigen Menschen geordnet, durch sie alle Schmerzen ertragen oder gemäßigt oder beherrscht werden. Meint nicht dies das Wort des Paulus: Freuet euch im Herrn usw. (Phil 4,4) und an anderer Stelle: Das Reich Gottes ist Gerechtigkeit, Friede und Freude im Heiligen Geist (Röm 14,17)? Und wiederum nennt er unter den ersten Früchten des Heiligen Geistes die Liebe, dann die Freude, schließlich den Frieden; von daher werden dann durch die anderen Früchte die Leidenschaften mit Geduld geordnet (Gal 5, 22f). [400]

Die Früchte des Geistes sind doch wohl ein geistliches Verkosten oder Verspüren oder Erfahren, das für gewöhnlich als Wohltat den Werken der Tugenden folgt.

Die Seligpreisungen erheben den Geist in größere Höhe; sie werden durch die Früchte gleichsam in ein vollkommeneres Licht geführt und zur Erfahrung himmlischer Dinge. [977]

In den Werken der Seligpreisungen und in den Früchten können wir geistliches Verspüren und geistliche Erfahrungen wahrnehmen. Denn die Früchte werden mit einem Verkosten wahrgenommen, die Seligpreisungen mit Freude und Jubel.

Durch die Werke der Früchte und Seligpreisungen werden bestimmte, ihnen entsprechende Haltungen erzeugt, so wie andere durch andere Werke erzeugt werden. [912]

Verspüren des Geistes nenne ich das Mitwirken der göttlichen Bewegung mit dem höheren Teil der Seele, der auf Gott ausgerichtet ist; es überwindet alle ihm widerstreitenden niederen Kräfte, die Welt und den Teufel. [490]

Gott wird geschaut mit dem Herzen im Verspüren des Geistes; in diesem Verspüren werden die Dinge mit dem Herzen auf geistliche Weise erkannt.

Verspüren der himmlischen und geistlichen Welt, die jetzt Christus unterworfen ist, im Verspüren des Herzens. [514]

TRÖSTUNG UND TROSTLOSIGKEIT

In den Exerzitien hat Ignatius zwei Gruppen von Verhaltensregeln zur Unterscheidung der Geister gegeben

(EB 313-327 und 328-336). Darin spielen die Erfahrungen von Trost und Trostlosigkeit eine wichtige Rolle. In ihnen klärt sich die Frage nach dem Willen Gottes und entscheidet sich darum auch die Wahl.

Von dieser Schule der Exerzitien ist auch Nadal geprägt, wie die folgenden Aussagen zeigen.

Achte darauf, daß du nicht durch eine Tröstung oder ein Verspüren des Geistes abgelenkt wirst und sich in dir ereignet, was Paulus sagt: Der Geist betet, der Verstand aber bleibt ohne Frucht (1 Kor 14,14); wirke vielmehr mit dem Geist mit und gehe darauf aus, die Frucht des Verstandes zu gewinnen. Dazu mahnt der Vater Ignatius häufig in den Exerzitien, nämlich aus den Übungen, die er vorlegt, Frucht zu gewinnen (EB 106-108 u.a.). [881]

WARUM HAST DU MICH VERLASSEN? (Mt 27,46) Auf diese Weise hat uns Christus Tröstungen erworben, damit es in uns nie mehr eine reine Niedergeschlagenheit gibt; der Vater hat den Sohn verlassen, um uns nicht zu verlassen. [886]

ZWEI WEISEN DES GEISTLICHEN LEBENS. Es gibt zwei Weisen des geistlichen Lebens. Die eine führt durch die Trostlosigkeit, die andere durch den Trost; die erste bringt gewöhnlich mehr Verdienst, wenn nur der Geist feststeht in reinem Glauben, reiner Hoffnung und Liebe, auch wenn du keinen Trost verspürst. Ich glaube aber, noch niemandem ist zuteil geworden ist, was Paulus im ersten Kapitel des 2. Korintherbriefes angedeutet hat (1, 3-11). [25]

KEINE SINNLICH SPÜRBARE TRÖSTUNG SUCHEN. In meinen Gebeten schien ich danach zu trachten, getröstet zu werden, um freudig Gott dienen zu können. Es wurde mir aber gezeigt, ich müsse die Last meiner Sünden verspüren und ihretwegen beten. Dann würde ich nicht um spürbaren Trost beten, sondern einsehen, daß ich alle Trostlosigkeit und Strafe verdient habe. Und ich verstand: Wenn ich dennoch um Trost bitten wollte, dürfte ich es nur unter der Bedingung tun, daß dieser zur größeren Ehre Gottes gereiche und einfach Gottes Willen geschehen soll. [150]

Jene, denen eine spürbare Gnade zuteil wurde, mag es eine Gnade ihrer Berufung oder eine persönliche Gnade sein, werden gewöhnlich nachlässig beim Ausrotten der Laster oder beim Einpflanzen von Tugenden ins Herz. Deshalb muß man aufmerksam und sorgfältig darauf achten, daß man jene Gnade nicht vernachlässigt, vielmehr sollen uns jene Tröstungen um so wachsamer machen und uns zu Waffen und Hilfsmitteln werden, mit deren Hilfe wir uns gegen die Laster wenden und dazu entflammt werden, dem Herzen die Tugenden einzuprägen. Das wird geschehen, wenn wir mit diesem geistlichen Verkosten und Verspüren stets die Demut und die Furcht verbinden. Das meint Paulus mit dem Wort: Sei daher nicht überheblich, sondern fürchte dich, und wiederum sagt er, man müsse danach trachten, besonnen zu sein (vgl. Röm 11, 20). [503]

Gib acht, daß bei den Tröstungen nicht der Fortschritt im geistlichen Leben oder das Verspüren der Berufung gemindert werden oder daß du es vernachlässigst, dem Herzen die Tugenden einzupflanzen. [624]

Wir müssen uns vor Irrwegen mehr fürchten und in acht nehmen, wenn wir uns in der Tröstung des Geistes befinden als in der Trostlosigkeit; denn diese macht uns für gewöhnlich vorsichtig und furchtsam, jene läßt uns vertrauensselig und zu wenig aufmerksam werden und zwar durch unsere Schuld und Nachlässigkeit, nicht weil wahre Tröstung wirkungslos bliebe. [672]

Es gibt viele Zeichen der Gnade, die man auf geistliche Weise prüfen muß; daraus gewinnt man eine größere oder kleinere Gewißheit; das heißt die Geister prüfen, ob sie aus Gott sind (1 Joh 4,1) und: Prüfet euch selbst (2 Kor 13, 5). [424]

Wenn du Tröstung erfährst, sollst du es zwar nicht unterlassen, mit ihr mitzuwirken; du sollst aber sanft und, wie sie es gleichsam selbst erfordert, im Geiste mitwirken in der Freude des Herzens.

Das Licht Gottes und das Verspüren oder Erfahren der göttlichen Kraft kommt aus einem göttlichen Geschenk. Wir sollen zwar ganz entschieden mitwirken, doch nicht aus eigener Kraft, sondern aus der Kraft, die in ihnen liegt, aber in größter Ruhe und Milde in Christus. [951]

SELIG, DIE NICHT SEHEN UND DOCH GLAUBEN (Joh 20, 29). Man soll auf dem Weg des Geistes nicht Zeichen erbitten. Vollkommener nämlich ist der Weg, der ohne außerordentliche Heimsuchungen voll Eifer ist; und dennoch folgen diesem Verhalten angesichts der Güte Gottes unglaubliche Tröstungen und bisweilen auch Zeichen. Stelle dich an den letzten Platz; dieser liege dir am Herzen, diesen erstrebe, in diesem finde Ruhe und denke keineswegs, du seiest an einen höheren Platz berufen. [901]

Die geistlichen Tröstungen folgen auf die geistlichen Tugenden: auf die Liebe, den Glauben, die Hoffnung, die Beschauung, das Gebet, die Gaben des Geistes; auf gleiche Weise folgen den anderen Tugenden die entsprechenden Tröstungen, da es ihnen eigen ist, mit Lust zu handeln. [380]

Verschieden ist die Art der Freude, die aus der Buße hervorgeht, von der Freude, die aus anderen geistlichen Übungen erwächst, verschieden nämlich je nach der Wurzel, aus der sie stammen. Jene ist eine Freude in Tränen und Schmerz, den sie in sich trägt und liebt, darin aber froh bleibt; diese ist eine Freude in Jubel, zu der Traurigkeit nicht gut paßt, die indes wegen des verschiedenen Inhaltes auch eine je andere Weise der Freude zeigt. [294]

Erleuchtung des höheren Teiles der Seele durch ein Licht von oben. Licht und Tröstung wird uns gewiß diese Betrachtung geben, in der wir uns vorstellen, wir würden am Morgen von Gott erschaffen, damit wir uns an diesem Tag in seinem Dienst abmühen, und wir müßten am Abend Christus Rechenschaft geben und würden sterben und in der Nacht Gott schauen. Und diese Betrachtung muß keineswegs niederdrücken, da sie eine tägliche Betrachtung über den Tod ist. Der Tod stellt nämlich einem geistlichen Menschen das ewige Licht und das ewige Leben vor Augen. [571]

GEISTLICHE SINNE

Im Licht des Heiligen Geistes und seines Wirkens sind auch Nadals Notizen zu den „geistlichen Sinnen" zu deuten. Er steht darin wieder auf dem Boden einer langen Tradition. Zum ersten Mal hat Origenes eine Lehre von den geistlichen Sinnen des begnadeten Menschen entwikkelt, Augustinus hat sie auf seine eigene Weise weitergestaltet, Bonaventura im hohen Mittelalter neu erweckt. In den Exerzitien hat Ignatius - weniger aus Kenntnis dieser Tradition als auf Eingebung des Heiligen Geistes - mit seinen methodischen Anweisungen zur „Kontemplation" und vollends in der regelmäßigen „Anwendung der Sinne" dieser geistlichen Sinnlichkeit neuen Ausdruck verliehen. Aus seinen Erfahrungen mit den Exerzitien und aus der vertrauten Kenntnis Augustins und Bonaventuras schöpfen Nadals Bemerkungen zu den „geistlichen Sinnen".

Es gibt fünf geistliche Sinne, die den äußeren Sinnen entsprechen; fünf andere entsprechen den inneren Sinnen. [273]

GEISTLICHE SINNE. Die Kirche spricht ganz offen von den geistlichen Sinnen dort, wo sie Licht vom Heiligen Geist erfleht, daß es in den Sinnen angezündet werde und die Sinne das Bekenntnis erklingen lassen und in weiteren derartigen Texten. [290]

GEISTLICHE SINNE. Es besteht kein Zweifel, daß die ursprüngliche Gerechtigkeit geistliche Sinne geschenkt hatte. Was wunder, wenn sie durch die Überfülle des Heiligen Geistes wieder neu geschenkt werden, da Christus gekommen ist, damit wir das Leben haben und es in Fülle haben (Joh 10,10). Sicher bleibt die Begierlichkeit, aber zur Erprobung; dadurch erhalten die Tugenden größeren Glanz. [291]

GEISTLICHES VERSPÜREN. Das geistliche Verspüren kommt aus der Fülle oder dem Überströmen des Geistes sowohl in die fünf geistlichen Sinne, die den äußeren Sinnen entsprechen, als auch in die fünf anderen, die den inneren Sinnen entsprechen; dies geschieht, wenn die Seele sagt: Mein Herz und mein Fleisch frohlocken im lebendigen Gott (Ps 84, 3) und: Meine Seele dürstet nach dir mehr noch als mein Fleisch (Ps 63, 2).

Darum sind jenes Überströmen und jene Freuden sinnenhaft spürbar und greifen auf die Sinne über, ähnlich wie bei einer reichen, natürlich gewonnenen Erleuchtung sich ein ähnliches Überströmen und Mitteilen ereignet. So wissen wir aus dem Glauben, daß der Heilige Geist auf übernatürliche Weise durch seine Gaben und durch sich selbst in uns wirkt, sofern wir sein Wirken in uns nicht hindern. Wir müssen uns aber hüten, daß wir uns nicht durch ein Machwerk des bösen Geistes täuschen lassen; deshalb sind die Geister zu prüfen, ob sie von Gott sind (1 Joh 4,1), und schließlich steht außer Zweifel, daß es im Gesetz Gottes keine Verwirrung gibt. [288]

GEISTLICHES VERSPÜREN. Was uns aus dem Wirken des Geistes zukommt und was die geistlichen Sinne bewirken, das besteht nicht nur in verschiedenen Affekten, sondern auch in Erkenntnissen, die durch das Mitwirken des Geistes geläutert werden. Den intellektuellen Fähigkeiten entsprechen nicht nur jene Fähigkeiten und Betätigungen, die ihren Ausgang von einem derartigen Sinn herleiten, sondern außerdem jene, die durch ein erhabeneres Wirken vom reinen Geist ohne Beihilfe der Sinne eingeprägt werden. Dahin gelangt man auf einem zweifachen Weg: entweder durch Betrachtung mit Hilfe der Sinne, wobei sich Gott in seiner Güte unserer Handlung bemächtigt, oder durch die Liebe und das Gebet, durch die Gott den Geist ohne dessen weiteres Tun an sich zieht. [288]

Grundlage eines auserlesenen geistlichen Lebens ist das geistliche Hören, durch das Gottes Wort vernommen wird. Dieses Hören wird von Gott gegeben durch die Gnade in Christus; daraus wächst der Gehorsam, daraus gelangt man zur Beschauung von alldem, was nicht gesehen werden kann. Daraus kommt die Befähigung zum Reden und zum Handeln. [362]

Das geistliche Leben wird erkannt durch die geistlichen Sinne; diese alle aber stützen sich auf den Glauben; dieser ist dennoch so weit von den Sinnen entfernt, daß er in der Dunkelheit des Verstandes gründet und daraus aufleuchtet in der Wahrheit Gottes in Christus. Denn all das, was wir verspüren, ist nach allgemeinem Gesetz ein Hinweis auf höhere Güter, die wir in uns tragen und die für uns im Himmel hinterlegt sind. Der Glaube ist ihr Ursprung und ihre Grundlage (Hebr 11,1). [425]

Bitte darum, daß deine äußeren Sinne erstens keine Eitelkeiten und Verderbnisse der Welt aufnehmen, sondern [zweitens] ihnen entsprechende geistliche Empfindungen; drittens, daß die inneren Sinne daraus reine und geläuterte Wirkungen empfangen; viertens, daß aus diesen geistigen Wahrnehmungen ein geistliches Verspüren erwachse, das seinerseits dem Wirken der inneren Sinne entspricht; dies geschieht durch die Anwendung der Sinne, wie sie unsere Geistlichen Übungen vorschreiben (EB 65-71, 121-126). Schließlich erwächst daraus eine lebendige und fromme Übung dieser Sinne in der Begegnung mit den Geheimnissen des Lebens Christi, seiner Passion und seines Todes. Dann bitte Gott, es möge dir, nachdem du alle sinnlichen Wahrnehmungen hinter dir gelassen hast, ein göttliches Licht aufleuchten, durch das deine Fähigkeiten einen Strahl des göttlichen Lichtes empfangen und du dich dadurch an Gott erfreuen, Gott vollkommen erkennen und anbeten kannst und eine Erneuerung aller Kräfte und Handlungen erfährst und die Erneuerung deines ganzen Lebens in Christus. [970]

DENN SEHEND SEHEN SIE NICHT (Mt 13,13). Wir haben ein doppeltes Sehen: ein äußeres und ein inneres, das vorzüglicher ist. Denn wer nur äußerlich sieht, der sieht eigentlich nichts, er sieht ja nicht im Geiste, sieht nicht als christlicher und religiöser Mensch. Dieser geistliche Sinn gibt sich für gewöhnlich im schlichten Glauben kund; oft kommt dazu noch die Salbung einer spürbaren Gnade und ein geistliches Verkosten. [717]

Ebenso sollen wir von Gott ein inneres Verspüren des Geistes erbitten und die Erfahrungen geistlicher Dinge und Tröstungen, verbunden mit deren unverfälschtem Gebrauch. Wir wollen erbitten, daß das Sehen und Hören des Geistes uns das Verspüren des Glaubens schenke, das Riechen der Hoffnung und das Berühren und Verkosten der Liebe; kurz: wir sollen uns in einem inständigen Bittgebet von Gott erflehen, daß unser Gedächtnis, unser Verstand und unser Wille, unser freies Wahlvermögen, unser Geist und die Fähigkeit zum Reden und Handeln von Gott ihre Vollkommenheit erhalten, damit unser ganzer innerer Mensch den guten, wohlgefälligen und vollkommenen Willen Gottes (Röm 12, 2) erfüllen kann nach dem Maß der je eigenen Berufung und nach der Weise unseres Institutes in Christus Jesus, dem Lob und Ehre sei in Ewigkeit. [794]

Wie der Weg der „Erleuchtung" in Jesus Christus seine einigende Mitte gefunden hat, so ist er auch die Mitte für den Weg der „Einigung". Ganz im Sinn der Lehre des Ignatius in den Exerzitien und den davon geprägten Ordenssatzungen ist bei Nadal das „in Jesus Christus" die einigende Grundformel seines Lebens und seiner Lehre.

Nimm voll Eifer die Einigung mit Christus an, die dir der Geist des Herrn als Gnade schenkt, und verwirkliche und gebrauche ihre Kräfte, so daß du im Geiste verspürst, wie du mit seinem Verstand erkennst, mit seinem Willen willst, mit seinem Gedächtnis dich erinnerst und du gänzlich nicht mehr bist und lebst und handelst in dir, sondern in Christus. Das ist für diese Zeit die höchste Vollendung, göttliche Tugend, wunderbare Süßigkeit. [308]

Zu einer hohen Beschauung Gottes und zum Licht gelangt man durch jene Erleuchtungen, die Gott schenkt durch die Betrachtungen des Lebens Christi, sowohl seines geschaffenen sterblichen als auch seines geschaffenen unsterblichen. Die Betrachtung ist der Weg, die Beschauung die Wahrheit und das Leben (Joh 14, 6). Diese beiden aber gibt Gott auch auf dem Weg, so wie es auf dem Weg möglich ist.

Christus ist der Tempel Gottes. Denn in ihm wohnt die ganze Fülle der Gottheit leibhaftig (Kol 2, 9) durch die hypostatische Union des WORTES, durch das Ineinanderwohnen der göttlichen Personen. Darin wirst du, wenn du Gott anbetest, das Paradies und das Reich Gottes finden. [938]

Suche nicht in die Beschauung der Gottheit einzudringen, ohne zuerst über den Menschen Christus zu betrachten und in ihm die Beschauung zu üben. So nämlich wird in dir das Licht der Gottheit aufleuchten. Du wirst eintreten usw. [897]

CHRISTUS. In deinem Herzen sollst du Christus finden, wie er am Kreuz stirbt; das ist die Übung der Reinigung. Wie er aufersteht (Röm 6, 9), die Jünger lehrt, ihnen den Sinn öffnet für das Verständnis der Schrift (Lk 24, 33), zum Himmel auffährt und zur Rechten Gottes sitzt (Mk 16,19); das ist die Erleuchtung, die sich unterscheidet in Betrachtung und Beschauung; die Betrachtung entspricht der Auferstehung, die Beschauung der Himmelfahrt. Darauf folgt die Sendung des Heiligen Geistes in dein Herz auf dem Weg der Einigung, doch so, daß sie sich in voller Breite auf den Nächsten ausweitet. [41]

Meinem Herzen wurde der gekreuzigte Christus eingeprägt im Glauben an seine Gottheit und im Verspüren seiner Passion, des Verdienstes seiner göttlichen Kraft und jeglichen Gutes. Von daher bitten. [639]

Wer im Geiste mit Christus auferstehen will, muß zuvor mit Christus sterben, und so verbinde er die Abtötung mit dem neuen Leben (Röm 6, 5), da dieses von jener abhängt und aus ihr hervorgeht; so soll auch die Betrachtung beides verbinden. [586]

Du willst Christus im Himmel finden? Suche ihn auf der Erde, wie er im Sakrament und Opfer der Messe gegenwärtig ist, in der Gnade der anderen Sakramente, in den Tugenden, im Gebet, in der Gottheit und ihrer Kraft. [923]

Du sollst frei, bescheiden, ohne ängstliche Sorge in Christus handeln, dann wird alles gut sein. Der Herr lenkt es. Richte mit größerem Eifer das Gebet darauf aus.

Der Herr ist gegenwärtig in dir, in deinem Herzen; dort bete ihn an in Glauben und Andacht, und dann bete im Himmel aus deiner Tiefe. [868]

STELLT EUCH GOTT ZUR VERFÜGUNG ALS MENSCHEN, DIE VOM TOD ZUM LEBEN GELANGT SIND (Röm 6,13). Das Verspüren der Auferstehung Christi schließt mit Nutzen das Verspüren des Todes ein, damit, wer die Kraft der Auferstehung verspürt, auch die Kraft seines Todes bewahrt in Christus. [955]

Christus führt den Geist auf unaussprechliche Weise zur Beschauung der Gottheit und zum Verspüren der Gegenwart der Dreifaltigkeit; daraus sollst du die Kraft gewinnen zu Werken der Vollkommenheit.

Eine spürbare Stärkung und Erfrischung im Geiste aus dem Empfang der heiligen Eucharistie und aus der Gegenwart Christi, die auf unsagbare Weise den Geist, die Seele und den Leib ernährt; von diesem Verspüren sprechen die heiligen Väter ganz offen. [864]

Bete Christus im Himmel an als Gott und Mensch; an ihn richte Akte des Glaubens, der Hoffnung und der Liebe. Diese Weise der Beschauung und des Gebetes bewirkt, daß die Schwierigkeiten, die Gottheit in sich zu suchen, verschwinden, und sie wird dir durch den Glauben einen Weg weisen, auf dem du zum göttlichen Licht erhoben wirst in Christus, in dem alle Fülle der Gottheit wohnt (Kol 2, 9). [923]

IN DEN WUNDEN CHRISTI

Bei Nadal findet sich eine eigenständige Verehrung der „Fünf Wunden" Christi und darin eine besondere Andacht zur Seitenwunde. Hier zeichnen sich, in Parallele zu Petrus Canisius mit seiner Herz-Jesu-Vision in St. Peter in Rom aus dem Jahre 1549, erste Linien zur kommenden Herz-Jesu-Verehrung der Gesellschaft Jesu ab, die sich aus den Quellen der Exerzitien in der Folgezeit fruchtbar entfaltet bis zum Auftrag, den die hl. Margareta Maria Alacoque an den Orden vermittelt hat.

Am Sonntag Laetare [vierter Fastensonntag] habe ich die fünf Wunden Christi im Herzen betrachtet, dann den dem Herzen eingeprägten Christus, dessen sämtliche Wunden dem Herzen eingeprägt sind. [474]

Aus der Betrachtung der fünf Wunden Christi strömt eine göttliche Kraft: aus den Händen, um Werke in Christus zu vollbringen; aus den Füßen, um sie fortzusetzen; aus der Seite, um das Herz damit zu verbinden durch süße und starke Übungen der Liebe und der anderen Tugenden. [873]

Die Tore des Zugangs zu Gott sind die Wunden Christi. Dieses Verspüren des Geistes wird dir gegeben durch eine wahre Überantwortung des Herzens in die Hände Gottes; das gleiche Verspüren wird geschenkt durch das Tagesgebet am Osterfest. [973]

Ich feierte die Messe von den Fünf Wunden, und während ich bei den anderen Wunden keine Andacht verspürte, fand ich eine recht große bei der Wunde der Seite und verspürte, wie diese Wunde gleichsam durch das tote Herz Christi unserem lebendigen Herzen zugefügt wurde. Ich verspürte aber auch, daß diese uns zugefügte Wunde eine Wunde der Liebe ist, aus der uns die Fülle aller geistlichen Erfahrungen zuströmt. [466]

Mit der täglichen Betrachtung über das Vergießen des Blutes Christi soll die Betrachtung der Auferstehung oder einer Erscheinung verbunden werden.

Verspüren von Demut und Gnade, wenn wir von den Tugenden anderer hören oder über sie nachdenken, in uns aber nichts Gutes finden. [864]

IM GEHEIMNIS DER EUCHARISTIE

Seit seiner Priesterweihe in Avignon 1538 und stärker noch seit den Exerzitien 1545 ist das Leben Nadals geprägt vom Geheimnis der heiligen Eucharistie im Meßopfer und der daraus geschenkten Kommunion. Ohne Zweifel wurde darin das Vorbild seines Meisters Ignatius frucht-

bar. Hier ereignet sich für ihn innigste Einigung mit Jesus Christus. Noch mehr als aus der liturgischen Feier der Kirche lebte er im Alltag aus der Kraft des „lebendigen Brotes".

VERSPÜREN IM GEBET UND OPFER - IHRE EINHEIT. Bemühe dich zu verspüren, was das Gebet ist, was das Opfer und wie sie miteinander verbunden sind. Der Heilige Geist wird dir im Gebet beistehen und für dich bitten (Röm 8, 26); Christus aber bringt an deiner Stelle das Opfer dar. Denn wenn wir das Opfer nicht in der Kraft Christi darbringen, dann bringen wir nichts dar. Sein Opfer allein ist aus sich Gott wohlgefällig und dadurch alles andere. Darin hast du Stoff für langes und beharrliches Meditieren. [76]

Das Wesen des Meßopfers besteht in der Konsekration. Dort ereignet sich nämlich die Gegenwärtigsetzung und das Gedächtnis des Leidens Christi. Denn in der Konsekration geschieht die Wesensverwandlung des Brotes in den Leib Christi und des Weines in das Blut Christi kraft der Worte, damit im Sakrament gegenwärtig wird, was beim Tod in Wirklichkeit geschah, als das Blut vom Leibe getrennt wurde, was den Tod eines Menschen anzeigt. [405]

In der Betrachtung werden durch das Meßopfer das Leben und das Leiden Christi gegenwärtig. Der Schmerz der Reue ist das Kreuz, der Vorsatz zur Besserung die Auferstehung. [955]

Christus hat sich dem Vater bis in den Tod dargebracht, er hat ihm schon vor dem Letzten Abendmahl ständig sein Leben dargebracht. Was wundern wir uns da, wenn er sich nun als unblutiges Opfer durch die Konsekration und die Transsubstantiation auf eine überaus wirksame und wahrhaftige Weise, die seinen Tod vergegenwärtigt, darbringt? [706]

DIE FEIER DES MESSOPFERS. Wenn du bei der Messe in liebender Anteilnahme mitopferst, wirst du Frucht verspüren, indem du im Herzen sprichst: Lieber Herr, ich opfere dir deinen Sohn auf, der dir wohlgefällt (Mt 3,17), und du wirst verspüren, daß Gott dich unbedingt erhört. Dann wirst du im Geiste erkennen, daß das Meßopfer dieses durch sich selbst *(ex opere operato)* wirkt; denn wenn der Priester dieses auch nicht verspürt, bringt er nichtsdestoweniger das Opfer in der Person der Kirche dar. [60]

Das Gedächtnis des Leidens Christi, das sich in der Messe vollzieht, ist nicht gewöhnlich und geschieht nicht bloß in Gedanken, sondern in der Tat, wirksam und lebenspendend und hat die Eigenart eines Opfers. Kraft der Konsekration wird nämlich in Wahrheit der Leib ohne das Blut, das Blut ohne den Leib gegenwärtig gesetzt; und so wäre es in der Tat gewesen, wenn jemand im Triduum des Todes Christi die Konsekrationsworte gesprochen hätte. [877]

Ein Verspüren dafür, daß man mit Vertrauen sowohl zum Meßopfer als auch zum eucharistischen Mahl hinzutreten soll. Denn man geht darin zum verherrlichten Christus, dem allmächtigen Gott, durch sein vollkommenes Bittgebet bei der wirklichen Darbringung am Kreuz, wie sie im Meßopfer, und durch den wahren Tod, wie er im Sakrament dargestellt wird. Denn im Opfer wird Christus dargebracht, wie wenn sein Leben erneuert würde; im Sakrament wird gleichsam sein wahrer Tod wie in der Wirklichkeit vergegenwärtigt, beides in einem wahren und wirksamen Gedächtnis, durch ein von Gott gegebenes sinnenhaftes Zeichen. [410]

Verspüren im Geiste mit Tränen, daß ich voll Vertrauen zu Christus Jesus, der in der hochheiligen Eucharistie gegenwärtig ist, gehen und zu ihm Zuflucht in jeder Not nehmen soll, wie die Jünger zu ihm gingen, als er noch bei ihnen weilte, und wie wir heute zu ihm gehen würden, wenn er in seiner äußeren Gegenwart bei uns wäre. [407]

Reiche Tröstung des Geistes und Frucht bei der Betrachtung Christi in der heiligen Eucharistie mit seinem verherrlichten Leib und der verherrlichten Seele, das WORT Gottes, das mit dem Vater gleich ewig und gleichen Wesens ist; gleichzeitig zeigt sich im Geiste die reale körperliche Gegenwart Christi unter den Gestalten und der ganze Christus im Licht Gottes mit wahrer Gewißheit und Verspüren im Herzen, die Art und Weise aber ist für den Menschen unaussprechlich. [705]

Durch das Sakrament der Eucharistie ziehen wir Christus an und erlangen gewissermaßen ein neues Sein in ihm; daraus können wir den Herrn verspüren. Durch das Meßopfer wird unseren Schwächen geholfen, werden die Sünden getilgt, kurz: die Versöhnung mit dem Herrn wird sowohl geschenkt als auch vermehrt. [278]

DIE GEGENWART DES LEIBES CHRISTI IN DER EUCHARISTIE. Wenn du dich mit größerem Eifer auf den Geist und auf eine demütige und schlichte Andacht ausrichtest, wirst du unter den Zeichen der Gegenwart des Leibes Christi erkennen, wie seine Teile zwar einen inneren Platz haben, nicht aber einen äußeren; du wirst erkennen, daß die Gegenwart des ganzen Leibes und all seiner Glieder sowohl im ganzen Zeichen als auch, nach der Teilung, in jedem beliebigen Teil gegeben ist. [689]

Bemühe dich in der Demut und Andacht deines Herzens, mit den Augen des Geistes Christus zu schauen, wie er im Sakrament der Eucharistie gegenwärtig ist und lebt; er ist nicht nur als Gott, sondern auch als Mensch gegenwärtig, und seine Augen, die ganz voll sind von Göttlichkeit, Güte, Tröstung des Geistes und Kraft, richten sich auf dich und schauen dich an. [915]

Immer wenn du das Meßopfer darbringst und den Tod Christi betrachtest, verbinde damit das Gestorbensein für die Sünde (Röm 6, 2) und eine volle Abtötung und

Übergabe deiner Fähigkeiten und deinen Tod in Christus. Wenn du so durch die Kraft der Auferstehung aus dem Verdienst Christi neue Kraft gewonnen hast, wirst du in ihm handeln.

Bete ständig für alle Nächsten. [626]

Eine lebendige Andacht soll dem unblutigen Opfer in der Messe entgegengebracht werden und durch dieses dem blutigen Opfer. Sie soll, neben anderen Übungen, beitragen zur würdigen Kommunion und zu ihrer Frucht im Geist, in der Seele, im Verstand, im Willen, in allen inneren und äußeren Kräften; so soll das Siegel Christi in uns durch die heilige Kommunion, durch die Kraft des Opfers eingeprägt werden. [887]

Die Kommunion ist das Siegel Christi in unserem Geist; das erkenne, daraus handle. [887]

Als ich bei der Kommunion um Tröstung betete, wurde mir gleichsam zur Antwort gegeben: Du hast mich, was suchst du noch etwas anderes. Ich hatte in jenen Tagen eine außerordentliche Niedergeschlagenheit auszustehen; gelegentlich erfuhr ich auch Tröstungen. [542]

Aus der Kommunion reift die geistliche Vereinigung mit Christus, wie wenn du verspürtest, daß sein geschaffener Verstand und Wille sich mit deinem Verstand und Willen vereinigen und in noch höherem Maß sein göttlicher Verstand und Wille und seine Macht. [948]

Höchste Gnade: In der Kommunion vereinigt sich Christus selbst mit mir; Leib und Blut, die die Kraft des Kreuzes und des Todes bergen; die verherrlichte Menschheit, die die Kraft der Auferstehung enthält; die Gottheit, die die Fülle der ewigen Seligkeit bewirkt. Sie nähren, hegen, fördern und stärken uns usw. Dies alles wird uns ganz innerlich und ist in uns wirksam. [974]

Wer die Kommunion empfängt, empfängt Christus in das Grab seines Leibes, damit er in ihm aufersteht und zum Himmel aufsteigt. [378]

Christus tritt bei der Kommunion ins Herz ein, wie der stärkere bewaffnete Mann, der alle feindlichen Mächte überrascht und besiegt und das Herz reinigt (vgl. Lk 11, 21). [889]

Wenn die heilige Eucharistie andächtig empfangen wird, werden uns nicht nur die Mysterien des Leidens und Sterbens Christi eingeprägt, sondern auch jene seines ganzen Lebens und seiner Auferstehung, so daß wir sagen können: Wir leben, doch nicht mehr wir, vielmehr lebt Christus in uns (Gal 2, 20). Möchte es dazu kommen, daß wir sagen können: Wir tragen die gleiche Gesinnung in uns, die in Jesus Christus war (Phil 2, 5). [742]

DIE EINIGUNG DER HERZEN

„Herz" ist ein Grundwort in der Lehre vom christlichen Weg, weil es noch ursprünglicher ein menschliches Urwort ist. Es meint die innerste Mitte der menschlichen Person, die Quelle des Denkens, Wollens, Fühlens, Liebens, die im leiblichen Herzen ihr Realsymbol hat. Im übertragenen Sinn spricht die Heilige Schrift und mit ihr die geistliche Tradition der Jahrhunderte auch vom Herzen Gottes, in dem aller Heilsplan und alle Barmherzigkeit gründen. Angeregt vom Zeugnis des Johannesevangeliums von der Durchbohrung der Seite des gekreuzigten Jesus (19,34ff) haben die Kirchenväter ihre Theologie vom Gnadenquell aus dem durchbohrten „Herzen Jesu" entfaltet, und aus ihr ist die reiche Herz-Jesu-Mystik des Mittelalters gewachsen. Davon ist auch Nadal inspiriert. Im „Herzen" vollendet sich alle „Einigung".

Wenn du mit Christus vertraut bist, wird es dir leicht gelingen, selbst wenn du mit anderen Dingen beschäftigt bist, dein Herz mit Gott vereinigt zu halten, nicht nur der Einstellung *(habitualiter)* oder dem Vermögen nach *(virtualiter)*, sondern im schlichten Gebet. [660]

Suche, bitte, beharre und klopfe an, daß du Gott findest in deinem Herzen; dort wirst du ihn auf eine überaus beglückende und fruchtbare Weise finden, ihn erkennen durch die Liebe in Christus; dann wirst du im Geist der Wahrheit sagen können: Der Gott meines Herzens und mein Anteil auf ewig (Ps 73, 26). [673]

Wenn du ein reines Herz hättest, so würdest du die göttlichen Geheimnisse, wie sie uns von außen durch das Wort Gottes vorgelegt werden, auch innerlich verspüren. Denn es heißt: Selig die reinen Herzens sind, denn... (Mt 5, 8). [421]

Nicht nur die Theologie, sondern auch das Gebet und die Beschauung sind auf Betätigungen des Verstandes abgesunken; doch das Gegenteil wäre notwendig.

Es wurde die Frage gestellt, auf welche Weise Gott in diesem Leben erkannt werde; es gab dazu viele Antworten, mir aber wurde zu erkennen gegeben, daß Gott in diesem Leben mit dem Herzen erkannt werde. Denn hier erfassen wir Gott nur mit einem verstandesmäßigen Glauben; der Glaube aber ist Stückwerk (1 Kor 13, 9-12); mit dem Herzen aber erfassen wir Gott aus der Liebe, die Gott auf vollkommene Weise mit uns vereinigt und ihn uns zeigt im Heiligen Geist. [343]

Die Tätigkeit des Herzens, die Kraft der Sinne und auch des Verstandes müssen wir zügeln und beruhigen, damit das Handeln des Herzens reiner und vollkommener wird; dadurch soll in der Milde des Geistes die Erkenntnis gemehrt werden. Das bedeutet wohl das Wort „mit dem Herzen erkennen“ (vgl. Jes 44,18; Mt 13,15). [599]

Wir müssen mit dem Herzen sehen, hören und verstehen. Wir sehen die Geschöpfe; sie selbst künden die Herrlichkeit Gottes (Ps 19, 2). Damit müssen wir ein liebendes Verständnis verbinden; dann wird wiederum ein Licht vor den Augen des Geistes aufgehen. Dann folgt eine mystische Deutung; darauf dürfen wir die Frucht im Herzen empfangen. [910]

Steige im Geist und mit dem Herzen auf zu Gott; die Kraft deines Herzens sei verankert im Herzen Christi im Himmel; dann wirst du Gott schauen mit dem Herzen und daraus eine innige Erkenntnis Gottes gewinnen. [659]

Die Liebe verspürt man in einer Seligkeit des Herzens, wenn wir uns zu Gott erheben und uns mit der Güte und dem Willen Gottes vereinigen; dabei verspürst du gleichsam, wie all das, was in der Welt hinfällig und kraftlos ist, aufgehoben wird von den ewigen Gütern Gottes, die wir genießen und mit denen wir vereint werden. Diese Kraft und beglückende Erfahrung des Geistes schenkt die Liebe; daraus erwächst ein überaus schönes Verlangen. [646]

Das Herzensgebet richtet sich weder auf die Worte noch auf die Sprache, sondern auf die Dinge selbst.

Wer um körperliche Gesundheit betet, soll an seine geistliche Schwäche denken, und wird so viel stärker bewegt, für seine innere Gesundheit zu beten, und ist er nicht mehr so auf die körperliche Gesundheit bedacht, wird er sich ganz um die innere Gesundheit kümmern. [606]

Man soll beten aus innerstem Herzen und mit einer tiefen Ergriffenheit des Geistes und des Herzens, die mehr verspürt als ausgedrückt werden kann.

Was du ein Verspüren oder Berühren der Gottheit nennst, ist keines von beiden und kann nicht mit Worten ausgedrückt werden. Wenn es erlaubt ist zu stammeln, so möchten wir es ein gleichsam mystisches Zeichen Gottes nennen, denn erstens kann es vom Herzen nicht erfaßt werden; ferner würde es, wenn es andauern würde - für gewöhnlich dauert es ja nur kurze Zeit -, den Menschen aus seinem irdischen Handeln herausreißen. Es führt zur leichten und vollen Abtötung der eigenen Kräfte und zur Demut; es schenkt ein lebendiges Vertrauen auf Gott; überdies die Kraft zum Handeln und die Überwindung der schlechten Anhänglichkeiten und der inneren Beschwernisse in Christus, durch das Wirken der Gnade, der Tugenden und Gaben und durch unser Mitwirken. [879]

Ein Verspüren im Geiste und eine Kraft, wie wenn der Geist des Herzens von göttlichem Licht und göttlicher Kraft entzündet und fähig wird, zu wirken aus Gott in Gott durch Christus. Bete in der Messe aus der Kraft des Opfers und des Sakraments, Gott möge dein Paradies der Tugenden, der Gaben usw. mehren. [959]

Suche Gott in der innersten Regung des Herzens; dort wird er gefunden in friedvoller Ruhe und liebevoller Vereinigung mit einem unerklärlichen Verspüren seiner unendlichen Kraft. Wenn du ihn mit dem Verstand suchen willst, wirst du dich in vielerlei Schwierigkeiten verstricken und wirst ihn nicht finden. Die mystische Theologie gründet im Herzen. [960]

Gib mir, heiliger Jesus, jenes Verspüren des Geistes im Herzen, daß ich mit deinem Willen und deiner Kraft, die mich führen, bewegen und lenken, als der ersten Ursache übereinstimme, ihr anhange, mit ihr mitwirke in aller Andacht und Demut. [969]

Es soll in dir erstarken der Gedanke und das geistliche Verspüren, daß dein Herz ein Tempel Gottes (1 Kor 3, 6; 2 Kor 6,16) und Christi ist und die Dreifaltigkeit darin wohnt. Bemühe dich, den Tempel Gottes von Tag zu Tag schöner auszuschmücken mit höchstem Eifer, mit höchster Furcht und mit Zittern in Christus. Betrachte, wie die Engel und die Heiligen im Himmel sich verhalten. Sie alle schauen nämlich Gott und erfreuen sich seiner, da er ihre Seligkeit ist; dieses ihr Handeln vor Gott hindert sie aber nicht, vielmehr hilft es ihnen, ihre Fähigkeiten auch in anderen Dingen zu betätigen im Einklang mit dem Willen Gottes. Alles geht bei ihnen nämlich aus der Fülle der Seligkeit hervor. Dies müssen wir in unserem Leben nachahmen, damit wir aus der Vereinigung mit Gott durch die Liebe und die anderen Tugenden, die in uns beständig sein sollte, zu unseren Handlungen ausziehen, indem wir immerzu das Verspüren oder Verkosten jener Vereinigung in Christus bewahren. [978]

Ich verspürte, daß Christus sein Herz meinem Herzen schenkt; als ich überlegte, ob mir dieser Gedanke nicht in anmaßender Weise durch eine Täuschung eingegeben sei, verspürte ich, daß Christus mir noch mehr gewähren wollte: Nicht nur sein menschliches Herz wolle er mir schenken, das heißt seine geschaffene Liebe, sondern auch sein ungeschaffenes und unendliches Herz; und ich vermochte nicht, dies in seiner Fülle zu überdenken, ohne daraus eine große Bewegung in meinem Herzen zu verspüren und eine Kraft, die mein Herz fast zum Zerspringen brachte. [382]

DIE EXERZITIEN

Seit den eigenen Exerzitien im Spätjahr 1545 und der anschließenden Lernzeit bei Ignatius ist Nadal für sein zukünftiges Leben von den Geistlichen Übungen geprägt. Die eigene Erfahrung macht ihn zum großen Lehrer und Anwalt der Exerzitien. In seinen ungezählten Konferenzen für die Mitbrüder in ganz Europa zwischen Coimbra und Prag weist er immer wieder auf ihren hohen Stellenwert für das geistliche Leben und ihre apostolische Inspiration hin. Deswegen erkundigt er sich auch in den vielen Gesprächen mit einzelnen Mitbrüdern nach ihrer eigenen Exerzitienerfahrung, entdeckt dabei eine erste Verflachung der ursprünglichen Praxis und sucht Abhilfe zu schaffen. Gegen die Angriffe, die vor allem in Spanien gegen die Exerzitien geführt wurden, schreibt er eine große Apologie.

Als Beispiel für seine Sicht der Exerzitien dient hier ein Abschnitt aus der „Exhortatio sexta“ *(sechste Unterweisung), die Nicolau im 5. Nadal-Band der* Monumenta Historica Societatis Jesu *auf 45 Seiten im vollen Wortlaut veröffentlicht hat. Zur Grundlage für seine Konferenzen über das Ziel und die dazu dienenden Mittel nimmt Nadal die zweite Bestätigungsbulle* „Exposcit debitum“ *Julius' III. von 1550. Die Erklärung des Zieles in der* „Exhortatio quinta“ *ist nur in einer fragmentarischen Fassung erhalten. In der* „Exhortatio sexta“ *gibt er dagegen, dem Wortlaut der Bulle folgend, einen ausführlichen Unterricht über „Die apostolischen Dienste der Gesellschaft Jesu“. Nicolau vermutet, Nadal habe diese Konferenz in Hall anhand seiner Notizen ausgearbeitet und so zu einem Musterbeispiel seiner Konferenzen gemacht. Ihr Herzstück bildet der Abschnitt über die Exerzitien.*[1]

[1] Deutsche Übersetzung von J. Stierli in der Reihe „Geistliche Texte“ Nr.3: „Die apostolischen Dienste der Gesellschaft Jesu nach der Formula Instituti“, München 1981

Weiter heißt es in der *Formula Instituti:* „...und durch die Geistlichen Übungen“. Aus der Vatergüte Gottes und durch die Verfügung des Apostolischen Stuhles ist uns dieses hervorragende Instrument zur Hilfe für unsere eigene Seele und zur Hilfe für den Nächsten geschenkt worden: die Exerzitien. Wir verstehen darunter eine theoretische und praktische Schulung in der Betrachtung, der Beschauung und im Beten überhaupt. Wir wollen zwar nicht bloß diese unsere Methode gelten lassen, deren Urheber P. Ignatius ist, doch verdient sie unsere besondere Liebe. Wir erkennen hier dankbaren Sinnes eine einzigartige Gnade Gottes. Denn er hat uns sozusagen in außerordentlicher Weise eine besondere Lehre geschenkt, die uns selber und dem Nächsten zur Schule des Gebetes wird. Dabei ist diese Schulung aber für jeden Menschen geeignet, wie es durch Gottes Gnade von der Apostolischen Autorität bekräftigt worden ist, als Paul III. unsere Exerzitien [1548] bestätigte. Deshalb müssen wir große Hoffnungen auf unsere Exerzitien setzen, besonders weil wir erfahren, welch reiche Früchte sie bei uns und bei anderen tragen.

Diese Methode der Geistlichen Übungen stammt durch Gottes Gnade und Antrieb von P. Ignatius. Er hat sie entdeckt, als er sich fern der Heimat zu Buße und Gebet nach Manresa in der Provinz Katalonien zurückgezogen hatte. Er suchte die Einsamkeit auf, um selber im geistlichen Leben geschult zu werden und sich der Buße hinzugeben. Aus seinen eigenen fruchtbaren Erfahrungen schrieb er nun all das, was er auch für andere nützlich hielt, in ein Büchlein auf.

Diese Übungen benützte er nach der Bekehrung sein ganzes Leben lang, für sich selbst wie für andere. Durch sie hat er schon in Spanien, noch bevor er [zu Studien] nach Paris kam, viele zu einem wahrhaftigen religiösen Leben geführt. Durch sie hat er in Paris seine ersten neun Gefährten bewogen, die Welt zu verlassen und seinem eigenen apostolischen Ideal zu folgen, nachdem er zunächst jeden einzelnen im persönlichen Gespräch zur religiösen Hingabe geführt hatte. Durch die Exerzitien sind die wertvollsten Männer der Gesellschaft gewonnen worden. Wir sehen also: All jene, die die Gesellschaft gründeten, später ihr Wachstum förderten und sie leiteten, sind von Gott durch die Exerzitien zu ihr berufen worden.

Daneben haben unsere Geistlichen Übungen in den Männerorden reiche Früchte getragen. Man gab sie oft einer größeren Zahl zusammen, also nicht nur einzelnen Mönchen, sondern auch ganzen Klöstern. Ja, es kam vor, wie ich gehört habe, daß Kandidaten von Mönchsorden unauffällig zu uns geschickt wurden, damit wir sie durch die Exerzitien im Gebetsleben formten.

Die meisten Berufe aus den Exerzitien wurden zwar für uns gewonnen, viele jedoch auch für andere Orden. Das aber weckt vor allem immer wieder meine Bewunderung, daß überaus gelehrte Männer, ja sogar ausgezeichnete Theologen, die früher die Exerzitien verachtet oder gar bekämpft haben - auch Männer, die das Exerzitienbuch gründlich kannten -, durch die Teilnahme an den Geistlichen Übungen derart ergriffen und umgeformt worden sind und nun mit großer Freude bekennen, sie seien eigentlich erst jetzt richtige Theologen geworden, und erst jetzt sei ihnen aufgegangen, was ihnen bisher trotz all der vielen Studien, Bücher und Disputationen noch gefehlt habe. Auch den kleinsten Funken guten Willens läßt Gott in seiner Güte während den Exerzitien solchermaßen zur großen Flamme werden, daß der Seele daraus eine immense Fülle von Trost und Glück erwächst.

Immer mehr beschäftigt mich die staunende Frage, woher denn diese Fruchtbarkeit stammt. Denn bekanntlich verkünden wir in unseren Exerzitien keine Geheimlehre, überhaupt nichts, was nicht aus den Evangelien oder den Lehren der Heiligen geschöpft ist. Oder was legen wir in der Ersten Woche anderes vor als eine ganz allgemeine und gewöhnliche Methode, um wahre Reue über unsere Sünden zu erwecken? Was in der Zweiten, Dritten und Vierten Woche als Betrachtungen über das Leben, den Tod und die Auferstehung Christi? Der Vierten Woche fügen wir noch eine Betrachtung bei, um die Liebe zu Gott zu erlangen, dazu noch die Gebetsweisen, einige Annotationen und Bemerkungen. Die Exerzitien scheinen also ganz gewöhnlich zu sein, so daß jeder Theologe und auch jeder Laie, der im geistlichen Leben einige Erfahrung besitzt, sie leicht verstehen kann.

Was also ist es, frage ich mich oft, was den Exerzitien eine solche Macht über die Menschen gibt und so viel Frömmigkeit und Gottesfurcht erweckt? Denn es ist doch offenbar, wiesehr die meisten nach den Exerzitien umgewandelt sind und ihr religiöser Eifer geradezu Bewunderung abnötigt. Freilich gibt es da und dort auch Leute, die uns wegen der Exerzitien anschwärzen und verleumden, als ob wir mit ihnen ein böses Handwerk trieben .

Es ließen sich viele Gründe anführen, um diese durchschlagende Kraft der Exerzitien zu erklären: Die Seele des Exerzitanten ist ausschließlich auf die religiösen Wahrheiten ausgerichtet, ja gleichsam von ihnen in Beschlag genommen. Dazu kommt ein lebendiges Vertrauen, die Einsamkeit, das häufige Gebet, der ganze Aufbau der Exerzitien, die Klugheit des Exerzitienleiters, seine Kontrolle und die Leitung bei allen geistlichen Übungen und schließlich seine Hilfe in allen Schwierigkeiten. Doch das sind alles bloß menschliche Mittel. Darum möchte ich die Fruchtbarkeit der Exerzitien vielmehr ganz der Gnade Gottes zuschreiben, einer Gnade, die mit unserer Berufung und dem Ziel unseres Institutes wesentlich verbunden ist. Sie wird uns von Gottes Güte geschenkt, damit wir uns selbst vom Evangelium seines Sohnes bis ins innerste Herz durchtränken lassen und so fähig werden, diesen Geist auch anderen einzuprägen. Es gibt nämlich diese Gnade dem Aufbau und der ganzen Gestaltung der Exerzitien eine eigene Kraft und Wirksamkeit, die das Innerste des Herzens erfaßt und zu Frömmigkeit und Gottesfurcht antreibt. Vielleicht will Gott mit Hilfe dieser Betrachtungen das wiederherstellen, was zum großen Schmerz vieler frommer Seelen heute verloren scheint. Wer versteht denn heute noch recht zu beten? Wer kennt und liebt heute noch ein wahrhaft geistliches Leben? Wer weiß noch um den Reichtum des Wortes Gottes? Wer durchdringt und verkostet noch mit Verstand und Herz die Geheimnisse des Lebens, des Todes und der Auferstehung Christi? Wer wird durch sie noch zu wahrer Bekehrung und echter Nachfolge Christi hingerissen? Kurz, wir sehen, daß das Gebetsleben erschlafft, die Frömmigkeit tot, die Beschauung unbekannt, der übernatürliche Geist verbannt ist, daß sich auch die meisten sogenannten guten Christen einer rein spekulativen und daher fruchtlosen Frömmigkeit hingeben. Darum wollte Gott durch die Exerzitien diesem Teil der Kirche, der so sehr im argen liegt, seine mächtige Hilfe schenken.

Doch da wendet ihr vielleicht ein, unsere Behauptung, wir hätten durch die Exerzitien das sinkende Gebetsleben gerettet, sei doch eine große Anmaßung. Das nehmen wir ja auch gar nicht in Anspruch. Denn wir sagten ausdrücklich, daß wir nicht einzig die Exerzitien zu würdigen wissen, sondern bloß besonderes Gewicht auf sie legen und ihren Wert besonders betonen wollen. Zudem haben wir uns auf die Geschichte der Gesellschaft beschränkt. Gott möge es fügen, daß andere eine noch vorzüglichere Methode finden, um die Welt zu Gebet und zur Erkenntnis und Liebe der religiösen Wahrheiten zu führen.

Diesem Apostolat der Exerzitien widmete P. Ignatius seine ganze Kraft. Er pries sie gern als unsere beste Waffe, der Gott selbst zu seinem Dienst eine solche Wirksamkeit verliehen habe. Nie wollte er eine andere Methode vorlegen oder auch nur billigen. Die Exerzitien ordnete er als erstes Experiment jener an, die sich der Gesellschaft anschließen. Er betrachtete nämlich die Geistlichen Übungen als die kräftige Wurzel, aus der für uns alle Vollkommenheit, ja selbst die mystische Höhe des Gebetes wachsen werde. Darum wollte er auch, daß jene, deren guter Geist erschlafft war, durch sie neu gestärkt würden. In einem Wort, die Exerzitien sollten nach seinem Plan uns zu einem wahrhaft geistlichen Leben aneifern, uns eine geistliche Schule sein und den guten Geist und die Gottverbundenheit in uns erhalten und mehren. Denn wir ziehen uns ja von Zeit zu Zeit in die Stille zurück, um die Exerzitien mit reicherer Frucht zu machen. Darüber hinaus aber sollen sie immer mehr unser tägliches Betrachten und Beten durchformen.

Wie für andere Aufgaben, so sollen auch zu Exerzitienleitern nur solche Patres bestimmt werden, die dazu wirkliche Anlagen haben. Denn es eignen sich nicht alle dazu. Die dafür Ausgewählten müssen schon eine natürliche Neigung zu Gebet und Frömmigkeit mitbringen, dazu eifrig, klug und umsichtig sein und Liebe zur Tugend zeigen. Aber das genügt noch nicht. Neben diesen natürlichen Anlagen ist ihnen auch echte übernatürliche Tugend, religiöser Eifer und reiche persönliche Erfahrung in den Fragen des geistlichen Lebens vonnöten. Vor allem aber müssen sie durch einen erfahrenen Exerzitienleiter geschult werden.

Eines möchte ich nochmals unterstreichen: Der Exerzitienleiter soll beim Geben von Exerzitien so von Frömmigkeit durchdrungen und so von übernatürlicher Liebe erfüllt sein, daß er aus dem Reichtum und der Kraft seiner Frömmigkeit und seiner Christusliebe ohne viel Worte den Exerzitanten mächtig beeinflussen kann. Er wird ihm aber auch durch sein Gebet helfen, die Heilige

Messe für ihn darbringen und den gleichen Dienst auch von anderen für ihn erbitten. Der Exerzitant aber möge ohne Neugier, in Demut und Herzenseinfalt die Einsamkeit aufsuchen und frei von allen weltlichen Einflüssen durch die Exerzitien hintreten zum Throne Gottes und hier Zwiesprache halten, um so Gottes Willen zu suchen und auf seine Stimme zu lauschen. Dabei beseele ihn das Verlangen, durch diese heilige Schule zur tatkräftigen Hingabe an den göttlichen Willen zu gelangen.

In der Reihe CHRISTLICHE MEISTER sind bisher erschienen:

1 Basil Kardinal Hume, *GOTT SUCHEN.* Übertragen von P. Athanasius Dudli OSB, Einleitung von Hans Urs von Balthasar (^{4}1984), 246 Seiten

2 Johannes Tauler, *PREDIGTEN.* Übertragen von G. Hofmann, Einleitung von Alois M. Haas, *BD.I*, (^{3}1987) 328 Seiten

3 Johannes Tauler, *PREDIGTEN. BD.II*, (^{3}1987) 352 Seiten

4 Richard von Sankt-Victor, *DIE DREIEINIGKEIT.* Übertragen und eingeleitet von Hans Urs von Balthasar (1980), 228 Seiten

5 Caterina von Siena, *MEDITATIVE GEBETE.* Übertragen und eingeleitet von P. Hilarius Barth OP, (^{2}1981), 192 Seiten

6 Angelus Silesius, *CHERUBINISCHER WANDERSMANN.* Ausgewählt und mit einem Nachwort versehen von Hans Urs von Balthasar (^{3}1984), 104 Seiten

7 Der Franckforter, *THEOLOGIA DEUTSCH.* Neu übertragen und kommentiert von Alois M. Haas (1980), 148 Seiten

8 *DIE WOLKE DES NICHTWISSENS.* Neu übertragen und mit einer Einleitung versehen von Wolfgang Riehle (^{3}1987), 160 Seiten

9 Charles Péguy, *DAS TOR ZUM GEHEIMNIS DER HOFFNUNG.* Übertragen von Hans Urs von Balthasar. Neuauflage (1980), 172 Seiten

10 Malcolm Muggeridge, *JESUS, DER MANN, DER LEBT.* Übertragen von Julius Nenninger (1980), 242 Seiten

11 Irenäus, *GOTT IN FLEISCH UND BLUT.* Ein Durchblick in Texten. Ausgewählt und übertragen von Hans Urs von Balthasar (1982), 128 Seiten

12 Wilhelm von St-Thierry, *DER SPIEGEL DES GLAUBENS.* Mit zwei weiteren Traktaten „Über die Gottesschau" und „Über Würde und Natur der Liebe". Eingeleitet und übertragen von Hans Urs von Balthasar (1981), 184 Seiten.

13 Paul Claudel, *DIE MESSE DES VERBANNTEN.* Neu übersetzt von Hans Urs von Balthasar (1981),108 Seiten

14 Nikolaos Kabasilas, *DAS BUCH VOM LEBEN IN CHRISTUS.* Übersetzt von G. Hoch und eingeleitet von Endre von Ivánka (^{3}1991), 273 Seiten

15 Anselm von Canterbury, *WAHRHEIT UND FREIHEIT. Vier Traktate: Über die Wahrheit. Über die Freiheit des Willens. Vom Fall des Teufels. Über die Vereinbarkeit des Vorherwissens, der Vorherbestimmung und der Gnade Gottes mit dem freien Willen des Menschen.* Übertragen von Hansjürgen Verweyen (1982), 224 Seiten

16 Aurelius Augustinus, *DER GOTTESSTAAT.* Systematischer Durchblick in Texten. Nach der Übersetzung von W. Thimme ausgewählt und eingeleitet von Hans Urs von Balthasar (^{2}1982), 288 Seiten

17 Blaise Pascal, *SCHRIFTEN ZUR RELIGION.* Übertragen und eingeleitet von Hans Urs von Balthasar (1982), 376 Seiten

18 *DER BRIEF AN DIOGNET.* Übertragen und erläutert von Bernd Lorenz (1982), 112 Seiten

19 Diadochus von Photike, *GESPÜR FÜR GOTT. Hundert Kapitel über die christliche Vollkommenheit.* Übertragen und eingeleitet von Karl Suso Frank (1982), 128 Seiten

20 Aurelius Augustinus, *ÜBER DIE PSALMEN.* Ausgewählt und übertragen von Hans Urs von Balthasar (^{2}1983), 368 Seiten

21 Gregor der Große, *HOMILIEN ZU EZECHIEL.* Erstmals ins Deutsche übertragen und eingeleitet von Georg Bürke SJ (1983), 464 Seiten

22 Pierre de Bérulle, *LEBEN IM MYSTERIUM JESU.* Ausgewählt und übertragen von Hans Urs von Balthasar (1984), 128 Seiten

23 Gregor von Nyssa, *DER VERSIEGELTE QUELL. Auslegung des Hohenliedes.* In Auswahl übertragen und eingeleitet von Hans Urs von Balthasar (^{3}1984), 120 Seiten

24 *DIE APOSTOLISCHEN VÄTER - CLEMENS, IGNATIUS, POLYKARP.* Neu übertragen und eingeleitet von Hans Urs von Balthasar (1984), 120 Seiten

25 Augustinus, *DIE BEKENNTNISSE.* Übertragen, mit einer Einleitung und Anmerkungen versehen von Hans Urs von Balthasar (^{2}1988), 388 Seiten

26 Bernhard von Clairvaux, *WAS EIN PAPST ERWÄGEN MUSS (De consideratione).* Übertragen von Hans Urs von Balthasar (1985), 162 Seiten

27 Maurice Blondel, *LOGIK DER TAT.* Aus der „Action“ ausgewählt und übertragen von Peter Henrici SJ. Neuausgabe (1986), 112 Seiten

28 Marie de l'Incarnation, *DER LEBENSBERICHT.* In Auswahl übertragen von Josef Schmidt und Maria Moamai (1986), 146 Seiten

29 Origenes und Gregor der Große, *DAS HOHELIED.* Eingeleitet und übertragen von Karl Suso Frank (1987), 132 Seiten

30 Jan van Ruusbroec, *DIE ZIERDE DER GEISTLICHEN HOCHZEIT.* Neu aus dem Flämischen übertragen von Marijke Schaad-Visser, mit einem Nachwort von Alois M. Haas (1987), 195 Seiten

31 Mechthild von Hackeborn, *DAS BUCH VOM STRÖMENDEN LOB.* Ausgewählt, übersetzt und eingeleitet von Hans Urs von Balthasar ([2]1987), 95 Seiten

32 Léon Bloy, *SCHREI AUS DER TIEFE.* Ausgewählt von Albert Béguin, übertragen von Hans Urs von Balthasar (1987), 230 Seiten

33 Thomas von Aquin, *SENTENZEN ÜBER GOTT UND DIE WELT.* Lateinisch-Deutsch. Ausgewählt und eingeleitet von Josef Pieper. Neuauflage (1987), 487 Seiten

34 Paschasius Radbert, *VOM LEIB UND BLUT DES HERRN.* Nach der kritischen Ausgabe von P. Beda Paulus OSB übertragen von Hans Urs von Balthasar (1988), 105 Seiten

35 Beda Baumer, *ENDZEIT ARMENISCH. Die Hoffnung eines bedrängten Volkes* (1988), 122 Seiten

36 Juliana von Norwich, *OFFENBARUNG VON GÖTTLICHER LIEBE.* Erstmals aus der ursprünglichen altenglischen Fassung übertragen und eingeleitet von Elisabeth Strakosch ([2]1988), 98 Seiten

37 Aelred von Rievaulx, *SPIEGEL DER GÖTTLICHEN LIEBE.* Aus dem Lateinischen übertragen von Sr. M. Hildegard Brem O. Cist. Überarbeitet und gekürzt von Hans Urs von Balthasar (1989), 216 Seiten

38 Petrus Faber, *MEMORIALE. Das geistliche Tagebuch des ersten Jesuiten in Deutschland.* Nach den Manuskripten übertragen und eingeleitet von Peter Henrici SJ. Neuausgabe (1989), 380 Seiten

39 Dionysios Areopagita, *VON DEN NAMEN ZUM UNNENNBAREN.* Auswahl und Einleitung von Endre von Ivánka ([3]1990), 112 Seiten

40 Friedrich Spee, *GÜLDENES TUGEND-BUCH.* Auswahl, Bearbeitung und Einführung von Anton Arens (1991), 216 Seiten

41 Augustinus, *DAS ANTLITZ DER KIRCHE.* Auswahl und Einleitung von Hans Urs von Balthasar. Neuausgabe (1991), 363 Seiten

42 *ORIGENES. GEIST UND FEUER. Ein Aufbau aus seinen Schriften.* von Hans Urs von Balthasar. Neuauflage (1991), 542 Seiten